中经金课会计专业精品课程

新时代高等教育"互联网+"创新型教材

财务管理

Financial Management

主　编　张慧娟　卢有秀　穆　婵
副主编　徐德安　殷俊杰　高　源

图书在版编目（CIP）数据

财务管理 / 张慧娟，卢有秀，穆婵主编． -- 北京：中国经济出版社，2022.3
中经金课会计专业精品课程
ISBN 978-7-5136-6815-6

Ⅰ．①财… Ⅱ．①张… ②卢… ③穆… Ⅲ．①财务管理－高等学校－教材 Ⅳ．① F275

中国版本图书馆 CIP 数据核字（2022）第 025945 号

选题策划	雷　生
责任编辑	高　旭　李　强
责任印制	马小宾
封面设计	高鹏博

出版发行	中国经济出版社
印　刷　者	北京富泰印刷有限责任公司
经　销　者	各地新华书店
开　　　本	889mm×1194mm　　1/16
印　　　张	12.75
字　　　数	323 千字
版　　　次	2022 年 3 月第 1 版
印　　　次	2022 年 3 月第 1 次
定　　　价	59.00 元

广告经营许可证　京西工商广字第 8179 号

中国经济出版社　网址 www.economyph.com　社址 北京市东城区安定门外大街 58 号　邮编 100011
本版图书如存在印装质量问题，请与本社销售中心联系调换（联系电话：010-57512564）

版权所有　盗版必究（举报电话：010-57512600）
国家版权局反盗版举报中心（举报电话：12390）　　　服务热线：010-57512564

EDITORIAL BOARD 编委会

主　任　唐大鹏（东北财经大学教授）
成　员　蔡启茂　高　源　何　玲
　　　　　　李宝锋　刘　靖　刘　榕
　　　　　　刘雪峰　卢有秀　穆　婵
　　　　　　饶水林　单　蕊　时长洪
　　　　　　孙雪梅　王彩峰　王立新
　　　　　　王淑秀　王英兰　徐德安
　　　　　　杨净雯　杨　珊　杨银开
　　　　　　尹常君　殷俊杰　永　恒
　　　　　　袁美华　袁　敏　张慧娟
　　　　　　张　穆　张晓毅　赵　月

（以姓名拼音排序）

PREFACE 前言

"财务管理"是经济管理专业的一门核心课程，本书编写的出发点是为了培养具有管理、经济、理财和金融等方面知识和能力的高素质、技能型专业人才。

财务管理是企业管理的一个重要方面，随着我国市场经济的深化和金融市场的健康发展，投资、融资分析等财务决策业务越来越成为企业决策的重要参考。"财务管理"是财会类专业的必修课程。本书具有以下特点：

1. 知识内容新

我国金融市场环境发生变化，新的会计准则体系和新的企业财务通则已经实施，教材与时俱进地反映了最新的财务管理理论与方法，知识内容时效性强，呈现形式多样化。

2. 教学资源多

每一项目都精心设计了导语、项目小结、思考与练习等模块。这样便于教与学，能循序渐进地从主要的环节把握各项目的重点和难点。书后附有参考文献，有利于引导读者多读专业文献，拓展和加深对各项目知识点的理解。

3. 体例形式活

本教材在编写过程中，吸收了国外财务管理理论研究的新成果和实践经验，在全面系统地阐述了财务管理的基本理论和方法的同时，在编写上力求内容要点化、步骤化、案例化，达到直观、清晰的认知效果。各环节力求结合实际，增强学生的感性认识，以达到便于理解，使学生快速掌握的目的。

本教材适合作为高等院校经济、管理类学科的会计学、金融学、财务管理、企业管理、市场营销、财政税务等专业教学的主要教材或核心教材，以及相关学科专业硕士研究生入学考试的主要参考书，亦可作为工商企业、银行、证券和保险业等相关职业工作者的学习参考书。

本书在编写过程中，参考了许多财务管理类专著、教材、期刊，以及网络相关资料，在此一并向作者表示感谢。

由于编者水平有限，书中难免存在疏漏和不足之处，恳请相关院校师生和广大读者批评指正，以便进一步修订和完善。

编　者

2022 年 3 月

CONTENTS 目录

前言 ······ V

项目 1 总论 ······ 1
- 任务 1.1 财务管理概述 ······ 2
- 任务 1.2 财务管理基础 ······ 10
- 项目小结 ······ 21
- 思考与练习 ······ 21

项目 2 筹资管理 ······ 23
- 任务 2.1 筹资管理概述 ······ 24
- 任务 2.2 债务筹资 ······ 28
- 任务 2.3 股权筹资 ······ 36
- 任务 2.4 衍生工具筹资 ······ 40
- 任务 2.5 资金需要量的预测 ······ 46
- 任务 2.6 资本成本与资本结构 ······ 48
- 项目小结 ······ 54
- 思考与练习 ······ 55

项目 3 投资管理 ······ 57
- 任务 3.1 投资管理概述 ······ 58
- 任务 3.2 投资决策的方法 ······ 62
- 任务 3.3 项目投资 ······ 67
- 任务 3.4 对外投资 ······ 71
- 项目小结 ······ 76
- 思考与练习 ······ 76

项目 4 营运资金管理 ······ 78
- 任务 4.1 营运资金管理概述 ······ 79
- 任务 4.2 现金管理 ······ 82
- 任务 4.3 应收账款管理 ······ 89
- 任务 4.4 存货管理 ······ 95
- 任务 4.5 流动负债管理 ······ 100
- 项目小结 ······ 104
- 思考与练习 ······ 104

项目 5 利润及利润分配管理 …… 106
- 任务 5.1 成本管理 …… 107
- 任务 5.2 收入管理 …… 133
- 任务 5.3 分配管理 …… 142
- 项目小结 …… 149
- 思考与练习 …… 149

项目 6 预算管理 …… 151
- 任务 6.1 预算管理概述 …… 152
- 任务 6.2 业务预算的编制 …… 159
- 任务 6.3 财务预算的编制 …… 163
- 任务 6.4 预算的考核 …… 166
- 项目小结 …… 166
- 思考与练习 …… 166

项目 7 财务分析与评价 …… 168
- 任务 7.1 财务分析与评价概述 …… 169
- 任务 7.2 比率分析 …… 176
- 任务 7.3 综合分析 …… 184
- 项目小结 …… 190
- 思考与练习 …… 190

附录 常用系数表 …… 192

参考文献 …… 196

项目 1　总论

知识目标

◎ 理解企业财务管理的内容；
◎ 掌握企业财务管理的环节和目标；
◎ 了解理财环境。

技能目标

◎ 掌握财务管理理念；
◎ 掌握资产风险及其衡量方法。

案例导入

某上市公司总经理李志平预测女儿（目前正在读高中一年级）三年后能够顺利考上北京大学计算机专业，届时需要一笔学费，预计为3万元，他问会计张海燕：如果按目前存款年利率4%给女儿存上一笔钱，以备上大学之需，需要一次存入多少钱？

案例思考

（1）计算单利现值。
（2）如果银行存款按复利计息，计算复利现值。

导语

财务管理工作是组织资金运动，处理相关方面财务关系的一项经济管理工作。企业的资金筹集、资金运用管理和资金收回管理等，一切涉及资金的业务都属于财务管理工作的范围。作为财务工作者理应熟知理财环境，掌握时间价值和风险理论，为做好财务工作奠定基础。

任务 1.1　财务管理概述

1.1.1　企业财务管理的概念

企业财务管理是组织企业资金运动，处理企业各方面财务关系的一项经济管理工作，是企业管理的重要组成部分。

企业财务关系包括：

1. 企业与投资者之间的财务关系

企业与投资者之间的财务关系，主要指投资者向企业注入资金，成为企业的所有者，企业向投资者分配利润所形成的经济关系；投资者必须按照投资合同、协议或章程的规定履行出资义务。企业获得利润后，应按照合同、协议或章程的约定或出资比例向投资者支付报酬。

2. 企业与债权人之间的财务关系

企业除利用所有者投入的资金进行经营活动外，还需要借入一定数量的资金，以满足降低资金成本、扩大经营规模的需要。

企业与债权人之间的财务关系，主要指企业向债权人借入资金，并按借款合同的约定按时支付利息和归还本金所形成的经济关系；债权人为企业提供资金后，企业应按照约定的利息率，定期向债权人支付利息，资金使用期满，应及时归还本金。

3. 企业与政府之间的财务关系

这一关系主要指政府作为社会管理者，强制和无偿地参与企业利润的分配，同时企业承担社会道义和实施各项财政经济政策所形成的经济关系；企业以税金的形式按照国家税法的规定缴纳各种税款，以保证国家财政收入的实现，满足社会各方面的需要。这种企业与政府之间的财务关系体现的是国民收入分配与再分配所形成的特定分配关系。

4. 企业与供应商、企业与消费者之间的财务关系

这一关系主要指企业购买供应商的商品或接受其服务，以及企业向消费者提供服务或商品后向消费者收取款项所形成的经济关系。

5. 企业与受资者之间的关系

企业与受资者之间的关系，主要指企业将其暂时闲置的资金以购买股票或直接投资的形式向其他企业投资所形成的经济关系。当企业对外投资时，应按照约定履行出资义务，并以出资份额参与被投资方的经营管理和利润分配。

6. 企业与债务人之间的财务关系

企业与债务人之间的财务关系，主要指企业将其资金以购买债券、提供借款或商业信用等形式出借给其他单位所形成的经济关系。企业出借资金后，有权要求债务人按照约定的条件支付利息和归还本金。

7. 企业内部各单位之间的关系

企业内部各单位之间的关系，主要指企业内部各部门之间在经营活动中各环节相互提供产品或劳务所形成的经济关系。

8. 企业与员工之间的财务关系

企业与员工之间的财务关系，主要指企业接受员工提供的劳务，并向员工支付劳动报酬过程中所形成的经济关系。

1.1.2　企业财务管理的内容

企业财务管理是组织企业资金运动，处理企业同各方面财务关系的一项经济管理工作，是企业管理的重要组成部分。财务管理包括与筹资有关的财务活动、与投资有关的财务活动、与经营有关的财务活动、与分配有关的财务活动等内容。

1. 资金筹集管理

在商品经济条件下，企业想要从事经营，首先必须筹集到一定数量的资金，这也是企业资金运动的起点。企业既可以通过吸收直接投资、发行股票和企业内部留存收益等自有资金的方式取得，也可以通过向银行借款、发行债券和商业信用等方式取得。

企业筹集到的资金，表现为资金的流入。与此相对应，企业偿还借款、支付利息和股息等，则表现为资金的流出。这些资金收付活动就是由于筹集资金而产生的财务活动。

2. 资金运用管理

企业筹集资金的目的是将资金用于生产经营活动中，以便取得盈利，不断使企业资金实现增值。企业把筹集到的资金投资于企业内部，用于购置固定资产和无形资产等，便形成企业的对内投资；企业把筹集到的资金用于购买其他企业的股票、债券或对其他企业直接投资，便形成企业的对外投资。

无论企业对内还是对外投资，都需要支出资金；而当企业变卖对内投资形成的各种资产或收回对外投资时，则会产生资金的收入。这些资金收付活动就是由于资金投放而产生的财务活动。

3. 资金收回管理

企业在正常的经营过程中，也会发生一系列的资金收付，如采购材料、商品、低值易耗品以及支付工资和各种费用产生资金流出；销售取得收入收回资金以及通过合理占用应付款项等方式形成资金流入。这些资金收付活动就是由于经营活动而产生的财务活动。

企业将资金投放和使用后，会取得收入并实现资金的增值，即产生利润。收入补偿生产经营中的各种成本、费用、销售税金后若有剩余，为企业的息税前利润，即支付利息及缴纳所得税之前收益。

1.1.3 企业财务管理的环节

1. 财务预测

财务预测是企业根据财务活动的历史数据，结合企业当前的经营情况，对企业未来的财务状况做出的科学预计和测算。财务预测是财务决策的基础，是编制财务预算的基本前提，是组织日常财务活动的必要条件。企业财务预测的方法主要有定性预测法和定量预测法两种。

企业财务预测一般包括以下步骤：

（1）确定预测内容及目的。

（2）收集与预测内容相关的资料。

（3）整理资料。

（4）进行财务预测。

2. 财务决策

财务决策是指企业财务人员为实现财务管理的目标，从若干备选方案中选择最优方案的过程。财务管理的核心在于决策。财务预测为财务决策服务，财务预算是财务决策的具体体现。财务决策正确与否，直接关系到经营成败。

企业财务决策常用的方法有优选对比法、数学微分法、线性规划法、概率决策法和损益决策法等。

企业财务决策一般包括以下步骤：

（1）根据企业财务预测提供的信息确定决策对象。

（2）根据企业的决策目标提供可供选择的备选方案。

（3）分析、评价和对比各备选方案的优劣。

（4）拟定择优标准，选择最优方案。

3. 财务预算

企业财务预算是指企业运用科学的技术手段和数量方法，对其未来的财务目标及财务活动的内容进行协调和综合平衡的具体规划。企业财务预算建立在企业财务预测提供的相关信息、企业财务决策确定的备选方案的基础上，是企业财务预测和决策的具体化，是企业财务控制的依据。编制企业财务计划的方法有平衡法、因素推算法、比例计算法等。

企业财务预算一般包括以下步骤：

（1）根据企业财务决策的要求，确定企业财务预算的相关指标。

（2）合理分配人力、物力和财力，实现综合平衡。

（3）协调企业财务预算指标，编制财务计划。

4. 财务控制

企业财务控制指在财务管理过程中，通过利用有关信息和特定手段，影响或调节企业的财务活动，以便实现企业财务预算的目标要求。完成企业财务预算目标的有效措施之一是进行相应的财务控制。

企业财务控制包括事前控制、事中控制和事后控制。事后控制是进行财务控制的典型方法。

企业财务控制一般包括以下步骤：

（1）按照企业财务预算的要求，将预算指标分解到部门乃至个人。

（2）按照企业财务预算的标准，实施事中控制。

（3）根据企业财务预算的执行情况，确定和调整财务预算执行中的差异。

（4）考核财务预算的执行结果，奖优罚劣。

5. 财务分析

企业财务分析是根据会计核算资料提供的信息，采用特定方法，对企业财务活动过程及结果进行分析和评价的工作。利用财务分析得出的数据，财务人员可以掌握财务预算的完成情况，评估企业的财务状况，分析企业的财务成果，更好地进行下一年度的财务预算、财务决算和财务控制。企业财务分析的方法一般包括比较分析法、比率分析法和综合分析法等。

企业财务分析一般包括以下步骤：

（1）确定企业财务活动的基本目标。

（2）对比和评价现有的财务指标。

（3）揭露财务活动中存在的问题，明确责任。

（4）提出相关措施，改进工作。

企业财务管理的这些基本环节密切联系，既相互制约又环环相扣，形成财务管理的循环过程，构成完整的财务工作体系。

1.1.4 企业财务管理的目标

财务管理的目标与企业目标是分不开的。不同企业的管理目标虽有着不同的要求，但其基本要求是一致的，即生存、发展、获利。企业要实现其基本目标，就必须搞好财务管理，处理好资金与经营、资金与各方面财务利害关系方之间的关系。

关于财务管理目标，在理论上有许多争论，或者说有各种观点。根据现代企业财务管理理论和实践的发展，最具代表性的财务管理目标的观点主要有以下几种：

1. 企业财务管理目标理论

（1）利润最大化。该理论以追逐利润最大化作为财务管理的目标。但是，以利润最大化作为理财目标在实践中还存在以下难以解决的问题。

①利润最大化没有考虑利润取得的时间，没有考虑资金的时间价值。例如，今年获利100万元和明年获利100万元对企业的影响是不同的，更不同于后年获利100万元对企业造成的影响。

②利润最大化中的利润额是一个绝对数，没有考虑所获利润和投入资本额的匹配关系。例如，同样获利100万元，一个企业投入资本500万元，另一个企业投入800万元。显然，若利润不与投入资本额联系起来，就不能合理地说明企业经济效益水平的高低，不便于在不同时期、不同企业之间进行比较。

③利润最大化没有考虑获取利润所承担风险的大小。例如，同样投入500万元，本年获利同为100万元的两个企业，一个企业获利已全部转化为现金，不存在发生坏账的风险；另一个企业则全

部是账龄2年以上的应收账款。显然，若不考虑风险，则难以做出正确判断。

④追求利润最大化往往会使企业财务决策带有短期行为的倾向，即片面追求企业当前利润的最大化，忽视企业的长远发展。例如，忽视产品及人才开发、生产安全、设备更新等事关企业长远发展的项目，这种急功近利的做法只能使企业在市场竞争中处于劣势。

（2）企业价值最大化。企业价值最大化理论认为，投资者建立企业的重要目的在于创造尽可能多的财富，这种财富首先表现为企业的价值。企业价值是指企业全部资产的市场价值，即企业资产未来预期现金流量的现值，反映了企业潜在的或预期的获利能力和成长能力。

企业价值最大化作为财务管理的目标具有以下优点：

①该目标考虑了货币的时间价值和投资的风险价值。有利于统筹安排长、短期规划，合理选择投资方案，有效筹措资金，合理制定股利政策等。

②该目标反映了对企业资产保值、增值的要求。从某种意义上说，股东财富越多，企业市场价值就越大，追求股东财富最大化的结果可促使企业资产保值或增值。

③该目标有利于克服企业管理上的片面性和短期行为。

④该目标有利于社会资源的合理配置。因为社会资金通常流向企业价值最大化或股东财富最大化的企业或行业，有利于实现社会效益最大化。

（3）股东财富最大化。股东财富最大化是指企业财务管理以实现股东财富最大化为目标。在上市公司，股东财富是由所拥有的股票数量和股票市场价格两个方面决定的。在股票数量一定时，股票价格达到最高，股东财富也就达到最大化。

与利润最大化相比，股东财富最大化的主要优点是：

①考虑了风险因素，因为通常股价会对风险做出较敏感的反应。

②在一定程度上能避免企业短期行为，因为不仅目前的利润会影响股票价格，预期未来的利润同样会对股价产生重要影响。

③对上市公司而言，股东财富最大化目标比较容易量化，便于考核和奖惩。

以股东财富最大化作为财务管理目标存在以下缺点：

①通常只适用于上市公司，非上市公司难以应用，因为非上市公司无法像上市公司一样随时准确获得公司股价。

②股价受众多因素影响，特别是企业外部的因素，有些还可能是非正常因素。股价不能完全准确反映企业财务管理状况，如有的上市公司虽处于破产的边缘，但由于可能存在某些机会，其股票市价可能还在走高。

③它强调得更多的是股东利益，而对其他相关者的利益重视不够。

（4）相关者利益最大化。在现代企业是多边契约关系总和的前提下，要确立科学的财务管理目标，需要考虑哪些利益关系会对企业发展产生影响。在市场经济中，企业的理财主体更加细化和多元化。股东作为企业所有者，在企业中拥有最高的权力，并承担着最大的义务和风险，但是债权人、员工、企业经营者、客户、供应商和政府也为企业承担着风险。因此，企业的利益相关者不仅包括股东，还包括债权人、企业经营者、客户、供应商、员工和政府等。在确定企业财务管理目标时，不能忽视这些相关利益群体的利益。

相关者利益最大化目标的具体内容包括如下几个方面：

①强调风险与报酬的均衡，将风险限制在企业可以承受的范围内。

②强调股东的首要地位，并强调企业与股东之间的协调关系。

③强调对代理人，即企业经营者的监督和控制，建立有效的激励机制以便顺利实施企业战略。

④关心本企业普通职工的利益，创造优美和谐的工作环境和提供合理恰当的福利待遇，促使职工长期努力为企业工作。

⑤不断加强与债权人的关系，培养可靠的资金供应者。

⑥关心客户的长期利益，以便保持销售收入的长期稳定增长。

⑦加强与供应商的协作，共同面对市场竞争，并注重企业形象的宣传，遵守承诺，讲究信誉。

2. 利益冲突与协调

（1）股东与经营者。现代企业中，经营权与所有权完全分离，经营者一般不拥有占支配权地位的股权。经营者希望在提高企业价值或股东财富的同时，提高自己的报酬、荣誉和社会地位。经营者有可能为了自己的目标而背离所有者的目标，如借口工作需要装修豪华的办公室，买高档汽车，增加享受成本等。为了解决或弱化经营者和所有者的主要矛盾，所有者一般采取以下方法。

①解聘。这是一种通过所有者约束经营者的方法。所有者监督经营者，如果经营者未能使企业价值达到最大，就解聘经营者。

②接收。这是一种通过市场约束经营者的方法。如果由于经营者经营不力导致公司股票下降到一定水平，该公司就可能被其他公司强行接收或兼并，经营者也就面临被解雇或职位下降的局面。

③激励。激励即将经营者的报酬与其绩效挂钩，以使经营者自觉采取能使企业价值最大化的措施。通常采取的是"股票期权"和"绩效股"两种基本方式。

● 股票期权。它是指给予经营者以固定的价格购买一定数量公司股票的权利。当股票的市场价格越高于固定价格时，经营者获得的报酬就越多。经营者为了获取更大的股票涨价收益，就必须主动采取能够提高股价的行动，从而增加所有者权益。

● 绩效股。它是公司运用每股利润（每股收益）、资产报酬率等指标来评价经营者的业绩，视其业绩大小给予经营者数量不等的股票作为报酬。如果公司的经营业绩未能达到规定目标，经营者也将丧失部分原先持有的绩效股。

（2）股东与债权人。债权人投资企业，其目的是到期收回本金和约定的利息，他的投资回报是固定的。而企业借款的目的是扩大经营规模，获得更多的收益，且企业的收益是随企业经营效益变化的。如所有者可能要求经营者改变举债资金的原定用途，将其用于风险更高的项目，若高风险的项目成功，则超额利润会被所有者独吞；若失败，则债权人要和所有者共同承担由此造成的损失。再如，所有者或股东可能未征得现有债权人同意，就要求经营者发行新债券或举借新债，致使旧债券或其价值降低。为协调所有者与债权人的上述矛盾，通常可采用以下方式：

①限制性借债，即在借款合同中加入某些限制性条款，如规定借款的用途、借款的担保条款和借款的信用条件等。

②收回借款或不再借款，即当债权人发现公司有侵蚀其债权价值的意图时，收回债权和不给公司增加放款，从而保护自身的权益。

1.1.5 理财环境

1. 外部环境

（1）政治环境。

政治环境指企业市场经营活动所处的外部政治形势、国家方针政策的变化以及调整。安定团结的政治局面不仅有利于经济的发展和人们收入的增加，而且影响到人们的心理状况，导致市场需求发生变化。

政治环境是各种不同因素的综合反映，如国家危机，国家之间在特殊地区的冲突等。政治环境是政治体系存在和从事政治活动、进行政治决策的背景条件的总和。

（2）经济环境。

①经济体制。在计划经济体制下，尽管企业是一个独立的核算主体，但是没有独立的理财权利。企业财务管理活动的内容比较单一，财务管理方法也比较简单。

在市场经济体制下，企业成为"自主经营、自负盈亏"的经济实体，有独立的经营权，同时也有独立的理财权，财务管理活动的内容比较丰富，方法也复杂多样。

②经济周期。宏观经济运行具有一定的波动性，常常在复苏、繁荣、衰退和萧条几个阶段间循环。在经济的不同发展时期，企业的生产规模、销售能力、获利能力以及由此产生的资本需求都会出现重大差异。例如，在萧条阶段，由于宏观经济不景气，企业也处于紧缩状态之中，产量和销量下降，投资锐减。在繁荣阶段，市场需求旺盛，销售大幅度上升，企业为扩大生产，就要增加投资，要求财务人员迅速地筹集所需资本。总之，面对经济的周期性波动，财务人员必须预测经济变化情况，适当调整财务政策。经济周期中不同阶段的财务管理战略如表1-1所示。

表1-1 经济周期中不同阶段的财务管理战略

复苏	繁荣	衰退	萧条
增加厂房设备	扩充厂房设备	停止扩张	建立投资标准
实行长期租赁	继续建立存货	出售多余设备	保持市场份额
建立存货储备	提高产品价格	停产不利产品	压缩管理费用
开发新产品	开展营销规划	停止长期采购	放弃次要利益
		削减存货	削减存货
增加劳动力	增加劳动力	停止扩招雇员	裁减雇员

③经济政策。经济政策是国家进行宏观经济调控的重要手段，包括产业政策、金融政策、财税政策等。国家经济政策对企业的筹资活动、投资活动和分配活动都会产生重要影响。如金融政策中的货币发行量、信贷规模会影响企业的资本结构和投资项目的选择等；价格政策会影响资本的投向、投资回收期及预期收益等。因此，财务管理人员应当时刻关注国家的经济政策，研究经济政策的调整对财务管理活动可能造成的影响。

④通货膨胀。一般认为，通货膨胀是指在信用货币制度下，流通中的货币量超过实际需要货币量而引起货币贬值和物价全面、持续上涨。通货膨胀不仅对消费者不利，对企业财务活动的影响更为严重。大规模的通货膨胀会引起资本占用的迅速增加，利率的上升，增加企业的筹资成本；通货膨胀时期有价证券价格不断下降，给筹资带来较大的困难；通货膨胀会引起利润的虚增，造成企业的资本流失等。

⑤市场竞争。市场环境通常分为完全垄断市场、完全竞争市场、不完全竞争市场和寡头垄断市场四种。不同的市场环境对财务管理有不同影响。处于完全垄断市场的企业，价格波动不大，利润稳中有升，经营风险较小，企业可利用较多的债务资本。处于完全竞争市场的企业，销售价格完全由市场决定，企业利润随价格波动而波动，企业不宜过多地采用负债方式筹集资本。处于不完全竞争市场和寡头垄断市场的企业，关键是要使企业的产品具有优势、特色、品牌效应，这就要求在研究与开发产品上投入大量资本，开发出新的优质产品，并搞好售后服务，给予优惠的信用条件。

企业竞争在财务管理中有多种表现。例如，投资项目盈利能力的大小在很大程度上取决于未来市场份额的大小；由于银行和投资者的谨慎，竞争能力强的企业总是比其他企业较容易地融通到资本；竞争能力不分伯仲的企业之间，各种财务策略的谋划和运用应注意相通性，避免发生冲突。

⑥金融市场环境。金融市场指资金供求双方交易的场所。广义的金融市场指一切资本流动的场所，其交易对象包括货币借贷、票据的承兑与贴现、有价证券的买卖、黄金和外汇买卖、办理国内外保险、生产资料的产权交换。狭义的金融市场一般指有价证券市场，即股票和债券的发行和买卖市场。

金融市场是企业最为主要的环境因素，对企业的理财具有重要的意义。首先，金融市场是企业筹资和投资的场所。企业在符合有关法律、法规的条件下，经过批准以发行股票、债券的方式筹集资金，也可以将企业的资金投放于有价证券或者进行与证券相关的其他财务交易。其次，企业通过金融市场实现长期资金与短期资金的相互转化。企业所持有的长期股票和债券投资，随时可以通过出售有价证券转化为短期资金；同理，企业的短期资金也可以通过购买股票或债券而转化为长期投资。长短期资金的相互转化，在理财上从属于企业资产收益性与流动性关系的有效处理，从属于企业经营发展战略。最后，金融市场传递的信息，有助于企业进行财务管理的决策。

金融市场是商品经济发展和信用形式多样化的必然产物。它在财务管理中发挥着重要的作用。

●为企业筹资和投资提供场所。金融市场能够为资本所有者提供多种投资渠道，为资本筹集者提供多种可供选择的筹资方式。在现实经济生活中，资本所有者在为闲置资本寻找出路时，要兼顾其安全性、流动性和盈利性；资本需求者在筹资时，也要在降低资本成本的同时，满足数量和时间上的需要。要实现资本所有者和筹集者的满意结合，就需要创造一个理想的场所，而且金融市场中有多种融资形式和金融工具可供双方选择。因此，通过金融市场，资本供应者能够灵活地调整其闲置资本，实现投资目的；资本需求者也能够从众多筹资方式中选择最有利的方式，实现其筹资目的。

●促进企业资本灵活转换。金融市场上各种形式的金融交易，形成了纵横交错的融资活动。通过融资活动可以实现资本的相互转换，包括长短期资本的相互转换、不同区域间资本的相互转换，以及大额资本和小额资本的相互转换。

●引导资本流向和流量，提高资本利用效率。金融市场通过利率的上下波动和人们投资收益的变化，能够引导资本流向最需要的地方，从利润率低的部门流向利润率高的部门，从而实现资本在各地区、各部门和各单位的合理流动，实现社会资源的优化配置。

●为企业树立财务形象。金融市场是企业树立财务形象的最佳场所。企业如果有良好的经营业绩和财务状况，证券价格就会稳定增长，这是对企业财务形象最客观的评价。

●为财务管理提供有用信息。企业进行筹资和投资决策时，可以利用金融市场提供的有关信息。股市行情从宏观看，反映了国家的总体经济状况和政策情况；从微观看，反映了企业的经营状况、盈利水平和发展前景，有利于投资者对企业财务状况做出基本评价。此外，利率的变动也反映了资本的供求状况。

正确认识财务管理与环境的关系具有重要意义。适者生存、优胜劣汰是商品经济竞争中的规律。这一规律要求企业财务管理者必须主动面对纷繁复杂的财务管理环境，研究财务管理环境变化的规律性，通过制定和选择富有弹性的财务管理战略和政策，抓住环境因素的突变可能带来的各种有利机会，抵御环境变化可能对财务活动造成的不利影响。

（3）法律环境。

财务管理的法律环境是企业组织财务活动、处理企业与有关各方的经济关系所必须遵循的法律规范的总和。财务管理作为一种社会活动，其行为要受到法律的约束，企业合法的财务活动也相应受到法律的保护。企业从事筹资、投资、股利分配活动，必须遵循有关法律的规定。

①法律环境的范畴。法律环境是指企业与外部发生经济关系时应遵守的有关法律、法规和规章，主要包括公司法、证券法、金融法、证券交易法、经济合同法、税法、企业财务通则、内部控制基本规范等。市场经济是法治经济，企业的经济活动总是在一定法律规范内进行的。法律既约束企业的非法经济行为，也为企业从事各种合法经济活动提供保护。

国家相关法律、法规按照对财务管理内容的影响可以分如下几类：

●影响企业筹资的法律、法规主要有：公司法、证券法、金融法、证券交易法、合同法等。

这些法律、法规可以从不同方面规范或制约企业的筹资活动。

●影响企业投资的法律、法规主要有：证券交易法、公司法、企业财务通则等。这些法律、法规从不同角度规范企业的投资活动。

●影响企业收益分配的法律、法规主要有：税法、公司法、企业财务通则等。这些法律、法规从不同方面对企业收益分配进行了规范。

②法律环境对企业财务管理的影响。法律环境对企业的影响是多方面的，影响范围包括企业组织形式、公司治理结构、投融资活动、日常经营、收益分配等。比如《中华人民共和国公司法》规定，企业可以采用独资、合伙、公司制等组织形式。企业组织形式不同，业主（股东）权利责任、企业投融资、收益分配、纳税、信息披露等不同，公司治理结构也不同。

（4）技术环境。

新技术的迅猛发展，改变了人们的生活方式及消费需求。为此，企业或组织必须关注技术创新步伐，分析技术变化带来的市场机会，探讨研究与开发对企业营销战略的影响作用，关注政府对技术创新的规定及社会影响。

技术对企业经营的影响是多方面的。企业的技术进步将使社会对企业的产品或服务需求发生变化，从而给企业提供有利的发展机会。然而，企业经营战略涉及的另一个重要问题是：一项新技术的发明或应用可能同时意味着"破坏"。因为一种新技术的发明和应用会带动一批新行业的兴起，从而损害甚至破坏另外一些行业，如静电印刷的发展使得复印机业得到发展，从而使复写纸行业变得衰落；半导体的发明和普及急剧地改变了视听业的竞争格局。越是技术进步快的行业，这种技术变革越应该作为环境分析的重要因素。

> **提示**
>
> 当前，一个国家的经济增长速度，在很大程度上与重大技术发明采用的数量和程度相关。一个企业的盈利状况也与其研发费用的投入程度相关。所有企业特别是本身属于技术密集型的企业，或处于技术更新较快行业中的企业，必须高度重视当今的科技进步以及这种进步给企业经营带来的影响，以便及时地采取经营策略，不断促进技术创新，保持竞争优势。

在衡量技术环境的诸多指标中，整个国家的研究开发经费总额、企业所在产业的研究开发支出状况、技术开发力量集中的焦点、知识产权与专利的保护、新产品开发的状况、实验室技术向市场转移的最新发展趋势、信息与自动化技术发展可能带来生产率的提高，这些都可以作为关键战略要素进行分析。

2. 内部环境

（1）企业组织形式。企业组织形式有独资与合资两种，两种形式对利润分配方法有着不同的要求，财务管理方法也各不相同。

（2）企业组织结构。企业组织结构有直线制、职能制和事业部制等多种形式。企业组织结构对企业财务管理体制的建立具有影响。

（3）企业人员素质。企业人员素质，特别是财务管理人员的素质，对财务管理工作的质量和效率具有直接的影响。因此，需要研究安排能充分发挥财务管理作用的组织结构和人员分工，同时也要适应企业的组织结构和人员构成来组织财务管理。

任务1.2 财务管理基础

1.2.1 财务管理理念

1. 资金时间价值

资金时间价值是指货币在周转使用中由于时间因素而形成的差额价值,亦称货币时间价值。人们在生活中已感受到,今天拥有的1元钱和一年后拥有的1元钱,其效用是不一样的。今天的1元钱立即用来投资,可以产生一定利润,如果获利是10%,其现值1元就等于一年后的1.1元。反之,一年后的1元,只等于现在的0.91元。这种变化就是资金时间价值的作用。对企业来说,因为企业的资金在生产经营过程中不同的时点上,具有不同的价值,所以当企业有闲置资金存入银行时,就会得到利息形式的增值,这个存款利息就是存入银行本金的资金时间价值。这是资金时间价值的一种表现形式。另一种形式是企业将资金投入生产经营活动中,通过产品销售实现了利润,使企业投入的资金得到了增值,资金周转的次数越多,企业获利就越多。这个增值就是企业资金时间价值。通常情况下,资金时间价值一般是以利率来比照的,即用利率代表资金时间价值率。但在实际经济管理中,确定银行存款利率、贷款利率、债务利率和股票股利时,不仅要考虑资金时间价值,也要考虑风险价值和通货膨胀等因素。以下介绍的内容即假设在没有风险价值和通货膨胀情况下资金时间价值的确定方法。

(1)复利。

①复利终值的计算。复利终值的计算公式如下:

第一期末的复利终值:$F_1=P(1+i)$

第二期末的复利终值:$F_2=P(1+i)\times(1+i)$

第三期末的复利终值:$F_3=P(1+i)\times(1+i)^2$

⋮

第n期末的复利终值:$F_n=P(1+i)^n$

式中:$(1+i)^n$为复利终值系数。

复利终值系数用符号$(F/P, i, n)$表示。如$(F/P, 5\%, 5)$表示利率为5%,第5期的复利终值系数。复利终值的计算公式可以写成:

$$F=P(F/P, 5\%, 5)$$

提示

为了便于计算,可查复利终值系数表(见本书附表1)。该表的第一行是利率i,第一列是计息期数n,相应的$(1+i)^n$的值在其纵横相交处,交叉所列数字为1元的复利终值系数。通过该表可以查出$(F/P, 5\%, 5)=1.2763$。根据该系数可以把现值换算成终值。

【情景1-1】惠达股份有限公司的张先生将90 000元存入银行,复利计算利息,年利率为5%,求5年后的终值。

$$F=P_A\times(F/P, 5\%, 5)$$
$$=90\,000\times1.2763$$
$$=114\,867(元)$$

②复利现值的计算。为分析和评价企业的投资效果,需要将若干年后的收入和支出折算成当前价值或期初投资时的价值,以便与投资额或其他价值相比较,这就需要进行复利现值的计算。

复利现值是复利终值的逆运算。其计算可由复利终值计算公式推出:

$$P=F/(1+i)^n$$

式中,$\dfrac{1}{(1+i)^n}$为复利现值系数,用符号$(P/F, i, n)$表示。如$(P/F, 5\%, 5)$表示利率为5%,第5期的复利现值系数。复利现值的计算公式可以写成:

$$P=F(P/F, 5\%, 5)$$

> **提示**
>
> 为便于计算,可查复利现值系数表(见本书附表2)。该表的第一行是利率 i,第一列是计息期数 n,相应的值在其纵横相交处,交叉所列数字为1元的复利现值系数。通过该表可以查出 $(P/F, 5\%, 5)=0.7835$。再根据该系数进行计算,可以将终值换算成现值。

【情景1-2】惠达股份有限公司某开发项目的预期投资报酬率为5%,拟在5年后获得本利和2 000 000元,计算现在应投资多少元?

$P=2\,000\,000/(1+5\%)^5$

$=2\,000\,000\times(P/F, 5\%, 5)$

$=2\,000\,000\times 0.7835$

$=1\,567\,000$(元)

(2)年金。

①年金的概念。年金是指在一定时期内每隔相同时期发生的相等金额的系列收付款项。年金的形式多种多样,如保险费、养老金、折旧、租金等额分期收(付)款、零存整取或者整存零取储蓄。

②年金的种类。按年金的收款、付款方式不同可分为:每期期末等额收付款项的年金,称为后付年金,即普通年金;每期期初等额收付款项的年金,称为即付年金,又称为预付年金;距期初若干期以后发生的每期期末等额收付款项的年金,称为递延年金;无限期连续等额收付款项的年金,称为永续年金。

● 普通年金:从第一期开始每期期末等额收付的年金。普通年金收付示意图如图1-1所示。

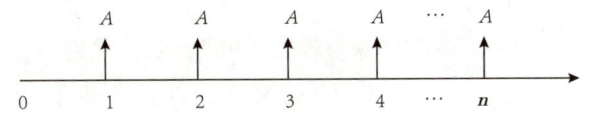

图1-1 普通年金收付示意图

● 即付年金:从第一期开始每期期初等额收付的年金。即付年金收付示意图如图1-2所示。

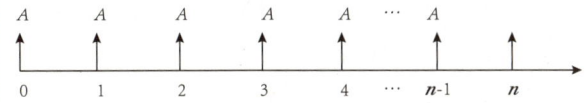

图1-2 即付年金收付示意图

● 递延年金:间隔若干期之后才开始发生的系列等额收付款项。递延年金收付示意图如图1-3所示。

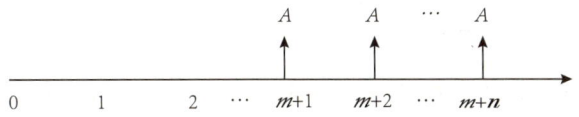

图1-3 递延年金收付示意图

● 永续年金:永续年金收付示意图如图1-4所示。

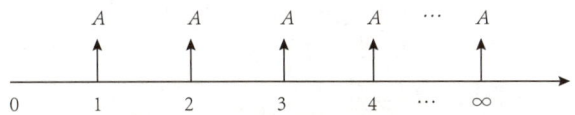

图1-4 永续年金收付示意图

③普通年金的计算。

● 普通年金终值的计算。普通年金终值是指每期收入或支出的相等款项,按复利计算,在最后一期所得的本利和。每期期末收入或支出的款项用 A 表示,利率用 i 表示,期数用 n 表示,那么每期期末收入或支出的款项,折算到第 n 年的终值示意图如图1-5所示。

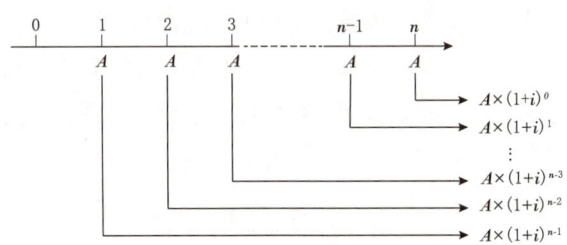

图1-5 普通年金终值示意图

从图1-5可以看出,虽然复利年金终值比较复杂,但存在一定的规律性,由此可以推导出普通年金终值的计算公式。

根据复利终值的计算方法,计算年金终值 F_A 的公式为

$F_A=A+A\times(1+i)+A\times(1+i)^2+A\times(1+i)^3+\cdots+A\times(1+i)^{n-1}$

等式两边同乘 $(1+i)$,则有

$F_A \times (1+i) = A \times (1+i) + A \times (1+i)^2 + A \times (1+i)^3 + A \times (1+i)^4 + \cdots + A \times (1+i)^n$

两式相减,得:

$F_A \times i = A(1+i)^n - A = A \times [(1+i)^n - 1]$

$$F_A = A \times \frac{(1+i)^n - 1}{i} = A\left(\frac{F}{A}, i, n\right)$$

式中:$\frac{(1+i)^n - 1}{i}$ 称为"年金终值系数",记作 $(F/A, i, n)$,年金终值系数可以通过年金终值系数表获得(见本书附表3)。该表的第一行是利率 i,第一列是计息期数 n,相应的年金终值系数在其纵横相交处。例如,可以通过查表获得 $(F/A, 5\%, 10)$ 的年金终值系数为 12.5779,即每年年末收付 1 元,按年利率为 5% 计算,到第 10 年年末,其年金终值为 12.5779 元。

【情景1-3】 惠达股份有限公司投资一个项目,在 5 年建设期内每年年末从银行借款 2 000 000 元,借款年利率为 10%,计算该项目竣工时企业应付本息的总额。

$F_A = A \times (F/A, 10\%, 5)$
$= 2\,000\,000 \times 6.1051$
$= 12\,210\,200$(元)

● 年偿债基金的计算。偿债基金是指为了在约定的未来某一时点清偿某笔债务或积聚一定数额的资金而必须分次等额形成的存款准备金。

年偿债基金实际是已知普通年金终值 F_A,求年金 A。年偿债基金系数与普通年金终值系数互为逆运算。年偿债基金的计算公式为:

$$A = F_A \times \frac{i}{(1+i)^n - 1}$$

式中:$\frac{i}{(1+i)^n - 1}$ 为年偿债基金系数,用符号 $(A/F, i, n)$ 表示。年偿债基金系数和普通年金终值系数互为倒数。

可查年偿债基金系数表,也可根据年金终值系数的倒数求得,即

$A = F_A \div (F/A, i, n)$

【情景1-4】 惠达股份有限公司有一笔 4 年后到期的借款 20 000 000 元,若存款利率为 10%,偿还这笔借款应建立的偿债基金是多少?(计算结果保留整数)

$A = F_A \div (F/A, i, n)$
$= 20\,000\,000 \div (F/A, 10\%, 4)$
$= 20\,000\,000 \div 4.6410$
$\approx 4\,309\,416.07$(元)

在银行存款利率为 10% 时,每年年末存入银行 4 309 416.07 元,4 年后才能还清债务 20 000 000 元。

● 普通年金现值的计算。普通年金现值指一定期间内每期期末等额的系列收付款项的复利现值之和。如年金为每期期末等额的取款数,年金现值即相当于目前需存入的本金。普通年金现值的计算实际上就是已知年金 A,求现值 P_A。普通年金现值的计算如图1-6所示。

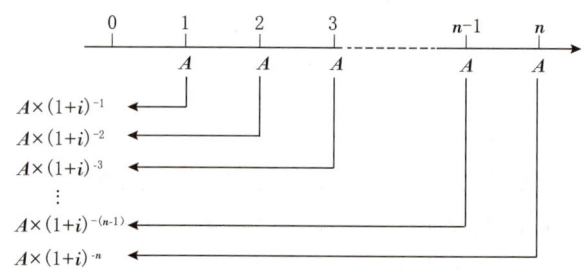

图1-6 普通年金现值的计算

将每期期末的收支款项全部折算到时点0,则第 1 年年末的年金 A 折算到时点 0 的现值为 $A \times (1+i)^{-1}$

第 2 年年末的年金 A 折算到时点 0 的现值为 $A \times (1+i)^{-2}$

第 3 年年末的年金 A 折算到时点 0 的现值为 $A \times (1+i)^{-3}$

……

第 $(n-1)$ 年年末的年金 A 折算到时点 0 的现值为 $A \times (1+i)^{-(n-1)}$

第 n 年年末的年金 A 折算到时点 0 的现值为 $A \times (1+i)^{-n}$

那么,n 年的年金现值之和的计算公式为

$P_A = A \times (1+i)^{-1} + A \times (1+i)^{-2} + \cdots + A \times (1+i)^{-n}$

等式两边相乘 $(1+i)$,则计算公式为

$P_A \times (1+i) = A + A \times (1+i)^{-1} + \cdots + A \times (1+i)^{-(n-1)}$

两者相减,则公式为

$$P_A = A \times \frac{1-(1+i)^{-n}}{i} = A \times (P/A, i, n)$$

式中，$\frac{1-(1+i)^{-n}}{i}$ 为年金现值系数或 1 元年金现值系数，记作 $(P/A, i, n)$，表示年金 1 元，利率为 i，经过 n 期的年金现值。

【情景 1-5】 惠达股份有限公司决定投资项目于 2021 年年初动工，假设当年投产，从投产之日起，每年末可得收益 30 000 元。按年利率 5% 计算预期 8 年收益的现值。

$$\begin{aligned} P_A &= 30\,000 \times \frac{1-(1+5\%)^{-8}}{5\%} \\ &= 30\,000 \times (P/A, 5\%, 8) \\ &= 30\,000 \times 6.4632 \\ &= 193\,896（元）\end{aligned}$$

● 年投资回收额的计算。年投资回收额指约定年限内等额回收初始投入资本或清偿所欠债务的金额。

年投资回收额实际是已知普通年金现值 P，求年金 A。年投资回收额和普通年金现值互为逆运算。

年投资回收额的计算公式为

$$\begin{aligned} A &= P_A \times \frac{i}{1-(1+i)^{-n}} \\ &= P_A \times (A/P, i, n) \end{aligned}$$

式中，$\frac{i}{1-(1+i)^{-n}}$ 为投资回收系数，记作 $(A/P, i, n)$。投资回收系数和普通年金现值系数互为倒数。

【情景 1-6】 惠达股份有限公司现在从银行借款 400 000 元，年利率为 6%，则在未来连续 6 年内每年年末应等额偿还多少钱？（计算结果保留整数）[$(P/A, 6\%, 6)$ 参见附表 4]

6 年内每年年末应偿还 = 400 000 ÷ $(P/A, 6\%, 6)$ = 400 000 ÷ 4.917 3 ≈ 81 345.45（元）

④ 即付年金的计算。

● 即付年金终值的计算。即付年金与普通年金的付款期数相同，但由于普通年金在每期的期末收付款项，预付年金在每期的期初收付款项，所以付款时间不同，即付年金终值比普通年金终值多计算一期利息。因此，在普通年金终值的基础上乘以 $(1+i)$ 就是即付年金终值。

即付年金终值的计算公式为

$$F_A = A \times (1+i) + A \times (1+i)^2 + A \times (1+i)^3 + \cdots + A \times (1+i)^n$$

整理得

$$\begin{aligned} F_A &= A \times \frac{(1+i)^n - 1}{i} \times (1+i) \\ &= A \times (F/A, i, n) \times (1+i) \end{aligned}$$

或者： $F_A = A[(F/A, i, n+1) - 1]$

【情景 1-7】 惠达股份有限公司连续 5 年于每年年初存入现金 4 000 元，年利率为 6%，第 5 年年末其本利和为多少？

$$\begin{aligned} F_A &= A \times [(F/A, i, n+1) - 1] \\ &= 4\,000 \times [(F/A, 6\%, 6) - 1] \\ &= 4\,000 \times (6.9753 - 1) \\ &= 23\,901.2（元）\end{aligned}$$

● 即付年金现值的计算。即付年金与普通年金的付款期数相同，但由于其付款时间不同，即付年金现值比普通年金现值少折算一期利息。因此，在普通年金现值的基础上乘以 $(1+i)$ 就是即付年金现值。

即付年金现值计算公式为

$$P_A = A + A(1+i)^{-1} + A(1+i)^{-2} + A(1+i)^{-3} + \cdots + A(1+i)^{-(n-1)}$$

整理得

$$\begin{aligned} P_A &= A \times \frac{1-(1+i)^{-n}}{i} \times (1+i) \\ &= A \times (P/A, i, n) \times (1+i) \end{aligned}$$

式中，即付年金现值系数是在普通年金现值系数基础上，期数减 1，系数加 1 求得的，可表示为 $[(P/A, i, (n-1)) + 1]$。可通过查年金现值系数表（见本书附表 4），得到 $(n-1)$ 期的值，然后加上 1，可得对应即付年金现值系数值，即：

$$P_A = A[(P/A, i, (n-1)) + 1]$$

例如，$[(P/A, 5\%, 10-1) + 1]$，查得 $(P/A, 5\%, 10-1)$ 的值为 7.107 8，再加上 1，得出即付年金现值系数为 8.107 8。

【情景 1-8】 从现在开始连续 5 年，在每年年初惠达股份有限公司会计张怡需要支付现金 2 000 元，若年利率为 6%，则惠达股份有限公司现在至少有多少钱？

$P_A=A×[$ （P/A, i, $n-1$）$+1]=2\,000×$（3.4651+1）=8 930.2（元）

⑤递延年金终值的计算。

● 递延年金终值的计算。递延年金终值的计算方法与普通年金终值的计算方法一样，其终值的大小与递延期限无关。其计算公式如下：

$$F_A=A（F/A, i, n）$$

式中，n 为 A 的个数，与递延期无关。

● 递延年金现值的计算。递延年金现值是指间隔一定时期后每期期末或期初收付的系列等额款项，按照复利计息方式折算的现时价值，即间隔一定时期后每期期末或期初等额收付资金的复利现值之和。递延年金的计算方法有3种：

方法一：先将递延年金视为 n 期普通年金，求出在递延期期末的普通年金现值，然后再折算到现在，即第 0 期价值，其计算公式为

$$P_A=A×（P/A, i, n）×（P/F, i, m）$$

式中，m——递延期；

n——连续收支期数，即年金期。

方法二：先计算 $m+n$ 期年金现值，再减去 m 期年金现值，即计算公式为

$$P_A=A×[（P/A, i, m+n）-（P/A, i, m）]$$

方法三：先求递延年金终值，再折算为现值，即计算公式为

$$P_A=A×（F/A, i, n）×（P/F, i, m+n）$$

【情景1-9】惠达股份有限公司向银行借入一笔款项，银行贷款的年利率为10%，每年复利一次。银行规定前8年不用还本付息，但从第9年至第18年每年年末偿还本息5 500元。计算此笔款项的现值。（计算结果保留两位小数）

$P_A=A×（P/A, 10\%, 8）×（P/F, 10\%, 8）$

$=5\,500×5.3349×0.4665$

$≈13\,688.02$（元）

（3）利率的计算。

① 插值法。在此前计算终值和现值时，均假定利率为已知，但在财务活动过程中，经常会遇到已知终值、现值和计息期数求利率的问题。一般情况下，可以按照以下步骤计算其利率：

● 求出换算系数。

● 根据换算系数和有关系数表求利率。

② 插值法的换算系数。采用复利计息时，利率与现值（或终值）系数之间存在一定的数量关系，但这种关系计算出的数据往往不能直接通过查表就可以求得利率数据。因此，已知现值（或终值）系数，可以通过插值法计算对应的利率。计算公式如下：

$$i=i_1+\frac{B-B_1}{B_2-B_1}×（i_2-i_1）$$

式中，i——所求利率；

B——对应的现值或终值系数；

B_1、B_2——现值（或终值）系数表中与 B 相邻的系数；

i_1、i_2——对应的利率。

③ 插值的利率计算。

● 若已知复利现值（或终值）系数 B 及期数 n，即可用复利现值（或终值）系数表找出与已知复利现值（或终值）系数上下相邻的两个系数及其对应利率，按插值法计算利率。

【情景1-10】夏先生下岗获得60 000元现金补助，他决定趁现在还有劳动能力先找工作糊口，将款项存起来。夏先生预计，如果20年后这笔款项连本带利达到240 000元，就可以解决自己的养老问题。问银行存款的年利率为多少，夏先生的预计才能变成现实？

$60\,000×（F/P, i, 20）=240\,000$

$（F/P, i, 20）=4$，即 $(1+i)^{20}=4$

可采用逐次测试法（也称为试误法）计算：

当 $i=7\%$ 时，$（F/P, 7\%, 20）=3.8697$；

当 $i=8\%$ 时，$（F/P, 8\%, 20）=4.6610$。

因此，i 在 7%～8%。

运用插值法，有：

$$i=i_1+\frac{B-B_1}{B_2-B_1}×（i_2-i_1）$$

$=7\%+\dfrac{4-3.8697}{4.6610-3.8697}×（8\%-7\%）$

$≈7.17\%$

如果银行存款年利率为7.17%，则夏先生的预计可以变成现实。

【情景1-11】杨先生要在街道十字路口开办餐馆，于是找到十字路口的一家小卖部，提出要求承

租该小卖部 3 年。小卖部业主王先生因受到附近超市的影响,生意惨淡,也愿意清盘让杨先生开餐馆,但提出应一次支付 3 年的使用费 30 000 元。杨先生觉得现在一次拿出 30 000 元比较困难,因此请求缓期支付。王先生同意 3 年后支付,但金额为 50 000 元,若银行贷款利率为 5%,问杨先生 3 年后付款是否合算?

先算出杨先生 3 年后付款和现在付款金额之间的利息率,再同银行利率比较,若高于贷款利率,则应贷款现在支付,而若低于贷款利率则应 3 年后支付。设所求利率为 i,则有 +

$$30\,000 \times (1+i)^3 = 50\,000$$
$$(1+i)^3 = 1.6667$$

设 $i=18\%$,则 $(1+i)^3=1.643032$;
设 $i=19\%$,则 $(1+i)^3=1.685159$。

因此 i 在 18%~19%,用插值法可求得 $i=18.55\%$。

从以上计算可以看出,王先生目前的使用费 30 000 元延期到 3 年后支付则需要 50 000 元,相当于年利率 18.55%,远比银行贷款利率高,因此杨先生 3 年后支付这笔款项并不合算。

● 若已知复利现值(或终值)系数 B 及期数 n,即可用复利现值(或终值)系数表找出与已知复利现值(或终值)系数上下相邻的两个系数及其对应利率,按插值法计算利率。

【情景 1-12】沿用【情景 1-11】,王先生要求杨先生不是 3 年后一次支付,而是在每年年末支付 12 000 元,那么杨先生是现在一次付清合算还是分 3 次付更合算?

要回答这个问题,关键是比较分次付款的隐含利率和银行贷款利率的大小。分次付款,对杨先生来说就是一项年金,设其利率为 i,则有:

$$30\,000 = 12\,000 \times (P/A, i, 3)$$
$$(P/A, i, 3) = 2.5$$

仍用试误法,
当 $i=10\%$ 时,$(P/A, 10\%, 3) = 2.4869$;
当 $i=9\%$ 时,$(P/A, 9\%, 3) = 2.5313$。

因此可以估计利率在 9%~10%:

$$i = 9\% + \frac{2.5 - 2.5313}{2.4869 - 2.5313} \times (10\% - 9\%) \approx 9.71\%$$

如果分 3 次付清,3 年支付款项的利率相当于 9.71%,因此更合算的方式是杨先生按 5% 的利率贷款,现在一次付清。这个问题也可以从另一个角度解释,也就是说,如果杨先生用贷款支付现在的 30 000 元,其未来支付的贷款本利和的终值是否超过每年 12 000 元年金的终值。

现在贷款 30 000 元,3 年后本利和为
$$30\,000 \times (1+5\%)^3 = 30\,000 \times 1.1576$$
$$= 34\,728 \text{(元)}$$

每年支付 12 000 元,3 年后本利和为 $12\,000 \times (F/A, 5\%, 3) = 12\,000 \times 3.1525 = 37\,830$(元),显然年金的终值大于一次支付的终值。从这点看,杨先生应一次支付而不是分 3 次支付。

● 永续年金的利率可以通过公式 $i=A/P$ 计算。

【情景 1-13】李先生存入 1 000 000 元,奖励每年高考的文理科状元各 10 000 元,奖学金每年发放一次。问银行存款年利率为多少时才可以设定成永久性奖励基金?由于每年都要拿出 20 000 元,因此奖学金的性质是一项永续年金,其现值应为 1 000 000 元,因此:

$$i = \frac{20\,000}{1\,000\,000} = 2\%$$

也就是说,利率不低于 2% 才能保证奖学金制度的正常运行。

④ 名义利率与实际利率。

● 一年多次计息时的名义利率与实际利率。如果以"年"作为基本计息期单位,每年计算一次复利,那么这种情况下的实际利率等于名义利率。如果按照短于一年的计息期计算复利,那么这种情况下的实际利率高于名义利率。名义利率与实际利率的换算关系如下:

$$i = (1 + r/m)^m - 1$$

式中,i —— 实际利率;
r —— 名义利率;
m —— 每年复利计息次数。

【情景 1-14】假设年利率为 12%,按季复利计算,试求实际利率。

$$i = (1+r/m)^m - 1$$
$$= (1+12\%/4)^4 - 1$$
$$= (1.1255-1) \times 100\%$$
$$= 12.55\%$$

● 通货膨胀情况下的名义利率与实际利率。名义利率是央行或其他提供资金借贷的机构所公布的未调整通货膨胀因素的利率，即利息（报酬）的货币额与本金的货币额的比率，包括补偿通货膨胀（含通货紧缩）风险的利率。实际利率指剔除通货膨胀率后储户或投资者得到利息回报的真实利率。

名义利率与实际利率之间的关系为

1+名义利率 =（1+实际利率）×（1+通货膨胀率）

所以，实际利率的计算公式为

$$实际利率 = \frac{1+名义利率}{1+通货膨胀率} - 1$$

【情景1-15】 2021年我国商业银行一年期存款年利率为4%，假设通货膨胀率为3%，则实际利率为多少？

$$实际利率 = \frac{1+4\%}{1+3\%} - 1 \approx 0.97\%$$

如果通货膨胀率为5%，则

$$实际利率 = \frac{1+4\%}{1+5\%} - 1 \approx -0.95\%$$

2. 风险与收益

（1）风险的概念。风险指在一定条件下和一定时期内可能发生的各种结果的变动程度，或指人们事先采取某种行为后可能出现的后果，以及每种后果出现可能性的状况。风险是现代企业财务管理环境的一个重要特征，在企业财务管理的每一个环节都不可避免地要面对风险。风险是客观存在的，如何防范和化解风险，达到风险与报酬的优化配置是非常重要的。

（2）风险的种类。

① 不可分散风险。不可分散风险，又称为系统性风险，指的是某些因素给市场上所有债券都带来经济损失的可能性，具体包括政策风险、税收风险、利率风险和通货膨胀风险。

② 可分散风险。可分散风险，又称非系统风险或公司特有风险，它是指某些因素给个别证券带来经济损失的可能性。可分散风险是可以通过多样化来避免的风险。可分散风险是特定企业或特定行业所持有的，与政治、经济和其他影响所有资产的市场因素无关。

③ 经营风险。经营风险是指企业因经营原因导致利润变动的不确定性。如原材料价格变动、市场销售变动等因素，使得企业的收益变得不确定。经营风险是不可避免的。

④ 财务风险。财务风险也称筹资风险，是指因借款或发行优先股而增加的风险，是筹资决策带来的风险。因为借款的利息和优先股股利固定，所以当企业经营状况不佳时，导致企业所有者收益下降甚至无法按期支付利息或优先股股利，影响偿债能力。财务风险是可避免的，如果企业不举债也不发行优先股，就没有财务风险。

3. 风险和收益的衡量

（1）资产收益的概念。

① 收益的概念。资产的收益是指资产的价值在一定时期的增值。

② 收益的表达。一般情况下，有两种表述资产收益的方式。第一种方式是以金额表示，称为资产的收益额，通常以资产价值在一定期限内的增值量来表示，该增值量来源于两部分：一是期限内资产的现金净收入；二是期末资产的价值（或市场价值）相对于期初价值（价格）的升值。前者多为利息、红利或总收益，后者称为资本利得。第二种方式是以百分比表示，称为资产的收益率或报酬率，是资产增值量与期初资产价值（价格）的比值。该收益率包括两部分：一是利息（股息）的收益率；二是资本利得的收益率。显然，以金额表示的收益与期初资产的价值（价格）相关，不利于不同规模资产之间收益的比较；而以百分数表示的收益则是一个相对指标，便于不同规模资产之间收益的比较和分析。所以通常情况下，我们用收益率的方式来表示资产的收益。

另外，由于收益率是相对于特定期限的，它的大小要受计算期限的影响，但是计算期限常常不一定是一年，为了便于比较和分析，对于计算期限短于或长于一年的资产，在计算收益率时一般要将不同期限的收益率转化成年收益率。

（2）收益率的类型。在现实财务工作中，由于工作角度和出发点不同，资产收益率可以有以下几种类型。

① 实际收益率。实际收益率表示已经实现或者确定可以实现的资产收益率，表述为已实现或确定可以实现的利息（股息）率与资本利得收益率之和。当然，当存在通货膨胀时，还应当扣除通货膨胀率的影响，剩余的才是真实的收益率。

② 期望收益率。期望收益率也称为预期收益率，是指在不确定的条件下，预测的某资产未来可能实现的收益率。

一般按照加权平均法计算预期收益率。其计算公式为：

$$预期收益率 = \sum_{i=1}^{n} P_i \times R_i$$

式中，P_i 表示情况 i 可能出现的概率；R_i 表示情况 i 出现时的收益率。

【情景1-16】惠达股份有限公司在半年前以6 000元购买股票，一直持有至今尚未卖出，持有期曾获红利60元。预计未来半年内不会再发放红利，且未来半年后市值达到6 950元的可能性为50%，市值达到7 000元的可能性也是50%。那么预期收益率是多少？

预期收益率=[50%×（6 950-6 000）+50%×（7 000-6 000）]÷6 000=16.25%

本例中，我们给出了半年后各种可能的市价及其概率，然而，现实中要完成这项工作是相当困难的。

③ 必要收益率。必要收益率也称最低报酬率或最低要求的收益率，表示投资者对某资产合理要求的最低收益率。必要收益率由以下两部分组成。

● 无风险收益率。无风险收益率也称无风险利率，是指无风险资产的收益率，它的大小由纯粹利率（资金的时间价值）和通货膨胀补偿率两部分组成。其计算公式为

无风险收益率=纯粹利率（资金的时间价值）+通货膨胀补偿率

提示

国债的风险很小，尤其是短期国债风险更小，因此一般情况下，为了方便起见，通常用短期国债的利率近似地代替无风险收益率。

● 风险收益率。风险收益率是指某资产持有者因承担该资产的风险而要求超过无风险收益率的额外收益。风险收益率衡量了投资者将资金从无风险资产转移到风险资产所要求得到的"额外补偿"，它的大小取决于两个因素：一是风险的大小；二是投资者对风险的偏好。

综上所述，必要收益率的计算公式为

必要收益率=无风险收益率+风险收益率=纯粹利率（资金的时间价值）+通货膨胀补偿率+风险收益率

现实中，估计某股票的必要收益率时，通常使用资本资产定价模型。

1.2.2 资产风险及其衡量方法

1. 风险的概念

风险是指在一定条件下、一定时期内可能发生的各种结果的变动程度。在风险存在的情况下，人们只能事先估计采取某种行动可能导致的结果，以及每种结果出现的可能性，而行动的结果究竟会怎样，不能事先确定。从财务管理的角度看，风险就是企业在各项财务活动过程中，由于受各种难以预料或无法控制的因素影响，实际收益与预期收益发生背离，从而蒙受经济损失的可能性。

从财务角度来说，风险是事件本身的不确定性，具有客观性，是"一定条件下"的风险。风险的大小随时间延续变化，是"一定时期内"的风险。严格说来，风险和不确定性虽是有区别的，但是在实务领域对风险和不确定性不作区分，都视为"风险"问题对待。因此，风险主要指无法达到预期报酬的可能性。

2. 风险的衡量

（1）概率及其分布。在现实生活中，某事件在完全相同的条件下可能发生也可能不发生，我们称这类事件为随机事件。概率就是用百分数或小数来表示随机事件发生的可能性及出现某种结果的可能性大小的数值。用 x 表示随机事件，x_i 表示随机事件的第 i 种结果，p_i 为出现该种结果的相应概率。若 x_i 出现，则 $p_i=1$；若 x_i 不出现，则 $p_i=0$；同时，所有可能结果出现的概率之和必定为1。因此，概率必须符合下列两个要求：

$$0 \leq P_i \leq 1$$
$$\sum_{i=1}^{n} P_i = 1$$

将随机事件各种可能的结果按一定的规则进行排列，同时列出各种结果出现的相应概率，这一完整的描述称为概率分布。

概率分布有两种类型，一种是离散型分布，又称不连续的概率分布，其特点是概率分布在各个特定的点（指 x 值）上。如果事件的发生只在 n 种有限的情况之中，并且每种情况发生的概率均可以确定，则这种概率分布被称为离散型概率分布。

但在经济活动中离散型概率事件极少，许多事件往往存在无数种结果。因此，当某一事件既有无数种可能存在的结果，又使每一种可能性有其对应的概率时，就可以在直角坐标系上用一条连续的曲线来反映概率的大小与可能结果之间的关系。这种概率分布被称为连续型概率分布。

（2）期望值。期望值是一个概率分布中所有可能的结果，以各自相应的概率为权数计算的加权平均值，用符号 $\overline{E}$ 表示。期望收益反映预计收益的平均化，在各种不确定因素的影响下，它代表着投资者的合理预期。期望值可以按预期收益率的计算方法求得，其常用计算公式如下：

$$\overline{E} = \sum_{i=1}^{n} X_i P_i$$

【情景1-17】惠达股份有限公司有甲乙两个投资项目，两个投资项目的收益率及其概率分布情况如表1-2所示，计算两个项目的期望收益率。

表1-2　两个投资项目的收益率及其概率分布情况

项目实施情况	该种情况出现的概率		投资收益率/%	
	甲	乙	甲	乙
好	0.3	0.4	16	16
一般	0.5	0.5	16	17
差	0.2	0.1	0	-9

甲和乙的期望投资收益率分别为：

甲的期望投资收益率 =0.3×16%+0.5×16%+0.2×0
=12.8%

乙的期望投资收益率 =0.4×16%+0.5×17%+0.1×(-9%)
=14%

（3）离散程度。风险程度是通过离散程度加以衡量的。离散程度是指随机变量脱离其期望值变动的幅度。

一个投资项目的随机变量越是集中在期望值附近变动，即它的离散程度越低，这个项目的期望值实现的可能性就越大，项目的风险程度也就越低。一个项目的随机变量的变化范围脱离期望值越远，实现期望值的可能性就越小，项目的风险程度也就越高。所以，离散程度越高，项目的风险程度就越高。离散程度可用方差、标准差和标准离差率3项指标来表示。

①方差。方差是用来表示随机变量与期望值之间离散程度的数值，用 σ^2 表示，计算公式为

$$\sigma^2 = \sum_{i=1}^{n} [(x_i - \overline{E})^2 \times P_i]$$

②标准差。标准差也等于标准离差，是方差的平方根。在概率一致的情况下，其计算公式为

$$\sigma = \sqrt{\left[\sum_{i=1}^{n} (x_i - \overline{E})^2 \times P_i\right]}$$

标准差以绝对数衡量决策方案的风险，标准差的大小要受投资项目规模大小的影响。对于单

项资产投资而言，标准差越大，随机变量脱离其期望值变化的可能性就越大，即离散程度越大，该项目的风险也就越大。当两个项目进行对比时，在期望值不等的情况下，不能以标准差来衡量两个项目的风险程度，因为标准差是绝对数，会受到两个项目投资规模的影响，所以标准差没有可比性。

> **提示**
>
> 在期望值相同的情况下，标准差越大，风险越大；反之，标准差越小，风险越小。

③标准离差率。标准离差率是标准离差同期望值之比，通常用符号V表示，其计算公式为

$$V = \frac{\sigma}{E} \times 100\%$$

标准离差率是一个相对指标，它以相对数反映决策方案的风险程度。方差和标准离差作为绝对数，只适用于期望值相同的决策方案风险程度的比较。标准离差率可以在期望值不同的两个项目之间进行风险大小的比较。

> **提示**
>
> 在期望值不同的情况下，标准离差率越大，风险越大；反之，标准离差率越小，风险越小。

就单项资产而言，标准差越大，标准离差率越大，项目的风险程度就越大。对两个投资项目而言，如果两个投资项目的期望值相等，就可以通过标准差或标准差率来衡量项目的风险程度；如果两个项目的期望值不等，则必须要通过标准离差率来衡量项目的风险程度。

【情景1-18】沿用【情景1-17】中的数据，分别计算甲、乙两个项目投资收益率的方差和标准差。

项目甲的方差：

$$\sigma^2 = \sum_{i=1}^{n} [(x_i - \bar{E})^2 \times P_i] = 0.3 \times (0.16 - 0.128)^2 + 0.5 \times (0.16 - 0.128)^2 + 0.2 \times (0 - 0.128)^2 \approx 0.0041$$

项目甲的标准差：

$$\sigma = \sqrt{\sum_{i=1}^{n} [(x_i - \bar{E})^2 \times P_i]} \approx 0.064$$

项目乙的方差：

$$\sigma = \sum_{i=1}^{n} (x_i - \bar{x})^2 \times P_i = 0.4 \times (0.16 - 0.14)^2 + 0.5 \times (0.17 - 0.14)^2 + 0.1 \times (-0.09 - 0.14)^2 \approx 0.0059$$

项目乙的标准差：

$$\sigma = \sqrt{\sum_{i=1}^{n} [(x_i - \bar{E})^2 \times P_i]} \approx 0.0768$$

【情景1-19】沿用【情景1-17】中的数据，分别计算甲、乙两项目的标准离差率是多少？（计算结果保留两位小数）

甲的标准离差率：$V_甲 = \frac{0.064}{0.128} \times 100\% = 50\%$

乙的标准离差率：$V_乙 = \frac{0.0566}{0.122} \times 100\% \approx 46.39\%$

3. 风险偏好与对策

（1）风险偏好。风险偏好是指为了实现目标，企业或个体投资者在承担风险的种类、大小等方面的基本态度。风险就是一种不确定性因素，投资者面对这种不确定性因素所表现出的态度、倾向便是其风险偏好的具体体现。根据效用函数的不同，可以按照人们对风险的偏好将其分为风险回避者、风险追求者和风险中立者。

①风险回避者。当预期收益率相同时，风险回避者会偏好于持有低风险的资产；而对于同样风险的资产，他们则会钟情于具有高预期收益的资产。当面临以下两种资产时，他们的选择就要取决于他们对待风险的不同态度：一项资产在具有较高的预期收益率的同时也具有较高的风险，而另一项资产虽然预期收益率低，但风险水平也低。风险回避者在承担风险时，就会因承担风险而要求额外收益，额外收益要求的多少不仅与所承担风险的大小有关（风险越高，要求的风险收益就越大），还取决于他们的风险偏好。

> **提示**
> 对风险回避的愿望越强烈，要求的风险收益就越高。

一般的投资者和企业管理者都是风险回避者，因此财务管理的理论框架和实务方法都是针对风险回避者的，并不涉及风险追求者和风险中立者的行为。

②风险追求者。与风险回避者恰恰相反，风险追求者主动追求风险，喜欢收益的波动胜于喜欢收益的稳定。他们选择资产的原则是：当预期收益相同时，选择风险大的，因为这会给他们带来更大的效用。

③风险中立者。风险中立者既不回避风险，也不主动追求风险。他们选择资产的唯一标准是预期收益的大小，而不管风险状况如何，这是因为所有预期收益相同的资产都将给他们带来同样的效用。

（2）风险对策。

①规避风险。当资产风险所造成的损失不能由该资产可能获得的收益予以抵销时，应当放弃该资产，以规避风险。如拒绝与不守信用的厂商业务往来，有放弃可能明显导致亏损的投资项目。

②减少风险。减少风险主要包括两方面：一是通过控制风险因素来减少风险的发生；二是控制风险发生频率和降低风险损害程度。减少风险的常用方法有：进行准确的预测；对决策进行多方案选优和替代；及时获取政策信息和相关市场信息；开发新产品前进行充分的市场调研；采取多领域、多地域、多项目、多品种的经营或投资以分散风险。

③转移风险。对可能给企业带来灾难性损失的资产，企业应以一定的代价，采取某种方式转移风险。如向保险公司投保；采取合资、联营、联合开发等措施实现风险共担；通过技术转让、租赁经营和业务外包等实现风险转移。

④接受风险。接受风险包括风险自担和风险自保两种。风险自担是指风险损失发生时，直接将损失摊入成本或费用，或冲减利润；风险自保是指企业预留一笔风险金或随着生产经营，有计划地计提资产减值准备等。

4. 资本成本定价模型

（1）原理。资本成本定价模型中，所谓资本资产主要指的是股票资产，而定价则试图解释资本市场如何决定股票收益率，进而决定股票价格。

根据风险与收益的一般关系，某资产的必要收益率是由无风险收益率和资产的风险收益率决定的。即：

必要收益率 = 无风险收益率 + 风险收益率

资本资产定价模型的一个主要贡献就是解释了风险收益的决定因素和度量方法，并且给出了一个简单易用的表达公式：

$$R=R_f+\beta \times (R_m-R_f)$$

这是资本资产定价模型的核心关系式。式中，R 表示某资产的必要收益率；β 表示该资产的系统风险系数；R_f 表示无风险收益率，通常以短期国债的利率近似替代；R_m 表示市场组合收益率，通常用股票价格指数收益率的平均值或所有股票的平均收益率代替。

公式中（R_m-R_f）称为市场风险溢酬，它是附加在无风险收益率上的。由于承担了市场平均风险所要求获得的补偿，它反映的是市场作为整体对风险的平均"容忍"程度，也就是市场整体对风险的厌恶程度，即对风险越是厌恶和回避，要求的补偿就越高，所以，市场风险溢酬的数值就越大。反之，如果市场的抗风险能力强，则对风险的厌恶和回避就不是很强烈，要求的补偿就越低，所以市场风险溢酬的数值就越小。不难看出：某项资产的风险收益率是该资产系统风险系数与市场风险溢酬的乘积，即：

$$风险收益率 = \beta \times (R_m-R_f)$$

（2）证券市场线。如果把资本资产定价模型公式中的 β 看作自变量（横坐标），必要收益率 R 作为因变量（纵坐标），无风险收益率（R_f）和市场风险溢酬（R_m-R_f）作为已知系数，那么这个关系式在数学上就是直线方程，称作证券市场线，简称 SML，即以下关系式所代表的直线：

$$R=R_f+\beta \times (R_m-R_f)$$

证券市场线对任何公司、任何资产都是适合

的。只要将该公司或资产的 β 系数代入上述直线方程中，就能得到该公司或资产的必要收益率。

证券市场线上每个点的横、纵坐标值分别代表每一项资产（或证券资产组合）的系统风险系数和必要收益率。因此，证券市场上任意一项资产或证券资产组合的系统风险系数和必要收益率都可以在证券市场线上找到对应的点。

在证券市场线关系式的右侧，唯一与单项资产相关的是 β 系数，而 β 系数正是对该资产所有系统风险的度量。因此，证券市场线一个重要的暗示就是"只有系统风险才有资格要求补偿"。

该公式中并没有引入非系统风险，即公司风险。也就是说，投资者要求补偿只是因为他们"忍受"了市场风险，而不包括公司风险，因为公司风险可以通过证券资产组合被消除掉。

【情景1-20】2021年北京市惠达股份有限公司通用汽车公司的 β 系数是1.18，短期国库券利率为5%，标准普尔股票价格指数的收益率是10%，那么，通用汽车该年股票的必要收益率应为多少？

$R=R_f+\beta \times (R_m-R_f)=5\%+1.18\times(10\%-5\%)=10.9\%$

项目小结

本项目介绍了企业财务管理的概念、企业财务管理的内容、企业财务管理的环节、企业财务管理的目标、理财环境、财务管理理念和资产风险及其衡量方法。

思考与练习

一、单项选择题

1. 某上市公司职业经理人在任职期间不断提高在职消费，损害股东利益。这一现象主要揭示公司制企业的缺点是（　　）。
   A. 产权问题　　B. 激励问题
   C. 代理问题　　D. 责权分配问题

2. 企业财务管理的内容有（　　）。
   A. 筹集管理　　B. 投资管理
   C. 权益分配管理　D. 以上都是

3. 在财务管理目标中，每股收益最大化，是（　　）的另一种表现方式。
   A. 利润最大化
   B. 股东财富最大化
   C. 企业价值最大化
   D. 相关者利益最大化

4. 下列关于财务管理目标协调的表述中，不正确的是（　　）。

A. 加大负债的比重是剥夺债权人的一种方法

B. 对经营者进行激励和监督就可以解决所有者与经营者之间的矛盾

C. 接收是通过市场约束经营者，监督是通过所有者约束经营者

D. 债权人可以通过限制性借债保护自身的权益

5. 在下列各项中，不属于财务管理经济环境构成要素的是（　）。

A. 经济周期　　　　B. 经济发展水平

C. 宏观经济政策　　D. 公司治理结构

二、多项选择题

1. 财务管理的内容包括（　）。

A. 筹集管理　　　　B. 投资管理

C. 营运资金管理　　D. 利润分配管理

2. 财务管理环节是企业财务管理的工作步骤与一般工作程序，在诸多环节中，不属于最核心的环节的是（　）。

A. 财务预测　　　　B. 财务预算

C. 财务决策　　　　D. 财务控制

3. 企业价值最大化目标的优点有（　）。

A. 考虑了资金时间价值

B. 考虑了风险与报酬的关系

C. 克服了短期行为

D. 在资本市场效率低下的情况下可利用股价衡量上市公司的价值

4. 下列各项中，不符合企业相关者利益最大化财务管理目标要求的有（　）。

A. 强调股东的首要地位

B. 强调债权人的首要地位

C. 强调员工的首要地位

D. 强调经营者的首要地位

5. 下列属于影响财务管理的经济环境因素有（　）。

A. 经济发展处于繁荣时期

B. 经济发展速度很快

C. 国家修改了税法

D. 国家进行了投资体制改革

三、判断题

1. 公司的基本活动可以分为投资、筹资、运营和分配四个方面，因此财务管理的内容分为投资、筹资、运营资金和收益分配管理四个部分。（　）

2. 企业财务管理的内容有筹集管理、投资管理、权益分配管理、成本管理。（　）

3. 企业财务管理的目标理论包括利润最大化、股东财富最大化、公司价值最大化和相关者利益最大化等，其中公司价值最大化、股东财富最大化和相关者利益最大化都是以利润最大化为基础的。（　）

4. 企业价值最大化财务管理目标是指企业财务管理以实现企业价值最大化为目标。企业价值可以理解为所有者权益市场价值，或企业未来现金流量现值。（　）

5. 在经济衰退初期，公司一般应当出售多余设备，停止长期采购。（　）

四、简答题

1. 简述企业财务管理的概念。

2. 企业财务管理的环节有哪些？

3. 企业价值最大化作为财务管理的目标具有哪些优点？

项目 2　筹资管理

知识目标

◎ 理解企业筹集渠道和方式；
◎ 掌握债务筹资与股权筹资；
◎ 了解衍生工具筹资。

技能目标

◎ 理解银行借款和企业发行债券的程序；
◎ 掌握融资租赁租金的计算；
◎ 掌握资金需要量的预测；
◎ 掌握资本成本与资本结构。

案例导入

恒丰公司是一个季节性很强、信用为AA级的大中型企业，每年一到生产经营旺季，企业就面临着产品供不应求、资金严重不足的问题，让公司领导和财务经理大伤脑筋。2002年，公司同样碰到了这一问题，公司生产中所需的A种材料面临缺货，急需200万元资金投入，而公司目前尚无多余资金。若这一问题得不到解决，则给企业生产及当年效益带来严重影响。为此，公司领导要求财务经理张峰尽快想出办法解决。接到任务后，张峰马上会同公司其他财务人员商讨对策，以解燃眉之急。经过一番讨论，形成了两种备选筹资方案。

方案一：银行短期贷款。工商银行提供期限为3个月的短期借款200万元，年利率为8%，银行要求保留20%的补偿性余额。

方案二：安排专人将250万元的应收款项催回。

案例思考

请你协助财务经理张峰对恒丰公司的短期资金筹集方案进行选择。

导语

筹集管理是企业根据生产经营、对外投资和调整资本结构的需要，通过筹资渠道和资本（金）市场，运用筹资方式，经济有效地筹集企业所需资本（金）的财务行为。

任务 2.1 筹资管理概述

2.1.1 企业筹资的动机

企业筹资，是指企业为了满足经营活动、投资活动、资本结构管理和其他需要，运用一定的筹资方式，通过一定的筹资渠道，筹措和获取所需资金的一种财务行为。

企业筹资最基本的目的，是保证企业经营的维持和发展，为企业的经营活动提供资金保障。但每次具体的筹资行为，往往受特定动机的驱动。例如，为提高技术水平购置新设备而筹资；为对外投资活动而筹资；为产品研发而筹资；为解决资金周转临时需要而筹资；等等。各种具体的筹资原因，归纳起来表现为四类筹资动机：创立性筹资动机、支付性筹资动机、扩张性筹资动机和调整性筹资动机。

1. 创立性筹资动机

创立性筹资动机，是指企业设立时为取得资本金并形成开展经营活动的基本条件而产生的筹资动机。资金是设立企业的第一道门槛。根据《中华人民共和国公司法》《中华人民共和国合伙企业法》《中华人民共和国个人独资企业法》等相关法律的规定，任何一个企业或公司在设立时都要求有符合企业章程或公司章程规定的全体股东认缴的出资额。企业创建时，要按照企业经营规模核定长期资本需要量和流动资金需要量，购建厂房设备等，安排铺底流动资金，形成企业的经营能力。这样就需要筹措注册资本和资本公积等股权资金，股权资金不足部分需要筹集银行借款等债务资金。

2. 支付性筹资动机

支付性筹资动机，是指为了满足经营业务活动的正常波动所形成的支付需要而产生的筹资动机。企业在开展经营活动过程中，经常会出现超出维持正常经营活动资金需求的季节性、临时性的交易支付需要，如原材料购买的大额支付、员工工资的集中发放、银行借款的提前偿还、股东股利的发放等。这些情况要求除了正常经营活动的资金投入以外，还需要通过经常的临时性筹资来满足经营活动的正常波动需求，维持企业的支付能力。

3. 扩张性筹资动机

扩张性筹资动机，是指企业因扩大经营规模或对外投资需要而产生的筹资动机。企业维持简单再生产所需要的资金是稳定的，通常不需要或很少追加筹资。但企业再生产，如扩大经营规模、开展对外投资，就需要追加大量筹资。具有良好发展前景、处于成长期的企业，往往会产生扩张性的筹资动机。扩张性的筹资活动，在筹资的时间和数量上都要服从于投资决策和投资计划的安排，避免资金的闲置和投资时机的贻误。扩张性筹资的直接结果，往往是企业资产总规模的增加和资本结构的明显变化。

4. 调整性筹资动机

调整性筹资动机，是指企业因调整资本结构而产生的筹资动机。资本结构调整的目的在于降低资本成本、控制财务风险、提升企业价值。企业产生调整性筹资动机的具体原因大致为：一是优化资本结构，合理利用财务杠杆效应。企业现有资本结构不尽合理的原因包括：债务资本比例过高，有较大的财务风险；股权资本比例较大，企业的资本成本负担较重。这时可以通过筹资增加股权或债务资金，达到调整、优化资本结构的目的。二是偿还到期债务，实施债务结构内部调整。如流动负债比例过大，使得企业近期偿还债务的压力较大，可以举借长期债务来偿还部分短期债务。又如，一些债务即将到期，企业虽然有足够的偿债能力，但为了保持现有的资本结构，可以举借新债以偿还旧债。

要理解调整性筹资是为了调整资本结构，而不是为企业经营活动追加资金，这类筹资通常不会增加企业的资本总额。

2.1.2 企业筹资渠道和方式

1. 企业筹资渠道

筹资渠道是指企业取得资金的来源。目前，我国企业的筹资渠道主要有如下几个：

（1）国家财政资金。企业筹集的国家财政资金，包括财政拨款和国家以注资方式投入企业的资金。虽然目前我国对企业的财政拨款或注资在逐渐减少，但仍是国有企业和国有控股企业一条重要的筹资渠道。

（2）银行信贷资金。这是公司资金的主要供应渠道，是公司以支付利息为代价向银行购买有限时间内的资金支配权。公司的绝大部分资金，包括短期借款和长期借款，均从银行取得。银行信贷资金是公司非常重要的债务资金来源。

（3）非银行金融机构资金。非银行金融机构是指除中央银行、商业银行和政策性银行以外的其他金融机构，主要包括信托、证券、保险、融资租赁等以及农村信用社、财务公司等。非银行金融机构将社会闲散资金集中起来，向需要资金的企业提供借款，也是企业重要的债务资金来源。

（4）其他企业资金。企业在生产经营过程中，往往形成部分暂时闲置的资金，并为一定的目的进行相互投资；另外，企业间的购销业务可以通过商业信用方式来完成，从而形成企业间的债权债务关系，形成债务人对债权人的短期信用资金占用。企业间的相互投资和商业信用的存在，使其他企业资金也成为资金的重要来源。

（5）居民资金。居民资金是企业职工和城乡居民手中暂时不用的节余货币，是"游离"于银行和非银行机构之外的个人资金。企业可运用一定方式，如发行股票、债券，吸收这些闲置资金，形成筹资的民间渠道。随着市场经济的发展，这种渠道的作用会越来越重要。

（6）企业的留存收益。企业可以根据生产经营的具体状况，采用不同的利润分配政策，使企业当年取得利润合理留给企业使用，等以后取得更多利润后一起分配给投资者。留存收益是企业筹集所有者权益资金的重要途径。

（7）境外资金。企业利用外资筹资，包括利用国际性组织、外国政府、外国社团、外国企业与外国个人的资金。利用外资筹资不仅指以货币资金形式筹资，也包括设备、原材料等有形资产筹资形式与专利、商标等无形资产筹资形式。

> **提示**
> 外资的直接投资方式，主要有合资经营、合作经营、合作开发等。

2. 企业筹资方式

筹资方式是指企业取得资金所采取的具体方法和形式。筹资方式不仅受到筹资渠道的制约，还会受到企业内外各种其他因素的制约。认识筹资方式的种类和每种筹资方式的特性，有利于企业选择适宜的筹资方式或进行筹资组合。企业的筹资方式主要有以下七种：

（1）吸收直接投资。吸收直接投资是指企业以协议等形式吸收国家、其他企业、个人和外商等直接投入的资金，形成企业资本金的一种筹资方式。

（2）发行股票。发行股票是指股份有限公司经国家批准以发行股票的形式向国家、其他企业和个人筹集资金，形成企业资本金的一种筹资方式。

（3）发行债券。发行债券是指企业以发行各种债券的形式筹集资金。它是企业筹集资金的又一种重要方式。

（4）银行借款。银行借款是指企业向银行申请贷款，通过银行信贷形式筹集资金。

（5）商业信用。商业信用是指企业在商品交易中延期付款或预收货款进行购销活动而形成的借贷关系，是企业之间的直接信用。它是企业筹集短期资金的一种方式。

（6）融资租赁。融资租赁是出租人根据承租人的请求及提供的规格，与第三方（供货商）订立一项供货合同。根据此合同，出租人按照承租人在与其利益有关的范围内所同意的条款取得工厂、资本货物或其他设备。融资租赁是企业筹集资金的一种方式，用于补充或部分替代其他筹资方式。

（7）利用留存收益。利用留存收益筹资是指企业通过利润分配形成的留存收益，即盈余公积金和未分配利润来筹措资金的行为。它是企业筹集内部资金的一种方式。

企业的筹资方式与筹资渠道有着密切的关系。一定的筹资方式可能只适用于某一特定的筹资渠道，同一渠道的资金往往也可以采取不同的方式取得，同一筹资方式又往往适用于不同的筹资渠道。因此，当企业筹集资金时，必须实现两者的合理配合。筹资方式与筹资渠道的配合如表2-1所示。

表2-1　筹资方式与筹资渠道的配合

渠道	吸收直接投资	发行股票	发行债券	银行借款	商业信用	融资租赁	利用留存收益
国家财政资金	√	√					
银行信贷资金				√			
非银行金融机构资金	√	√	√	√		√	
其他企业资金	√	√	√		√	√	
居民资金	√	√	√				
企业留存收益	√						
境外资金	√	√	√		√	√	

2.1.3　企业筹资的内容和原则

1. 企业筹资内容

筹资活动是企业资金流转运动的起点，筹资管理要求解决企业为什么筹资、需要筹集多少资金、从什么渠道以什么方式筹集，以及如何协调财务风险和资本成本、合理安排资本结构等问题。

（1）科学预计资金需要量。资金是企业的血液，是企业设立、生存和发展的财务保障，是企业开展生产经营业务活动的基本前提。任何一个企业，为了形成生产经营能力、保证生产经营正常运行，必须持有一定数量的资金。在正常情况下，企业资金的需求有两个基本目的：满足经营运转的资金需要，满足投资发展的资金需要。企业创立时，要按照规划的生产经营规模，核定长期资本需要量和流动资金需要量；企业正常营运时，要根据年度经营计划和资金周转水平，核定维持营业活动的日常资金需求量；企业扩张发展时，要根据扩张规模或对外投资对大额资金的需求，安排专项的资金。

（2）合理安排筹资渠道、选择筹资方式。有了资金需求后，企业要解决的问题是资金从哪里来，并以什么方式取得，这就是筹资渠道的安排和筹资方式的选择问题。

对于不同渠道的资金，企业可以通过不同的筹资方式取得。企业筹资，总体来说是从企业外部和内部取得资金，外部筹资是指从企业外部筹措资金，内部筹资主要依靠企业的利润留存积累。外部筹资主要有两种方式：股权筹资和债务筹资。股权筹资，是企业通过吸收直接投资、发行股票等方式从股东投资人那里取得资金；债务筹资，是企业通过从银行借款、发行债券、利用商业信用、融资租赁等方式从债权人那里取得资金。

安排筹资渠道和选择筹资方式是一项重要的财务工作，直接关系到企业所能筹措资金的数量、成本和风险。因此，需要深刻认识各种筹资渠道和筹资方式的特征、性质以及与企业融资要求的适应性。在权衡不同性质资金的数量、成本和风险的基础上，按照不同的筹资渠道合理选择筹资方式，有效筹集资金。

（3）降低资本成本、控制财务风险。资本成本是企业筹集和使用资金所付出的代价，包括资金筹集费用和使用费用。在资金筹集过程中，要发生股票发行费、借款手续费、证券印刷费、公证费、律师费等，这些都属于资金筹集费用。在企业生产经营和对外投资活动中，要发生利息支出、股利支出、融资租赁的资金利息等，这些都属于资金使用费用。

按不同方式取得的资金，其资本成本是不同的。一般来说，债务资金比股权资金的资本成本要低，而且其资本成本在签订债务合同时就已确定，与企业的经营业绩和盈亏状况无关。即使同是债务资金，由于借款、债券和租赁的性质不同，其资本成本也有差异。企业筹资的资本成本，需要通过资金使用所取得的收益与报酬来补偿，资本成本的高低，决定了企业资金使用的最低投资报酬率要求。因此，企业在筹资管理中，要权衡债务清偿的财务风险，合理利用资本成本较低的资金种类，努力降低企业的资本成本率。

尽管债务资金的资本成本较低，但由于债务资金有固定还款期限，到期必须偿还，所以企业承担的财务风险比股份资金要大一些。财务风险，是指企业无法足额偿付到期债务的本金和利息、支付股东股利的风险，主要表现为偿债风险。无力清偿债权人的债务，可能导致企业的破产。企业筹集资金时，在降低资本成本的同时，要充分考虑财务风险，防范企业破产的财务危机。

2. 企业筹资原则

（1）规模适度原则。公司在筹资过程中，无论采用何种渠道、通过何种方式，都应预先确定资金的需要量，使筹资量与需要量平衡，防止筹资不足而影响正常的生产经营活动的开展，同时也避免筹资过度而降低筹资效益。

（2）结构合理原则。筹资管理要综合考虑各种筹资方式，优化资本结构。公司筹资要综合考虑股份资金与债务资金的关系、长期资金与短期资金的关系、内部筹资与外部筹资的关系，合理安排资本结构，保持适当偿债能力，防范财务风险。

（3）取得及时原则。合理安排筹措资金时间，适时取得资金。公司筹集资金，需要合理预测资金使用时间，要根据资金需求的具体情况，合理安排资金筹集到位的时间，使筹资与用资在时间上恰当衔接。既要避免过早筹集资金形成资金投放前的闲置，又要防止取得资金的时间滞后，错过资金投放的最佳时间。

（4）来源经济原则。充分利用各种筹资渠道，选择经济可行的资金来源。公司筹集资金要付出资本成本的代价，这向公司的资金使用提出了最低报酬的要求。不同筹资渠道和方式所取得的资金，其资本成本各有差异。公司应当在考察筹资难易程度的基础上，针对不同来源资金的成本，认真选择筹资渠道，并选择经济、可行的筹资方式，力求降低筹资成本。

任务 2.2 债务筹资

2.2.1 银行借款

1. 银行借款的种类

（1）按提供贷款的机构，分为政策性银行贷款、商业性银行贷款和其他金融机构贷款。

①政策性银行贷款是指执行国家政策性贷款业务的银行向企业发放的贷款，通常为长期贷款。例如，国家开发银行贷款，主要满足企业承建国家重点建设项目的资金需要；中国进出口信贷银行贷款，主要为大型设备的进出口提供买方信贷或卖方信贷；中国农业发展银行贷款，主要用于确保国家对粮、棉、油等政策性收购资金的供应。

②商业性银行贷款是指由各商业银行，如中国工商银行、中国建设银行、中国农业银行、中国银行等，向工商企业提供的贷款，用以满足企业生产经营的资金需要，包括短期贷款和长期贷款。

③其他金融机构贷款，如从信托投资公司取得实物或货币形式的信托投资贷款，从财务公司取得各种中长期贷款，从保险公司取得贷款等。其他金融机构贷款一般较商业性银行贷款的期限要长，要求的利率要高，对借款企业的信用要求和担保的选择比较严格。

（2）按机构对贷款有无担保要求，分为信用贷款和担保贷款。

①信用贷款是指以借款人的信誉或保证人的信用为依据而获得的贷款。企业取得这种贷款，无须以财产做抵押。对于这种贷款，由于风险较高，银行通常要收取较高的利息，往往还附加一定的限制条件。

②担保贷款是指由借款人或第三方依法提供担保而获得的贷款。担保包括保证责任、财产抵押、财产质押，由此，担保贷款包括保证贷款、抵押贷款和质押贷款3种基本类型。

保证贷款是指按《中华人民共和国担保法》（以下简称《担保法》）规定的保证方式，以第三方作为保证人，承诺在借款人不能偿还借款时，按约定承担一定保证责任或连带责任而取得的贷款。

抵押贷款是指按《担保法》规定的抵押方式，以借款人或第三方的财产作为抵押物而取得的贷款。抵押，是指债务人或第三方并不转移对财产的占有，只将该财产作为对债权人的担保。债务人不能履行债务时，债权人有权将该财产折价或者以拍卖、变卖的价款优先受偿。作为贷款担保的抵押品，可以是不动产、机器设备、交通运输工具等实物资产，可以是依法有权处分的土地使用权，也可以是股票、债券等有价证券等，它们必须是能够变现的资产。如果贷款到期后借款企业不能或不愿偿还贷款，银行可取消企业对抵押品的赎回权。抵押贷款有利于降低银行贷款的风险，提高贷款的安全性。

质押贷款是指按《担保法》规定的质押方式，以借款人或第三方的动产或财产权利作为质押物而取得的贷款。质押，是指债务人或第三方将其动产或财产权利移交给债权人占有，将该动产或财产权利作为债权的担保。债务人不偿还债务时，债权人有权以该动产或财产权利折价或者以拍卖、变卖的价款优先受偿。作为贷款担保的质押品，可以是汇票、支票、债券、存款单、提单等信用凭证，可以是依法可以转让的股份、股票等有价证券，也可以是依法可以转让的商标专用权、专利权、著作权中的财产权等。

（3）按企业取得贷款的用途，分为基本建设贷款、专项贷款和流动资金贷款。

①基本建设贷款是指企业因从事新建、改建、扩建等基本建设项目需要资金而向银行申请借入的款项。

②专项贷款是指企业因为专门用途而向银行申请借入的款项，包括更新改造技术贷款、大修

理贷款、研发和新产品研制贷款、小型技术措施贷款、出口专项贷款、引进技术转让费周转金贷款、进口设备外汇贷款、进口设备人民币贷款及国内配套设备贷款等。

③流动资金贷款是指企业为满足流动资金的需求而向银行申请借入的款项，包括流动资金借款、生产周转借款、临时借款、结算借款和卖方信贷。

2. 银行借款的程序

（1）提出申请，银行审批。企业根据筹资需求向银行提出书面申请，按银行要求的条件和内容填报借款申请书。银行按照有关政策和贷款条件，对借款企业进行信用审查，核准公司申请的借款金额和用款计划。银行审查的主要内容包括：公司的财务状况、信用情况、盈利的稳定性、发展前景、借款投资项目的可行性、抵押品和担保情况。

（2）签订合同，取得借款。借款申请获批准后，银行与企业进一步协商贷款的具体条件，签订正式的借款合同，规定贷款的数额、利率、期限和一些约束性条款。借款合同签订后，企业在核定的贷款指标范围内，根据用款计划和实际需要，一次或分次将贷款转入公司的存款结算账户，以便使用。

3. 银行借款的保护性条款

长期借款的金额高、期限长、风险大，除借款合同的基本条款之外，债权人通常还在借款合同中附加各种保护性条款，以确保企业按要求使用借款和按时足额偿还借款。保护性条款一般有以下三类。

（1）例行性保护条款。这类条款作为例行常规，在大多数借款合同中都会出现，主要包括：

①定期向提供贷款的金融机构提交公司财务报表，以使债权人随时掌握公司的财务状况和经营成果。

②保持存货储备量，不准在正常情况下出售较多的非产成品存货，以保持企业正常生产经营能力。

③及时清偿债务，包括到期清偿应缴纳税金和其他债务，以防被罚款而造成不必要的现金流失。

④不准以资产作其他承诺的担保或抵押。

⑤不准贴现应收票据或出售应收账款，以避免或有负债等。

（2）一般性保护条款。一般性保护条款是对企业资产的流动性及偿债能力等方面的要求，这类条款应用于大多数借款合同，主要包括：

①保持企业的资产流动性。要求企业持有一定最低额度的货币资金及其他流动资产，以保持企业资产的流动性和偿债能力，一般规定了企业必须保持的最低营运资金数额和最低流动比率数值。

②限制企业非经营性支出。例如，限制支付现金股利、购入股票和职工加薪的数额规模，以减少企业资金的过度外流。

③限制企业资本支出的规模。控制企业资产结构中的长期性资产的比例，以减少公司日后不得不变卖固定资产以偿还贷款的可能性。

④限制公司再举债规模。目的是防止其他债权人取得对公司资产的优先索偿权。

⑤限制公司的长期投资。如规定公司不准投资短期内不能收回资金的项目，不能未经银行等债权人同意与其他公司合并等。

（3）特殊性保护条款。这类条款是针对某些特殊情况才出现在部分借款合同中的，只有在特殊情况下才能生效，主要包括：要求公司的主要领导人购买人身保险；借款的用途不得改变；违约惩罚条款；等等。

上述各项条款结合使用，将有利于全面保护银行等债权人的权益。

> **提示**
>
> 借款合同是经双方充分协商后决定的，其最终结果取决于双方谈判能力的强弱，而不是完全取决于银行等债权人的主观愿望。

4. 银行借款的优缺点

（1）银行借款的优点。

①筹资速度快。与发行公司债券、融资租赁等其他债务筹资方式相比，银行借款的程序相对简

单，所用时间较短，公司可以迅速获得所需资金。

②资本成本较低。利用银行借款筹资，一般比发行债券和融资租赁的利息负担要低。而且，无须支付证券发行费用、租赁手续费用等筹资费用。

③筹资弹性较大。在借款之前，公司根据当时的资本需求与银行等贷款机构直接商定贷款的时间、数量和条件。在借款期间，若公司的财务状况发生某些变化，也可与债权人再协商，变更借款数量、时间和条件，或提前偿还本息。因此，借款筹资对公司具有较大的灵活性，短期借款更是如此。

(2) 银行借款的缺点。

①限制条款多。与发行公司债券相比较，银行借款合同对借款用途有明确规定，通过借款的保护性条款，对公司资本支出额度、再筹资、股利支付等行为有严格的约束，公司以后的生产经营活动和财务政策必将受到一定程度的影响。

②筹资数额有限。银行借款的数额往往受到贷款机构资本实力的制约，难以像发行公司债券、股票那样一次筹集到大笔资金，无法满足公司大规模筹资的需要。

2.2.2　发行公司债券

1. 企业债券的概念和种类

(1) 企业债券的概念。企业债券又称公司债券，是企业依照法定程序发行的、约定在一定期限内还本付息的有价证券。债券是持券人拥有公司债权的书面证明，它代表债券持券人与发债公司之间的债权债务关系。

(2) 企业债券的种类。

①按是否记名，分为记名公司债券和无记名公司债券。

记名公司债券，应当在公司债券存根簿上载明债券持有人的姓名、住所和债券持有人取得债券的日期及债券的编号等信息。记名公司债券，由债券持有人以背书方式或者法律、法规规定的其他方式转让；转让后由公司将受让人的姓名或者名称及住所记载于公司债券存根簿。无记名公司债券，应当在公司债券存根簿上载明债券总额、利率、偿还期限和方式、发行日期及债券的编号。无记名公司债券的转让，由债券持有人将该债券交付给受让人后即发生转让的效力。

②按是否能够转换成公司股权，分为可转换债券与不可转换债券。

可转换债券，指债券持有者可以在规定的时间内按规定的价格将其转换为发债公司股票的债券。这种债券在发行时，对债券转换为股票的价格和比率都做了详细规定。《中华人民共和国公司法》(以下简称《公司法》)中规定，可转换债券的发行主体是股份有限公司中的上市公司。不可转换债券，指不能转换为发债公司股票的债券，大多数公司债券均属于这种类型。

③按有无特定财产担保，分为担保债券和信用债券。

担保债券指以抵押方式担保发行人按期还本付息的债券，主要指抵押债券。抵押债券按抵押品的不同，又分为不动产抵押债券、动产抵押债券和证券信托抵押债券。信用债券是无担保债券，是仅凭公司自身的信用发行的、没有抵押品作抵押担保的债券。在公司清算时，信用债券的持有人因无特定的资产做担保品，所以只能作为一般债权人参与剩余财产的分配。

2. 企业发行债券的条件

在我国，根据《公司法》的规定，股份有限公司和有限责任公司，具有发行债券的资格。

根据《中华人民共和国证券法》(以下简称《证券法》)规定，公开发行公司债券，应当符合下列条件：

(1) 股份有限公司的净资产不低于人民币3 000万元，有限责任公司的净资产不低于人民币6 000万元。

(2) 累计债券余额不超过公司净资产的40%。

(3) 最近3年平均可分配利润足以支付公司债券1年的利息。

(4) 筹集的资金投向符合国家产业政策。

(5) 债券的利率不超过国务院限定的利率水平。

(6) 国务院规定的其他条件。

> **提示**
> 公开发行公司债券筹集的资金，必须用于核准的用途，不得用于弥补亏损和非生产性支出。

根据《证券法》规定，公司债券要上市交易，应当进一步符合下列条件：

(1) 公司债券的期限为1年以上。

(2) 公司债券实际发行额不少于人民币5 000万元。

(3) 公司申请债券上市时仍符合法定的公司债券发行条件。

3. 企业发行债券的程序

(1) 做出发债决议。拟发行公司债券的公司，需要由公司董事会制定公司债券发行的方案，并由公司股东大会批准，做出决议。

(2) 提出发债申请。根据《证券法》规定，公司申请发行债券由国务院证券监督管理部门批准。公司申请时应提交公司登记证明、公司章程、公司债券募集办法、资产评估报告和验资报告等正式文件。

(3) 公告募集办法。公司发行债券的申请经批准后，要向社会公告公司债券的募集办法。公司债券募集分为私募发行和公募发行。私募发行是以特定的少数投资者为指定对象发行债券，公募发行是在证券市场上以非特定的广大投资者为对象公开发行债券。

(4) 委托证券经营机构发售。按照我国公司债券发行的相关法律规定，公司债券的公募发行采取间接发行方式。在这种发行方式下，发行公司与承销团签订承销协议。承销团由数家证券公司或投资银行组成，承销方式有代销和包销两种。代销指承销机构代为推销债券，在约定期限内未售出的余额可退还发行公司，承销机构不承担发行风险。包销是由承销团先购入发行公司拟发行的全部债券，然后出售给社会上的投资者，如果约定期限内未能全部售出，余额要由承销团负责认购。

(5) 交付债券，收缴债券款。债券购买人向债券承销机构付款购买债券，承销机构向购买人交付债券。然后，债券发行公司向承销机构收缴债券款，登记债券存根簿，并结算发行代理费。

4. 企业债券的偿还

债券偿还时间按其实际发生与规定的到期日之间的关系，分为提前偿还与到期偿还两类，后者又包括到期分批偿还和到期一次偿还两种。

(1) 提前偿还。提前偿还又称提前赎回或收回，指在债券尚未到期之前就予以偿还。只有在公司发行债券的契约中明确规定了有关允许提前偿还的条款，公司才可以进行此项操作。提前偿还所支付的价格要高于债券的面值，并随到期日的临近而逐渐下降。具有提前偿还条款的债券可使公司筹资有较大的弹性。当公司资金有结余时可提前赎回债券；当预测利率下降时，也可提前赎回债券，而后以较低的利率发行新债券。

(2) 到期分批偿还。如果一个公司在发行同一种债券时，就为不同编号或不同发行对象的债券规定了不同的到期日，这种债券就是分批偿还债券。因为各批债券的到期日不同，其各自的发行价格和票面利率也可能不同，导致发行费较高，但由于这种债券便于投资人挑选最合适的到期日，因而便于发行。

(3) 到期一次偿还。多数情况下，发行债券的公司在债券到期日，一次性归还债券本金，并结算债券利息。

5. 企业债券的优缺点

(1) 企业债券的优点。

①募集资金的使用限制条件少。与银行借款相比，发行债券募集的资金在使用上具有相对灵活性和自主性。特别是发行债券所筹集的大额资金，能够用于流动性较差的公司长期资产上。从资金使用的性质来看，银行借款期限短、额度小，主要用途为增加适量存货或增加小型设备；反之，期限较长、额度较大，将资金用于公司扩展、增加大型固定资产和基本建设投资时，多采用发行

债券方式筹资。

②提高公司的社会声誉。对公司债券的发行主体，有严格的资格限制，发行公司债券的往往是股份有限公司和有实力的有限责任公司。通过发行公司债券，一方面筹集了大量资金，另一方面也扩大了公司的社会影响。

（2）企业债券的缺点。

①一次筹资数额大。利用发行企业债券筹资，能够筹集大额的资金，满足公司大规模筹资的需要。与银行借款、融资租赁等债务筹资方式相比，公司选择发行企业债券筹资的主要原因是，大额筹资能够适应大型公司经营规模的需要。

②资本成本负担较高。相对于银行借款筹资，发行债券的利息负担和筹资费用都比较高，而且债券不能像银行借款一样进行债务展期，加上大额的本金和较高的利息，在固定的到期日，将会对公司现金流量产生巨大的财务压力。不过，尽管企业债券的利息比银行借款高，但企业债券的期限长、利率相对固定。在预计市场利率持续上升的金融市场环境下，发行企业债券筹资能够锁定资产成本。

2.2.3 融资租赁

1. 融资租赁的概述

（1）融资租赁的概念。

融资租赁指出租人根据承租人对供货人和租赁标的物的选择，向供货人购买租赁标的物后，出租给承租人使用的信用性业务。融资租赁集"融资"与"融物"于一身，具有借贷性质，是承租人筹集长期资金的一种特殊形式。

（2）融资租赁的基本特征。

①所有权与使用权相分离。租赁资产的所有权与使用权分离是租赁的主要特点之一。银行信用虽然也是所有权与使用权相分离，但载体是货币资金，租赁则是在资产与实物相结合基础上的分离。

②融资与融物相结合。租赁是以商品形态与货币形态相结合提供的信用活动，出租人在向企业出租资产的同时，满足了企业的资金需求，具有信用和贸易双重性质。它不同于一般的借钱还钱、借物还物的信用形式，而是借物还钱，并以分期支付租金的方式来体现。租赁的这一特点使银行信贷和财产信贷融合在一起，成为企业融资的一种特定形式。

③租金的分期支付。在租金的偿还方式上，与银行信用到期还本不一样，租金采取了分期支付方式。出租方的资金一次投入，分期收回。对于承租方而言，通过租赁可以提前获得资产的使用价值，分期支付租金便于分期规划未来的现金流出量。

（3）租赁的分类。租赁分为融资租赁和经营租赁。经营租赁是由租赁公司在短期内向承租单位提供设备，并提供维修、保养、人员培训等的服务性业务，又称服务性租赁。经营租赁的特点主要包括：

①出租的设备一般先由租赁公司根据市场需要选定，然后再寻找承租企业。

②租赁期较短，短于资产的有效使用期，在合理的限制条件内承租企业可以中途解约。

③租赁设备的维修、保养由租赁公司负责。

④租赁期满或合同中止以后，出租资产由租赁公司收回。

> **提示**
>
> 经营租赁比较适用于租用技术过时较快的生产设备。

融资租赁是由租赁公司按承租单位要求出资购买设备，在较长的合同期内提供给承租单位使用的融资信用业务，它是以融通资金为主要目的的租赁。融资租赁的主要特点包括：

①出租的设备根据承租企业提出的要求购买，或者由承租企业直接从制造商或销售商那里选定。

②租赁期较长，接近于资产的有效使用期，在租赁期间双方无权取消合同。

③由承租企业负责设备的维修、保养。

④租赁期满，按事先约定的方法处理设备，包括退还租赁公司，或继续租赁，或企业留购。

通常采用企业留购办法，即以很少的"名义价格"（相当于设备残值）买下设备。两者的区别如表 2-2 所示。

表 2-2　融资租赁与经营租赁的区别

对比项目	融资租赁	经营租赁
业务原理	集融资、融物于一体	无融资特征，只是一种融物方式
租赁目的	融通资金，添置设备	暂时性使用，预防无形损耗风险
租期	较长，相当于设备经济寿命的大部分	较短
租金	包括设备价款	只是设备使用费
契约法律效力	不可撤销合同	经双方同意，可中途撤销合同
租赁标的	一般为专用设备，也可为通用设备	通用设备居多
维修与保养	专用设备多为承租人负责，通用设备多为出租人负责	全部为出租人负责
承租人	一般为一个	设备经济寿命期内轮流租给多个承租人
灵活方便	不明显	明显

2. 融资租赁的程序和形式

（1）融资租赁的程序。

①选择租赁公司，提出委托申请。当企业决定采用融资租赁方式获取某项设备时，需要了解各个租赁公司的资信情况、融资条件和租赁费率等，通过分析比较选定一家作为出租单位，然后向该租赁公司申请办理融资租赁。

②签订购货协议。由承租企业和租赁公司中的一方或双方，与选定的设备供应厂商进行购买设备的技术谈判和商务谈判，在此基础上与设备供应厂商签订购货协议。

③签订租赁合同。承租企业与租赁公司签订租赁设备的合同，如需要进口设备，还应办理设备进口手续。租赁合同是租赁业务的重要文件，具有法律效力。融资租赁合同的内容可分为一般条款和特殊条款两部分。

④交货验收。设备供应厂商将设备发运到指定地点，承租企业要办理验收手续。验收合格后签发交货及验收证书交给租赁公司，作为其支付货款的依据。

⑤定期交付租金。承租企业按租赁合同规定分期交纳租金，也就是承租企业对所筹资金的分期还款。

⑥合同期满处理设备。承租企业根据合同约定，对设备进行续租、退租或留购处理。

（2）融资租赁的形式。

①直接租赁。直接租赁是融资租赁的主要形式，承租方提出租赁申请时，出租方按照承租方的要求选购设备，然后出租给承租方。

②售后回租。售后回租是指承租方出于急需资金等各种原因，将自己的资产售给出租方，然后以租赁的形式从出租方原封不动地租回资产的使用权。在这种租赁合同中，除资产所有者的名义改变之外，其余情况均无变化。

③杠杆租赁。杠杆租赁是指涉及承租人、出租人和资金出借入三方的融资租赁业务。一般来说，当所涉及的资产价值昂贵时，出租方自己只投入部分资金，通常为资产价值的 20%～40%，其余资金则通过将该资产以抵押担保的方式，向第三方（通常为银行）申请贷款解决。然后租赁公司将购进的设备出租给承租方，用收取的租金偿还贷款，该资产的所有权属于出租方。出租人既是债权人也是债务人，如果出租人到期不能按期偿还借款，资产所有权则转移给资金的出借者。

3. 融资租赁租金的计算

（1）租金的构成。融资租赁每期租金多少，取决于以下几个因素：

①设备原价及预计残值，包括设备购买价、运输费、安装调试费、保险费等，以及设备租赁

期满后出售可得的收入。

②利息，即租赁公司为承租企业购置设备垫付资金所应支付的利息。

③租赁手续费，指租赁公司承办租赁设备所发生的业务费用和必要的利润。

(2) 租金的支付方式。租金的支付，有以下几种分类方式：

①按支付间隔期长短，分为年付、半年付、季付和月付等。

②按在期初和期末支付，分为先付和后付。

③按每次支付额，分为等额支付和不等额支付。实务中，承租企业与租赁公司商定的租金支付方式，大多为后付等额年金。

(3) 租金的计算。我国融资租赁实务中，租金的计算大多采用等额年金法。在等额年金法下，通常根据利率和租赁手续费率确定一个租费率，作为折现率。

【情景2-1】惠达股份有限公司于2021年1月1日从租赁公司租入一套设备，价值500 000元，租期6年，租赁期满时预计残值90 000元，归租赁公司。年利率8%，租赁手续费率每年2%。租金每年年末支付一次，计算每年租金是多少？

每年租金 =[500 000-90 000× $(P/F, 10\%, 6)$]/$(P/A, 10\%, 6)$=103 138（元）

为了便于有计划地安排租金的支付，承租企业可编制租金摊销计划表。根据本例的有关资料编制租金摊销计划表，如表2-3所示。

表2-3　租金摊销计划表

年份	期初本金（1）	支付租金（2）	应计租费 (3) = (1) × 10%	本金偿还额 (4) = (2) - (3)	本金余额 (5) = (1) - (4)
2021	500 000	103 138	50 000	53 138	446 862
2022	446 862	103 138	44 686	58 452	388 410
2023	388 410	103 138	38 841	64 297	324 113
2024	324 113	103 138	32 411	70 727	253 386
2025	253 386	103 138	25 339	77 799	175 587
2026	175 587	103 138	17 559	85 579	90 008
合计		618 828	208 836	409 992	90 008

4. 融资租赁的优缺点

(1) 融资租赁的优点。

①无须大量资金就能迅速获得资产。在资金缺乏情况下，融资租赁能迅速获得所需资产。融资租赁集"融资"与"融物"于一体，使企业在资金短缺的情况下引进设备成为可能。特别是针对中小企业、新创企业而言，融资租赁是一条重要的融资途径。大型企业的大型设备、工具等固定资产，也经常通过融资租赁方式满足巨额资金的需要，如商业航空公司的飞机，大多是通过融资租赁取得的。

②财务风险小，财务优势明显。融资租赁与购买的一次性支出相比，能够避免一次性支付的负担，而且租金支出是未来的、分期的，企业无须一次筹集大量资金偿还。还款时，租金可以通过项目本身产生的收益来支付，是一种基于未来的"借鸡生蛋、卖蛋还钱"的筹资方式。

③筹资的限制条件较少。企业运用股票、债券、长期借款等筹资方式，都要受到相当多的资格条件的限制，如足够的抵押品、银行贷款的信用标准、发行债券的政府管制等。相比之下，融资租赁筹资的限制条件很少。

④能延长资金融通的期限。通常为购置设备而贷款的期限比该资产的物理寿命要短得多，而融资租赁的融资期限却可接近其全部使用寿命期限，并且其金额随设备价款金额而定，无融资额度的限制。

(2) 融资租赁的缺点。

资本成本负担较高。融资租赁的租金通常比

银行借款或发行债券所负担的利息高得多，租金总额通常要比设备价值高出 30%。尽管与借款方式比，融资租赁能够避免到期一次性集中偿还的财务压力，但高额的固定租金也给企业各期的经营带来了负担。

2.2.4 债务筹资的优缺点

1. 债务筹资的优点

（1）筹资速度较快。与股权筹资相比，债务筹资不需要经过复杂的审批手续和证券发行程序，如银行借款、融资租赁等，可以迅速地获得资金。

（2）筹资弹性较大。发行股票等股权筹资，一方面需要经过严格的政府审批；另一方面从企业的角度出发，由于股权不能退还，所以股权资本在未来永久性地给企业带来了资本成本的负担。利用债务筹资，可以根据企业的经营情况和财务状况，灵活地商定债务条件，控制筹资数量，安排取得资金的时间。

（3）资本成本负担较轻。一般来说，债务筹资的资本成本要低于股权筹资。其一，取得资金的手续费用等筹资费用较低；其二，利息、租金等用资费用比股权资本要低；其三，利息等资本成本可以在税前支付。

（4）可以利用财务杠杆。债务筹资不改变公司的控制权，因而股东不会出于控制权稀释的原因反对公司举债。债权人从企业只能获得固定的利息或租金，不能参加公司剩余收益的分配。当企业的资本报酬率（息税前利润率）高于债务利率时，会增加普通股股东的每股收益，提高净资产报酬率，提升企业价值。

（5）稳定公司的控制权。债权人无权参加企业的经营管理，利用债务筹资不会改变和分散股东对公司的控制权。在信息沟通与披露等公司治理方面，债务筹资的代理成本也较低。

2. 债务投资的缺点

（1）不能形成企业稳定的资本基础。债务资本有固定的到期日，到期需要偿还，只能作为企业的补充性资本来源，再加上取得债务往往需要进行信用评级，没有信用基础的企业和新创企业往往难以取得足额的债务资本。现有债务资本在企业的资本结构中达到一定比例后，往往由于财务风险而不容易再取得新的债务资金。

（2）财务风险较大。债务资本有固定的到期日，有固定的债息负担，以抵押、质押等担保方式取得的债务，在资本使用上可能有特别的限制。这些都对企业的财务状况提出了更高的要求，要求企业必须保证有一定的偿债能力，保持资产流动性及其资产报酬水平作为债务清偿的保障，否则会带来企业的财务危机，甚至导致企业的破产。

（3）筹资数额有限。债务筹资的数额往往受到贷款机构资本实力的制约，除发行债券方式外，一般难以像发行股票那样一次筹集到大笔资金，无法满足公司大规模筹资的需要。

任务 2.3 股权筹资

2.3.1 股权筹资概述

股权筹资形成公司的股权资金,是企业最基本的筹资方式。吸收直接投资、发行股票和利用留存收益,是股权投资的三种基本形式。

2.3.2 吸收直接投资

1. 吸收直接投资的种类和方式

(1) 吸收直接投资的种类。

吸收国家投资。国家投资是指有权代表国家投资的政府部门或机构,以国有资产投入公司,这种情形下形成的资本称为"国有资本"。吸收国家投资,一般具有以下特点:

①产权归属国家。

②资金的运用和处置受国家约束较大。

③在国有公司中广泛运用。

吸收法人投资。法人投资是指法人单位以其依法可支配的资产投入公司,这种情况下形成的资本称为"法人资本"。吸收法人资本具有以下特点:

①发生在法人单位之间。

②以参与公司利润分配或控制为目的。

③出资方式灵活多样。

吸收社会公众投资。社会公众投资是指社会个人或本公司职工以个人合法财产投入公司,这种方式下形成的资金称为"个人资本"。吸收社会公众投资一般具有以下特点:

①参加投资的人员较多。

②每人投资的数额相对较少。

③以参与公司利润分配为目的。

(2) 吸收直接投资的出资方式。

公司在采用吸收直接投资的方式筹集资金时,投资者可以货币、实物、知识产权(专利权、商标权、著作权)、土地使用权等出资;不得以劳务、信用、自然人姓名、商誉、特许经营权、设定担保(已抵押)的财产出资。

以非货币出资的,应当评估作价,核实财产,不得高估或低估。应办理过户手续的,该手续一般在 6 个月内办理完毕。

以房屋、土地使用权或需办理权属登记的知识产权出资,已交付使用但未办理权属变更登记的,出资人自交付使用享有相应的股东权利;已办理权属变更手续但未交付使用的,在实际交付使用前不享有股东权利。

2. 吸收直接投资的程序

(1) 确定投资数量。企业在新建或扩大经营时,要先确定资金的需要量。资金的需要量根据企业的生产经营规模和供销条件等来核定,投资数量与资金需要量应当相匹配。

(2) 寻找投资单位。企业既要广泛了解有关投资者的资信、财力和投资意向,又要通过信息交流和宣传,使出资方了解企业的经营能力、财务状况以及未来预期,以便公司从中寻找最合适的合作伙伴。

(3) 协商和签署投资协议。找到合适的投资伙伴后,双方进行具体协商,确定出资数额和出资方式及出资时间。企业应尽可能吸收货币投资。如果投资方确有先进而且适合需要的固定资产和无形资产,也可采取非货币投资方式。对实物投资、工业产权投资、土地使用权投资等非货币资产投资,双方应按公平合理的原则协商定价。当出资数额、资产作价确定后,双方签署投资的协议或合同,以明确双方的权利和责任。

(4) 取得所筹集的资金。签署投资协议后,企业应按规定或计划取得资金。如果采取现金投资方式，通常还要编制拨款计划，确定拨款期限、每期数额及划拨方式，有时投资者还要规定拨款的用途，如把拨款区分为固定资产投资拨款、流动资金拨款、专项拨款等。如为实物、工业产权、非专利技术、土地使用权投资，一个重要的问题就是核实财产。财产数量是否准确，特别是价格有无高估或低估情况，关系到投资各方的经济利益，必须认真处理，必要时可聘请资产评估机构来评定，然后办理产权的转移手续来取得资产。

3. 吸收直接投资的优缺点

（1）吸收直接投资的主要优点：

①有利于提高公司的信誉。由于吸收直接投资筹集的是权益资金，公司可以长期使用，不需偿还。增加权益资金可以增强公司的经济实力和提高公司的信誉，从而提高公司的举债能力。

②吸收直接投资不仅可以筹集到现金，增强公司支付能力，而且可以获得先进设备和技术，有利于尽快形成生产能力，从而增强公司市场竞争力。

③有利于降低财务风险。吸收直接投资不仅不存在还本问题，而且向投资者支付报酬具有一定的灵活性，因而财务风险较小。

（2）吸收直接投资的主要缺点：

①资金成本较高。吸收直接投资一般要根据公司盈利的多少和出资的数额来确定向投资者支付的报酬，与其他筹资方式相比，其资金成本较高。

②容易分散公司控制权。直接投资者不仅要获得盈利分配权，而且要获得与投资额相适应的经营管理权。如果吸收直接投资的数额过大，就有可能会分散原投资者对公司的控制权。

2.3.3 发行普通股股票

1. 股票的特点和分类

（1）股票的概念。

股票是股份有限公司为筹集股权资本而公开发行的证明投资者在股份有限公司拥有权益的一种有价证券。股票的持有者就是股份有限公司的股东，股票既是股东入股的凭证，也是从股份有限公司盈利中取得股息、分派红利的有价证券。发行股票使得大量社会游离资金得到集中和运用，并把一部分消费资金转化为生产资金。它是公司筹集长期资金的一种重要途径。

（2）股票的分类：

①按股东权利和义务，可分为普通股股票和优先股股票。普通股股票简称普通股，是公司发行的代表着股东享有平等的权利、义务，不加特别限制的、股利不固定的股票。普通股是最基本的股票，股份有限公司通常情况下只发行普通股。优先股股票简称优先股，是公司发行的相对于普通股具有一定优先权的股票。其优先权利主要表现在股利分配优先权和分取剩余财产优先权上。优先股股东在股东大会上无表决权，在参与公司经营管理上受到一定限制，仅对涉及优先股权利的问题有表决权。

②按票面是否记名，分为记名股票和无记名股票。记名股票是在股票票面上记载股东姓名或将名称记入公司股东名册的股票，无记名股票不登记股东名称，公司只记载股票数量、编号及发行日期。《中华人民共和国公司法》规定，公司向发起人、国家授权投资机构、法人发行的股票，为记名股票；向社会公众发行的股票，可以为记名股票，也可以为无记名股票。

③按发行对象和上市地点，分为A股、B股、C股、H股、N股和S股等。A股即人民币普通股票，由我国境内公司发行，在境内上市交易，以人民币标明面值，以人民币认购和交易。B股即人民币特种股票，由我国境内公司发行，在境内上市交易，以人民币标明面值，以外币认购和交易。H股是注册地在内地、在香港上市的股票，以此类推，在纽约和新加坡上市的股票，就分别称为N股和S股。

（3）股票的特征：

①永久性。公司发行股票所筹集的资金属于

公司的长期自有资金，没有期限，无须归还。换言之，股东在购买股票之后，一般情况下不能要求发行企业退还股金。

②流通性。股票作为一种有价证券，在资本市场上可以自由流通，也可以继承、赠送或作为抵押品。股票特别是上市公司发行的股票具有很强的变现能力，流通性很强。

③风险性。由于股票的永久性，股东成为企业风险的主要承担者。

④参与性。股东作为股份公司的所有者，拥有参与企业管理的权利，包括重大决策权、经营者选择权、财务监控权、公司经营的建议和质询权等。此外，股东还有承担有限责任、遵守公司章程等义务。

2. 股份有限公司

（1）股份有限公司的设立。

设立股份有限公司，应当有2人以上200人以下为发起人，其中须有半数以上的发起人在中国境内有住所。股份有限公司的设立，可以采取发起设立或者募集设立的方式。发起设立，是指由发起人认购公司应发行的全部股份而设立公司。募集设立，是指由发起人认购公司应发行股份的一部分，其余股份向社会公开募集或者向特定对象募集而设立公司。

> **提示**
>
> 以募集设立方式设立股份有限公司的，发起人认购的股份不得少于公司股份总数的35%；法律、行政法规另有规定的，从其规定。

股份有限公司的发起人应当承担下列责任：
①公司不能成立时，对设立行为所产生的债务和费用负连带责任。
②公司不能成立时，对认股人已缴纳的股款，负返还股款并加算银行同期存款利息的连带责任。
③在公司设立过程中，由于发起人的过失致使公司利益受到损害时，应当对公司承担赔偿责任。

（2）股票的发行。
①股票的发行程序。
● 发起人认足股份、交付股资。发起设立方式的公司发起人认购公司全部股份；募集设立方式的公司发起人认购的股份不得少于公司股份总数的35%。发起人可以用货币出资，也可以用非货币资产作价出资。发起设立方式下，发起人交付全部股资后，应选举董事会、监事会，由董事会办理公司设立的登记事项；募集设立方式下，发起人认足其应认购的股份并交付股资后，其余部分向社会公开募集或者向特定对象募集。

● 提出公开募集股份的申请。募集方式设立的公司，发起人向社会公开募集股份时，必须向国务院证券监督管理部门递交募股申请，并报送批准设立公司的相关文件，包括公司章程、招股说明书等。

● 公告招股说明书，签订承销协议。公开募集股份申请经国家批准后，应公告招股说明书。招股说明书应包括公司章程、发起人认购的股份数、本次每股票面价值和发行价格、募集资金的用途等。同时，与证券公司等证券承销机构签订承销协议。

②股票的发行方式。

● 公开间接发行股票，是指股份公司通过中介机构向社会公众公开发行股票。采用募集设立方式成立的股份有限公司，向社会公开发行股票时，必须由有资格的证券经营中介机构，如证券公司、信托投资公司等承销。这种发行方式的发行范围广，发行对象多，易于足额筹集资本。公开发行股票，还有利于提高公司的知名度，扩大影响力，但公开发行方式审批手续复杂严格，发行成本高。

● 非公开直接发行股票，是指股份公司只向少数特定对象直接发行股票，不需要中介机构承销。采用发起设立方式成立和以向特定对象募集方式发行新股的股份有限公司，向发起人和特定对象发行股票，采用直接将股票销售给认购者的自销方式。这种发行方式弹性较大，企业能控制股票的发行过程，节省发行费用。但发行范围小，不易及时足额筹集资本，发行后股票的变现性差。

（3）股份有限公司的上市。
①股票上市的目的。公司股票上市的目的是多方面的，主要包括：
● 便于筹措新资金。证券市场是一个资本商

品的买卖市场，证券市场上有众多的资金供应者。同时，股票上市经过了政府机构的审查批准并接受严格的管理，执行股票上市和信息披露的规定，容易吸引社会资本投资者。另外，公司上市后，还可以通过增发、配股、发行可转换债券等方式进行再融资。

● 促进股权流通和转让。股票上市后便于投资者购买，提高了股权的流动性和股票的变现能力，便于投资者认购和交易。

● 便于确定公司价值。股票上市后，公司股价有市价可循，便于确定公司的价值。对于上市公司来说，即时的股票交易行情，就是对公司价值的市场评价。同时，市场行情也能够为公司收购、兼并等资本运作提供询价基础。

但股票上市也有对公司不利的一面，主要有：上市成本较高，手续复杂严格；公司将负担较高的信息披露成本；信息公开的要求可能会暴露公司商业机密；股价有时会歪曲公司的实际情况，影响公司声誉；可能会分散公司的控制权，造成管理上的困难。

②股票上市的条件。公司公开发行的股票进入证券交易所交易，必须受到严格的条件限制。《中华人民共和国证券法》规定，股份有限公司申请股票上市，应当符合下列条件：股票经国务院证券监督管理机构核准已公开发行；公司股本总额不少于人民币3 000万元；公开发行的股份达到公司股份总数的25%以上；公司股本总额超过人民币4亿元的，公开发行股份的比例为10%以上；公司最近3年无重大违法行为，财务会计报告无虚假记载。

3. 发行股票的优缺点

（1）发行普通股股票的优点：

①没有固定的股利负担。普通股股利分配的多少或者是否分配股利，由董事会根据公司的盈利水平和发展需要而定。与发行公司债券相比，公司没有固定付息的压力。

②有利于提升公司信誉。发行普通股筹集的是一种永久性的资本，是公司正常经营和抵御风险的基础。权益资本增多有利于提高公司的信用价值，可以为公司吸收更多的债务资金提供强有力的支持。

③筹资风险较小。由于普通股既没有固定的到期日，也不用支付固定的利息，因而实际上就不存在还本付息的筹资风险。

（2）发行普通股股票的缺点：

①筹资成本较高。普通股的筹资成本是最高的，这是因为：一方面，筹集普通股时发行费用较高；另一方面，由于普通股是一种高风险的投资，公司必须向股东支付较高的报酬。此外，普通股的股利必须在税后利润中支付，不能抵免所得税。

②容易分散公司的控制权。由于普通股股东享有表决权和经营管理权，发行普通股筹资就会增加新股东，从而分散原股东对公司的控制权。

③可能会导致股票价格下跌。新股东对公司已积累的盈余具有分享权，新股东的增加会降低普通股的每股净收益，可能会引起普通股市价下跌。

2.3.4 留存收益

1. 留存收益的内容

留存收益是公司在经营过程中创造的，由于公司经营发展的需要或出于法定的原因等，没有分配给所有者而留存在公司的盈利。留存收益是指企业从历年实现的利润中提取或留存于企业的内部积累，它来源于企业的生产经营活动所实现的净利润，包括企业的盈余公积和未分配利润两个部分。利用留存收益筹资实际上可以看作股东的追加投资，是企业内部筹资，一般没有筹资费用。

2. 留存收益的优缺点

（1）留存收益的优点：

①利用留存收益筹资，不发生筹资费用，可以节约筹资成本。

②利用留存收益筹资，迅速便捷，避免因筹资问题而贻误投资时机。

③留存收益属于自有资金，可以改善企业资本

结构，提高企业信用价值。

(2) 留存收益的缺点：

①保留盈余过多，股利支付过少，可能会打击股票交易市场股票购买者的积极性，影响该企业的股票市场价格。

②留存收益的筹资成本较高，几乎接近普通股的筹资成本。

2.3.5 股权筹资的优缺点

1. 股权筹资的优点

(1) 股权筹资是企业稳定的资本基础。股权资本没有固定的到期日，无须偿还，是企业的永久性资本，除非企业清算才有可能予以偿还。这对于保障企业对资本的最低需求、促进企业长期持续稳定经营具有重要意义。

(2) 股权筹资是企业良好的信誉基础。股权资本作为企业最基本的资本，代表了公司的资本实力，是企业与其他单位组织开展经营业务、进行业务活动的信誉基础。同时，股权资本也是其他方式筹资的基础，尤其可为债务筹资，包括银行借款、发行公司债券等提供信用保障。

(3) 股权筹资的财务风险较小。股权资本不用在企业正常营运期内偿还，没有还本付息的财务压力。相对于债务资金而言，股权资本筹资限制少，资本使用上也无特别限制。另外，企业可以根据其经营状况和业绩的好坏，决定向投资者支付报酬的多少，资本成本负担比较灵活。

2. 股权筹资的缺点

(1) 资本成本负担较重。一般而言，股权筹资的资本成本要高于债务筹资。这主要由于投资者投资股权特别是投资股票的风险较高，投资者或股东相应要求得到较高的报酬率。从企业成本开支的角度来看，股利、红利从税后利润中支付，而使用债务资金的资本成本允许税前扣除。此外，普通股的发行、上市等方面的费用也十分庞大。

(2) 控制权变更可能影响企业长期稳定发展。利用股权筹资，由于引进了新的投资者或出售了新的股票，必然会导致公司控制权结构的改变，而控制权变更过于频繁，又势必影响公司管理层的人事变动和决策效率，影响公司的正常经营。

(3) 信息沟通与披露成本较大。投资者或股东作为企业的所有者，有了解企业经营业务、财务状况、经营成果等的权利。企业需要通过各种渠道和方式加强与投资者的关系管理，保障投资者的权益。特别是上市公司，其股东众多而且分散，只能通过公司的公开信息披露来了解公司状况，这就需要公司花更多的精力，有些公司还需要设置专门的部门，进行公司的信息披露和投资者关系管理。

任务 2.4 衍生工具筹资

2.4.1 衍生工具概述

衍生工具筹资，包括兼具股权和债务性质的混合融资和其他衍生工具融资。我国上市公司目前最常见的混合融资方式是可转换债券融资，最常见的其他衍生工具融资是认股权证融资。

2.4.2 可转换公司债券

1. 可转换公司债券的概念和性质

（1）可转换公司债券的概念。

可转换公司债券是一种混合型证券，是公司普通债券与证券期权的组合体。可转换公司债券的持有人在一定期限内，可以按照事先规定的价格或者转换比例，自由地选择是否转换为公司普通股。

按照转股权是否与可转换债券分离，可转换公司债券可以分为两类：一类是一般可转换公司债券，其转股权与债券不可分离，持有者直接按照债券面额和约定的转股价格，在约定的期限内将债券转换为股票；另一类是可分离交易的可转换公司债券，这类债券在发行时附有认股权证，是认股权证和公司债券的组合，又被称为"可分离的附认股权证的公司债"，发行上市后公司债券和认股权证各自独立流通、交易。认股权证的持有者认购股票时，需要按照认购价（行权价）出资购买股票。

（2）可转换公司债券的性质。

①证券期权性。可转换公司债券给予了债券持有者未来的选择权，在事先约定的期限内，投资者可以选择将债券转换为普通股票，也可以放弃转换权利，持有至债券到期还本付息。由于可转换公司债券持有人具有在未来按照一定的价格购买股票的权利，因此可转换公司债券实质上是一种未来的买入期权。

②资本转换性。可转换公司债券在正常持有期，属于债权性质；转换成股票后，属于股权性质。如果在债券的转换期内，持有人没有将其转换为股票，发行企业到期必须无条件地支付本金和利息。转换成股票后，债券持有人成为企业的股权投资者。资本双重性的转换，取决于投资者是否行权。

③赎回与回售。可转换公司债券一般都会有赎回条款，发债公司在可转换公司债券转换前，可以按照约定条件赎回债券。通常，公司股票价格在一段时期内连续高于转股价格达到某一幅度时，公司会按照事先约定的价格买回未转股的可转换公司债券。同样，可转换公司债券一般也会有回售条款，公司股票价格在一段时期内连续低于转股价格达到某一幅度时，债券持有人可按事先约定的价格将所持债券回售给发行公司。

2. 可转换公司债券的要素

可转换公司债券的基本要素是指构成可转换公司债券基本特征的必要因素，它们代表了可转换公司债券与一般债券的区别。

（1）标的股票。可转换公司债券转换期权的标的物是可转换成的公司股票。标的股票一般是发行公司自己的普通股票，也可以是其他公司的股票，如该公司的上市子公司的股票。

（2）票面利率。可转换公司债券的票面利率一般会低于普通债券的票面利率，有时甚至低于同期银行存款利率。因为可转换公司债券的投资收益中，除了债券的利息收益外，还附加了股票买入期权的收益部分。一个设计合理的可转换公司债券，在大多数情况下其股票买入期权的收益足以弥补债券利息收益的差额。

（3）转换价格。转换价格是指可转换公司债券在转换期内据以转换为普通股的折算价格，即将可转换债券转换为普通股的每股价格。如每股30元，即可转换公司债券转股时，将债券金额按每股30元转换为相应股数的股票。由于可转换公司债券在未来可以行权转换成股票，所以在债券发售时，所确定的转换价格一般比发售日股票市场价格高出一定比例，如高出10%～30%。

（4）转换比率。转换比率是指每一张可转换公司债券在既定的转换价格下能转换为普通股股票的数量。在债券面值和转换价格确定的前提下，转换比率为债券面值与转换价格之商：

$$转换比率 = \frac{债券面值}{转换价格}$$

（5）转换期。转换期指的是可转换债券持有人能够行使转换权的有效期限。可转换公司债券的转换期可以与债券的期限相同，也可以短于债券的期限。转换期间的设定通常有四种情形：债券发行日至到期日；发行日至到期前；发行后某日至到期日；发行后某日至到期前。至于选择哪种，要看公司的资本使用状况、项目情况和投资者要求等。

提示

由于转换价格高于公司发债时股价，投资者一般不会在发行后立即行使转换权。

（6）赎回条款。赎回条款是指发债公司按事先约定的价格买回未转股债券的条件规定，赎回一般发生在公司股票价格在一段时期内连续高于转股价格达到某一幅度时。赎回条款通常包括：不可赎回期间与赎回期间、赎回价格（一般高于可转换债券的面值）、赎回条件（分为无条件赎回和有条件赎回）等。

发债公司在赎回债券之前，要向债券持有人发出赎回通知，要求他们在将债券转股与卖回给发债公司之间作出选择。一般情况下，投资者大多会将债券转换为普通股。可见，设置赎回条款最主要的功能是强制债券持有者积极行使转股权，因此又被称为加速条款。同时，也能使发债公司避免在市场利率下降后，继续向债券持有人按照较高的票面利率支付利息所蒙受的损失。

（7）回售条款。回售条款是指债券持有人有权按照事先约定的价格将债券卖回给发债公司的条件规定。回售一般发生在公司股票价格在一段时期内连续低于转股价格达到某一幅度时。回售对于投资者而言实际上是一种卖权，有利于降低投资者的持券风险。与赎回一样，回售条款也有回售时间、回收价格和回售条件等规定。

（8）强制性转换条款。强制性转换条款是指在某些条件具备之后，债券持有人必须将可转换债券转换为股票，无权要求偿还债券本金的条件规定。可转换债券发行之后，其股票价格可能出现巨大波动。长期低于转股价格，又未设计赎回条款的，投资者不会转股。这种情况下，公司可设置强制性转换条款以保证可转换债券顺利地转换成股票，预防因投资者到期集中挤兑而引发公司破产悲剧的发生。

3. 可转换公司债券的发行条件

根据《上市公司证券发行管理办法》的规定，上市公司发行可转换债券，除了应当符合增发股票的一般条件之外，还应当符合以下条件：

（1）最近3个会计年度加权平均净资产收益率平均不低于6%。扣除非经常性损益后的净利润与扣除前的净利润相比，以低者作为加权平均净资产收益率的计算依据。

（2）本次发行后累计公司债券余额不超过最近一期期末净资产额的40%。

（3）最近3个会计年度实现的年均可分配利润不少于公司债券1年的利息。

根据《上市公司证券发行管理办法》的规定，发行分离交易的可转换公司债券，除符合公开增发股票的一般条件外，还应当符合的规定包括：公司最近一期期末经审计的净资产不低于人民币15亿元；最近3个会计年度实现的年均可分配利润不少于公司债券1年的利息；本次发行后累计公司债券余额不超过最近一期期末净资产额的40%，预计所附认股权全部行权后募集的资金总量不超过拟发行公司债券金额等。分离交易的可转换公司债券募集说明书应当约定：上市公司改变公告的募集资金用途的，赋予债券持有人一次回售的权利。

所附认股权证的行权价格应不低于公告募集说明书日前20个交易日公司股票均价和前1个交易日的均价；认股权证的存续期限不超过公司债券的期限，自发行结束之日起不少于6个月，募集说明书公告的权证存续期限不得调整；认股权证自发行结束至少已满6个月时方可行权，行权期间为存续期限届满前的一段时间，或者是存续期限内的特定交易日。

4. 可转换公司债券的优缺点

（1）筹资灵活性。可转换债券是将传统的债务筹资功能和股票筹资功能结合起来，筹资性质和时间上具有灵活性。债券发行企业先以债务方式取得资金，到了债券转换期，如果股票市价较高，债券持有人将会按约定的价格转换为股票，避免了企业还本付息之负担。如果公司股票长期低迷，投资者不愿意将债券转换为股票，企业及时还本付息清偿债务，也能避免未来长期的股东资本成本负担。

（2）资本成本较低。可转换债券的利率低于同一条件下普通债券的利率，降低了公司的筹资成本；此外，在可转换债券转换为普通股时，公司无须另外支付筹资费用，节约了股票的筹资成本。

（3）筹资效率高。可转换债券在发行时，规定的转换价格往往高于当时公司的股票价格。如果这些债券将来都转换成了股权，那么相当于在债券发行之际，就以高于当时股票市价的价格新发行了股票，以较少的股份代价筹集了更多的股份资金。因此，在公司发行新股时机不佳时，可以先发行可转换债券，以便将来变相发行普通股。

（4）存在一定的财务压力。可转换债券存在不转换的财务压力。如果在转换期内公司股价处于恶化的低位，持券者到期不会转股，会造成公司集中兑付债券本金的财务压力。可转换债券还存在回售的财务压力。若可转换债券发行后，公司股价长期低迷，在设计有回售条款的情况下，投资者如果集中在一段时间内将债券回售给发行公司，则会加大公司的财务支付压力。

2.4.3 认股权证

1. 认股权证的概念和性质

（1）认股权证的概念。

认股权证是一种由上市公司发行的证明文件，持有人有权在一定时间内以约定价格认购该公司发行的一定数量的股票。广义的权证，是一种持有人有权于某一特定期间或到期日，按约定的价格认购或沽出一定数量标的资产的期权。按买或卖的不同权利，可分为认购权证和认沽权证，又称为看涨权证和看跌权证。认股权证，属于认购权证。

（2）认股权证的性质：

①认股权证的期权性。认股权证本质上是一种股票期权，属于衍生金融工具，具有实现融资和股票期权激励的双重功能。但认股权证本身是一种认购普通股的期权，它没有普通股的红利收入，也没有普通股相应的投票权。

②认股权证是一种投资工具。投资者可以通过购买认股权证获得市场价与认购价之间的股票差价收益，因此它是一种具有内在价值的投资工具。

2. 认股权证的特点

（1）认股权证是一种融资促进工具。认股权证的发行人是发行标的股票的上市公司。认股权证通过以约定价格认购公司股票的契约方式，能保证公司在规定的期限内完成股票发行计划，顺利实现融资。

（2）有助于改善上市公司的治理结构。采用认股权证进行融资，融资是缓期、分批实现的。上市公司及其大股东的利益，与投资者是否在到期之前执行认股权证密切相关。因此，在认股权证有效期间，上市公司管理层及其大股东任何有损公司价值的行为，都可能降低上市公司的股价，从而降低投资者执行认股权证的可能性，这将损害上市公司管理层及其大股东的利益。所以，认股权证能够约束上市公司管理层及其大股东的败德行为，并激励他们更加努力地提升上市公司的市场价值。

（3）有利于推进上市公司的股权激励机制。认股权证是常用的员工激励工具，通过给予管理者和重要员工一定的认股权证，可以把管理者和员工的利益与企业价值成长紧密联系在一起，建立一个管理者与员工通过提升企业价值实现自身财富增值的利益驱动机制。

2.4.4 优先股

1. 优先股的概念和性质

（1）优先股的概念。

优先股是指股份有限公司发行的具有优先权利、相对优先于普通种类股份的股份种类。在利润分配及剩余财产清偿分配的权利方面，优先股持有人优先于普通股东，但在参与公司决策管理等方面，优先股的权利受到限制。

（2）优先股的性质：

①约定股息。相对于普通股而言，优先股的股利收益是事先约定的，也是相对固定的。由于优先股的股息率事先已作规定，因此优先股的股息一般不会根据公司经营情况变化，而且优先股股东一般也不再参与公司普通股的利润分红。但优先股的固定股息率各年可以不同。另外，优先股也可以采用浮动股息率分配利润。公司章程中规定优先股采用固定股息率的，可以在优先股存续期内采取相同的固定股息率，或明确每年的固定股息率，各年度的股息率可以不同；公司章程中规定优先股采用浮动股息率的，应当明确优先股存续期内票面股息率的计算方法。

②权利优先。优先股股东在年度利润分配和剩余财产清偿分配方面，具有比普通股股东优先的权利。优先股股东可以先于普通股股东获得股息，公司的可分配利润先分配给优先股股东，剩余部分再分配给普通股股东。在剩余财产方面，优先股股东的清偿顺序先于普通股股东而次于债权人。一旦公司清算，剩余财产先分给债权人，再分给优先股股东，最后分给普通股股东。优先股的优先权利是相对于普通股而言的，与公司债权人不同，优先股股东不可以要求经营成果不佳、无法分配股利的公司支付固定股息；优先股股东也不可以要求无法支付股息的公司进入破产程序，不能向人民法院提出企业重整、和解或者破产清算申请。

③权利范围小。优先股股东一般没有选举权和被选举权，对股份公司的重大经营事项无表决权，仅在股东大会表决与优先股股东自身利益直接相关的特定事项时，具有有限表决权。例如，修改公司章程中与优先股股东利益相关的事项条款时，优先股股东有表决权。

2. 优先股的种类

（1）固定股息率优先股和浮动股息率优先股。优先股股息率在股权存续期内不作调整的，称为固定股息率优先股；优先股股息率根据约定的计算方法进行调整的，称为浮动股息率优先股。优先股采用浮动股息率的，在优先股存续期内票面股息率的计算方法在公司章程中要事先明确。

（2）强制分红优先股与非强制分红优先股。公司在章程中规定，在有可分配税后利润时必须向优先股股东分配利润的，称为强制分红优先股，否则为非强制分红优先股。

（3）累积优先股和非累积优先股。根据公司当年可分配利润不足而未向优先股股东足额派发股息，差额部分是否累积到下一会计年度，可分为累积优先股和非累积优先股。累积优先股是指公司在某一时期所获盈利不足，导致当年可分配利润不足以支付优先股股息时，则将应付股息累积到次年或以后某一年盈利时，在普通股的股息发放之前，连同本年优先股股息一并发放。非累积优先股则是指公司不足以支付优先股的全部股息时，对所欠股息部分，优先股股东不能要求公司在以后年度补发。

（4）参与优先股和非参与优先股。根据优先股股东按照确定的股息率分配股息后，是否有权同普通股股东一起参加剩余税后利润分配，可分为参与优先股和非参与优先股。持有人只能获取一定股息但不能参加公司额外分红的优先股，称为非参与优先股。持有人除可按规定的股息率优先获得股息外，还可与普通股股东分享公司剩余收益的优先股，称为参与优先股。对于有权同普通股股东一起参加剩余利润分配的参与优先股，公司章程应明确优先股股东参与剩余利润分配的比例、条件等事项。

（5）可转换优先股和不可转换优先股。根据优先股是否可以转换成普通股，可分为可转换优先股和不可转换优先股。可转换优先股是指在规定的时间内，优先股股东或发行人可以按照一定的转换比率把优先股换成该公司普通股，否则是不可转换优先股。

（6）可回购优先股和不可回购优先股。根据发行人或优先股股东是否享有要求公司回购优先股的权利，可分为可回购优先股和不可回购优先股。可回购优先股是指允许发行公司按发行价加上一定比例的补偿收益回购的优先股。公司通常在认为可以用较低股息率发行新的优先股时，用此方法回购已发行的优先股股票。不附有回购条款的优先股，则被称为不可回购优先股。回购优先股包括发行人要求赎回优先股和投资者要求回售优先股两种情况，应在公司章程和招股文件中规定其具体条件。发行人要求赎回优先股的，必须完全支付所欠股息。

根据我国自2014年起实行的《优先股试点管理办法》：优先股每股票面金额为100元；上市公司不得发行可转换为普通股的优先股；上市公司公开发行的优先股，应当在公司章程中规定以下事项：

①采取固定股息率；

②在有可分配税后利润的情况下必须向优先股股东分配股息；

③未向优先股股东足额派发股息的差额部分应当累积到下一会计年度；

④优先股股东按照约定的股息率分配股息后，不再同普通股股东一起参加剩余利润分配。

3. 优先股的优缺点

优先股既像公司债券，又像公司股票，因此优先股筹资属于混合筹资，其筹资特点兼有债务筹资和股权筹资性质。

（1）优先股的优点：

①有利于丰富资本市场的投资结构。优先股有利于为投资者提供多元投资渠道，属于增强固定收益型产品。看重现金红利的投资者可投资优先股，而希望分享公司经营成果的投资者则可以选择普通股。

②有利于股份公司股权资本结构的调整。发行优先股，是股份公司股权资本结构调整的重要方式。公司资本结构调整中，既包括债务资本和股权资本之间的结构调整，也包括股权资本内部的结构调整。

③有利于保障普通股收益和控制权。优先股的每股收益都是固定的，只要净利润增加并且高于优先股股息，普通股的每股收益就会上升。另外，优先股股东无表决权，因此不影响普通股股东对企业的控制权，也基本上不会稀释原普通股的权益。

④有利于降低公司财务风险。优先股股利不是公司必须偿付的一项法定债务，如果公司财务状况恶化、经营成果不佳，这种股利可以不予支付，从而相对减轻了企业的财务负担。由于优先股没有规定最终到期日，它实质上是一种永续性借款。优先股的收回由企业决定，企业可在有利条件下收回优先股，具有较大的灵活性。发行优先股增加了权益资本，从而改善了公司的财务状况。对于高成长企业来说，承诺给优先股的股息与其成长性相比而言是比较低的。同时，由于发行优先股相当于发行无限期的债券，可以获得长期的低成本资金，但优先股不是负债而是权益资本，能够提高公司的资产质量。总之，从财务角度上看，优先股属于股债连接产品。作为资本，可以降低企业整体负债率；作为负债，可以增加长期资金来源，有利于公司的长久发展。

（2）优先股的缺点：

可能给股份公司带来一定的财务压力。首先，资本成本相对于债务较高，主要是由于优先股股息不能抵减所得税，而债务利息可以抵减所得税。这是利用优先股筹资的最大不利因素。其次，股利支付相对于普通股具有固定性。针对固定股息率优先股、强制分红优先股、可累积优先股而言，股利支付的固定性可能成为企业的一项财务负担。

任务 2.5 资金需要量的预测

2.5.1 销售百分比法

1. 销售百分比法的概念

销售百分比法，是指假设某些资产和负债与销售额存在稳定的百分比关系，根据这个假设预计外部资金需要量的方法。企业的销售规模扩大时，要相应增加流动资产；如果销售规模增加很多，还必须增加长期资产。为取得扩大销售所需增加的资产，企业需要筹措资金。这些资金，一部分来自销售收入同比例增加的流动负债，另一部分来自预测期的收益留存，还有一部分通过外部筹资取得。

销售百分比法，将反映生产经营规模的销售因素与反映资金占用的资产因素连接起来，根据销售与资产之间的数量比例关系来预计企业的外部筹资需要量。销售百分比法首先假设某些资产与小数额存在稳定的百分比关系，根据销售与资产的比例关系预计资产额，根据资产额预计相应的负债和所有者权益，进而确定筹资需求量。

2. 销售百分比法的基本步骤

（1）确定随销售额变动而变动的资产和负债项目。随着销售额的变化，经营性资产项目将占用更多的资金。同时，随着经营性资产的增加，相应的经营性短期债务也会增加，如存货增加会导致应付账款增加，此类债务称为"自动性债务"，可以为企业提供暂时性资金。经营性资产与经营性负债的差额通常与销售额保持稳定的比例关系。

> **提示**
> 经营性资产项目包括库存现金、应收账款、存货等；而经营负债项目包括应付票据、应付账款等，不包括短期借款、短期融资券、长期负债等筹资性负债。

（2）确定有关项目与销售额的稳定比例关系。如果企业资金周转的营运效率保持不变，经营性资产项目与经营性负债项目将会随销售额的变动呈正比例变动，保持稳定的百分比关系。企业应当根据历史资料和同业情况，剔除不合理的资金占用，寻找与销售额的稳定百分比关系。

（3）确定需要增加的筹资数量。预计由于销售增长需要的资金需求增长额，扣除利润留存后，即为所需的外部筹资额。其计算公式为

$$\text{外部融资需求量} = \frac{A}{S_1} \times \Delta S - \frac{B}{S_1} \times \Delta S - P \times E \times S_2$$

式中，A——随销售变化的敏感性资产；

B——随销售变化的敏感性负债；

S_1——基期销售额；

S_2——预测期销售额；

ΔS——销售的变动额；

P——销售净利率；

E——利润留存比率；

$\dfrac{A}{S_1}$——敏感资产与销售额的关系百分比；

$\dfrac{B}{S_1}$——敏感负债与销售额的关系百分比。

【情景 2-2】惠达股份有限公司 2020 年 12 月 31 日的简要资产负债及相关信息如表 2-4 所示。假定惠达股份有限公司 2020 年销售额为 90 000 000 元，销售净利率为 12%，利润留存率为 40%。2021 年销售额预计增长 30%，公司有足够的生产能力，无须追加固定资产投资，如表 2-4 所示。

表 2-4　惠达股份有限公司简要资产负债及相关信息表

资　产	金额	与销售关系	负债与权益	金额	与销售关系
现　金	3 000 000	3%	短期借款	2 000 000	2%
应收账款及应收票据	20 000 000	22%	应收账款及应付票据	17 000 000	19%
存　货	28 000 000	31%	其他流动负债	12 000 000	13%
其他流动资产		N	其他非流动负债	28 000 000	N
固定资产	40 000 000	N	所有者权益	32 000 000	N
其他非流动资产					
合计	91 000 000	57%	合计	91 000 000	34%

（1）首先，确定有关项目及其与销售额的关系百分比。在表中N表示不变动，是指该项目不随销售的变化而变化。

（2）其次，确定需要增加的资金量。从表中可以看出，销售收入每增加100元，必须增加57元的资金占用，但同时自动增加34元的资金来源，两者差额的23%产生了资金需求。因此，每增加100元的销售收入，公司必须取得23元的资金来源，销售额从90 000 000元增加到117 000 000元，增加了27 000 000元，按照23%的比率可预测将增加6 210 000元的资金需求。

（3）确定外部融资需求的数量。2021年的净利润为14 040 000元（117 000 000×12%），利润留存率40%，则将有5 616 000元利润被留存下来，还有594 000元的资金必须从外部筹集。

根据公司资料，可求得外部融资需求量为：

外部融资需求量=57%×27 000 000−34%×27 000 000−12%×40%×117 000 000 =594 000（元）

2.5.2　资金习性预测法

资金习性预测法是指根据资金习性预测未来资金需要量的一种方法。所谓资金习性，是指资金的变动同产销量变动之间的依存关系。按照资金同产销量之间的依存关系，可以把资金区分为不变资金、变动资金和半变动资金。

不变资金是指在一定的产销量范围内，不受产销量变动的影响而保持固定不变的那部分资金。也就是说，产销量在一定范围内变动，这部分资金保持不变。这部分资金包括：为维持营业占用的最低数额的现金，原材料的保险储备，必要的成品储备，厂房、机器设备等固定资产占用的资金。

变动资金是指随产销量的变动而同比例变动的那部分资金。它一般包括直接构成产品实体的原材料，外购件等占用的资金。另外，在最低储备以外的现金、存货、应收账款等也具有变动资金的性质。

半变动资金是指虽然受产销量变化的影响，但不呈同比例变动的资金，如一些辅助材料占用的资金。半变动资金可采用一定的方法划分为不变资金和变动资金两个部分。

任务 2.6 资本成本与资本结构

2.6.1 个别资本成本

1. 资本成本的概述

（1）资本成本的概念。企业筹资管理的目的是在满足财务管理目标的前提下尽可能降低资本成本。资本成本包括资金筹集费用和资金占用费用两个部分。资本成本是影响企业选择筹资方式的重要因素。

长期资金的使用成本对企业有巨大的影响，一般讨论资本成本时主要讨论的是个别资本成本。长期资金又称资本，所以长期资金的成本被称为资本成本。资本成本有多种计量形式。在比较各种筹资方式时，使用个别资本成本；在进行资本结构决策时，使用加权资本成本；在进行追加筹资决策时，则使用边际资本成本。

（2）资本成本的组成。资本成本可以用绝对数表示，也可以用相对数表示。用绝对数表示的资本成本，主要由以下两个部分构成。

①筹资费。筹资费是指企业在资本筹措过程中为获取资本而付出的代价，如向银行支付的借款手续费，因发行股票、公司债券而支付的发行费等。筹资费用通常在资本筹集时一次性发生，在资本使用过程中不再发生，因此被视为筹资数额的一项扣除。

②占用费。占用费是指企业在资本使用过程中因占用资本而付出的代价，如向银行等债权人支付的利息，向股东支付的股利等。占用费是因为占用了他人资金而必须支付的，是资本成本的主要内容。

（3）资本成本的一般公式：

$$资本成本 = \frac{资金占用费}{筹资总额 - 筹资费用}$$

$$= \frac{资金占用费}{筹资总额(1-筹资费用率)}$$

2. 银行借款资本成本

银行借款资本成本指借款利息和筹资费用。借款利息计入税前成本费用，可以起到抵税作用。因此一次性还本、分期付息的借款资本成本的计算公式为

$$K_b = \frac{年利率 \times (1-所得税税率)}{1-筹资费用率} = \frac{i \times (1-T)}{1-f}$$

式中，K_b——银行借款资本成本；

i——银行借款年利率；

T——所得税税率；

f——筹资费用率。

由于银行借款的手续费很低，上式中的筹资费用率常常可以忽略不计，则上式可简化为

$$K_b = i \times (1-T)$$

【情景 2-3】惠达股份有限公司取得 4 年期长期借款 15 000 000 元，手续费率为 0.2%，年利率 6%，每年付息一次，到期一次性还本，企业所得税税率 25%，该项借款的资本成本率为（计算结果保留两位小数）：

银行借款资本成本 = [15 000 000×6%×（1-25%）]÷[15 000 000×（1-0.2%）] ≈ 4.51%

3. 债券资本成本

债券资本成本中的利息在税前支付，具有减税效应。债券的筹资费用主要包括申请发行债券的手续费、债券注册费、印刷费、上市费以及推销费用。每年付息一次，到期一次还本的债券筹资成本的计算公式为

$$债券的资本成本 = \frac{年利息 \times (1-所得税税率)}{债券筹资额 \times (1-筹资费用率)} \times 100\%$$

式中，

年利息 = 银行借款总额 × 年利率

【情景2-4】惠达股份有限公司以1 300元的价格，溢价发行面值为1 200元、期限6年、票面利率8%的公司债券一批。每年付息一次，到期一次性还本，发行费用率2.4%，所得税税率25%，该批债券的资本成本为（计算结果保留两位小数）：

$$K_b = \frac{1\,200 \times 8\% \times (1-25\%)}{1\,300 \times (1-2.4\%)} \approx 5.67\%$$

4. 优先股的资本成本

优先股的资本成本主要是指向优先股股东支付的各期股利。对于固定股息率优先股而言，如果各期股利是相等的，则优先股的资本成本按一般模式计算为

$$K_b = \frac{D}{P_n \times (1-f)}$$

式中，K_b——优先股资本成本率；
D——优先股年固定股息；
P_n——优先股发行价格；
f——筹资费用率。

【情景2-5】惠达股份有限公司发行面值200元的优先股，规定的年股息率为10%。该优先股溢价发行，发行价格为220元，发行时筹资费用率为发行价的3%。则该优先股的资本成本为（计算结果保留两位小数）：

$$K_b = \frac{200 \times 10\%}{220 \times (1-3\%)} \approx 9.37\%$$

5. 普通股资本成本

普通股的资本成本主要是指向股东支付的各期股利。各期股利并不固定，随企业各期收益波动，因此普通股的资本成本只能按贴现模式计算，并假定各期股利的变化呈一定规律性。如果是上市公司普通股，其资本成本还可以根据该公司股票收益率与市场收益率的相关性，按资本资产定价模型法估计。

（1）股利固定增长模型法。这种方法的前提是股票的现金股利按照固定的比率增长，则普通股筹资的资本成本计算公式为

$$K_b = \frac{D_0 \times (1+g)}{P_0 \times (1-f)} + g = \frac{D_1}{P_0 \times (1-f)} + g$$

式中，D_1——第一年预期股利；

P_0——普通股发行价格；
g——普通股股利固定增长率；
f——普通股筹资费用率。

如果$g=0$，则该公式变为

$$K_b = \frac{D_1}{P_0 \times (1-f)}$$

【情景2-6】惠达股份有限公司普通股市价45元，筹资费用率2%，本年发放现金股利每股0.7元，预期股利年增长率为10%，则普通股的资本成本为（计算结果保留两位小数）：

$$K_b = \frac{0.7 \times (1+10\%)}{45 \times (1-2\%)} + 10\% \approx 11.75\%$$

（2）资本资产定价模型法。假定资本市场有效，股票市场价格与价值相等。假定无风险报酬率为R_f，则市场平均报酬率为R_m，某股票贝塔系数为β，则普通股资本成本为

$$K_b = R_f + \beta(R_m - R_f)$$

【情景2-7】惠达股份有限公司普通股β系数为2.0，此时一年期国债利率5%，市场平均报酬率18%，则该普通股资本成本为：

$$K_b = 5\% + 2 \times (18\% - 5\%) = 31\%$$

6. 留存收益资本成本

一般企业不会把收益全部分配给股东，所以留存收益是企业资金的一种主要来源。企业留存收益等于股东对企业的追加投资，股东对这部分投资与以前交给企业的股本一样，也要求一定的报酬，所以留存收益也要计算成本。留存收益成本的计算与普通股基本相同，但不需要考虑筹资费用。

7. 加权资本成本

（1）加权资本成本的概念。加权资本成本指多元化融资方式下的综合资本成本，反映着企业资本成本整体水平的高低。在衡量和评价单一融资方案时，需要计算个别资本成本；在衡量和评价企业筹资总体的经济性时，需要计算企业的加权资本成本。加权资本成本用于衡量企业资本成本水平，确立企业理想的资本结构。

（2）加权资本成本的计算。企业加权资本成本，是以各项个别资本在企业总资本中的比重为

权数，对各项个别资本成本率进行加权得到的总资本成本，计算公式为

$$K_w = \sum_{k=1}^{n}(K_j W_j)$$

式中，K_w——加权资本成本；

K_j——第j种个别资本成本；

W_j——第j种个别资本在全部资本中的比重。

加权资本成本的计算，存在着权数价值的选择问题，即各项个别资本按什么权数来确定资本比重，可供选择的价值形式有账面价值、市场价值、目标价值。

①账面价值权数。账面价值权数，即以各项个别资本的会计报表账面价值为基础计算资本权数，确定各类资本所占总资本的比重。其优点是：资料容易取得，可以直接从资产负债表中得到，而且计算结果比较稳定。其缺点是：当债券和股票的市价与账面价值差距较大时，按账面价值计算出来的资本成本不能准确反映从资本市场上筹集资本的现时机会成本和资本结构。

②市场价值权数。市场价值权数，即以各项个别资本的现行市场价为基础计算资本权数，确定各类资本所占总资本的比重。其优点是能够反映现时的资本成本水平，有利于进行资本结构决策。但现行市价处于经常变动之中，不容易取得，而且现行市场价反映的只是现时资本结构，不适用未来的筹资决策。

（3）目标价值权数。目标价值权数，即以各项个别资本预测的未来价值为基础确定资本权数，确定各类资本占总资本的比重。目标价值是目标资本结构要求下的产物，是公司筹集和使用资金对资本结构的一种要求。对于公司筹集新资金、反映期望的资本结构来说，目标价值是有益的，适用于未来的筹资决策，但目标价值的确定难免具有主观性。

以目标价值为基础计算资本权重，能体现决策的相关性。目标价值权数的确定，既可以选择未来的市场价值，也可以选择未来的账面价值。选择未来的市场价值，与资本市场现状的联系比较紧密，能够与现时资本市场环境状况结合起来。目标价值权数的确定一般以现时市场价值为依据，但市场价值波动频繁，可行的方案是选用市场价值的历史平均值，如30日、60日、120日均价。总之，目标价值权数是主观愿望和预期表现，依赖于财务经理的价值判断和职业经验。

【情景2-8】惠达股份有限公司本年年末长期资本账面总额为20 000 000元，其中：银行长期贷款5 000 000元，占25%；长期债券5 600 000元，占28%；股东权益9 400 000元（共2 500 000股，每股面值3.76元，市价5元），占47%。个别资本成本分别为：3%、4%、10%。计算该公司的平均资本成本率。

按账面价值权数计算：

K_w=（3%×5 000 000+4%×5 600 000+10%×12 500 000）÷（5 000 000+5 600 000+12 500 000）=1 624 000÷23 100 000≈7.03%

2.6.2 杠杆效应

1. 杠杆效应

（1）杠杆效应的概念。财务管理中存在着类似于物理学中的杠杆效应，表现为：由于特定固定支出或费用的存在，当某一财务变量以较小幅度变动时，另一相关变量会以较大幅度变动。

（2）杠杆效应的种类。财务管理中的杠杆效应，包括经营杠杆、财务杠杆和总杠杆3种效应形式。杠杆效应可以产生杠杆利益，也可能带来杠杆风险。

2. 经营杠杆效应

（1）经营杠杆是指固定性经营成本的存在使得企业的资产报酬（息税前利润）变动率大于业务量变动率的现象。经营杠杆反映了资产报酬的波动性，用以评价企业的经营风险。用息税前利润

($EBIT$)表示资产总报酬,则:

$$EBIT = S - V - F = (P - V_c)Q - F = M - F$$

式中,$EBIT$——息税前利润;

S——销售额;

V——变动性经营成本;

F——固定性经营成本;

Q——产销业务量;

P——销售单价;

V_c——单位变动成本;

M——边际贡献。

上式中,影响$EBIT$的因素包括产品售价、产品需求、产品成本等。当产品成本中存在固定成本时,如果其他条件不变,产销业务量的增加虽然不会改变固定成本总额,但会降低单位产品分摊的固定成本,从而提高单位产品利润,使息税前利润的增长率大于产销业务量的增长率,进而产生经营杠杆效应。当不存在固定性经营成本时,所有成本都是变动性经营成本,边际贡献等于息税前利润,此时息税前利润变动率与产销业务量的变动率完全一致。

(2) 经营杠杆系数。只要企业存在固定性经营成本,就存在经营杠杆效应。但以不同产销业务量为基础,其经营杠杆效应的大小程度是不一致的。测算经营杠杆效应程度,常用指标为经营杠杆系数。经营杠杆系数(DOL),是息税前利润变动率与产销业务量变动率的比值,计算公式为

$$\text{经营杠杆系数}(DOL) = \frac{\text{息税前利润变动率}}{\text{产销业务量变动率}} = \frac{\Delta EBIT}{EBIT_0} \div \frac{\Delta Q}{Q_0}$$

式中,DOL——经营杠杆系数;

$\Delta EBIT$——息税前利润变动额;

ΔQ——产销业务量变动值。

经整理,经营杠杆系数的计算公式可以简化为

$$DOL = \frac{M_0}{M_0 - F_0} = \frac{EBIT_0 + F_0}{EBIT_0} = \frac{\text{基期边际贡献}}{\text{基期息税前利润}}$$

【情景2-9】惠达股份有限公司产销计算器,固定成本4 500 000元,变动成本率60%。年产销额30 000 000元时,变动成本18 000 000元,固定成本4 500 000元,息税前利润7 500 000元,年产销额45 000 000元时,变动成本为27 000 000元,固定成本仍为4 500 000元,息税前利润为13 500 000元。可以看出,该公司产销量增长了50%,息税前利润增长了80%,产生了1.6倍的经营杠杆效应。

$$DOL = \frac{\Delta EBIT / EBIT_0}{\Delta Q / Q_0}$$
$$= (6\,000\,000 \div 7\,500\,000) \div (15\,000\,000 \div 30\,000\,000)$$
$$\approx 1.6 \text{(倍)}$$

(3) 经营杠杆系数与经营风险。经营风险指企业生产经营导致的资产报酬波动风险。引起企业经营风险的主要原因是市场需求和生产成本等不确定性因素。经营杠杆本身虽不是资产报酬不确定的根源,只是资产报酬波动的表现,但是经营杠杆放大了市场和生产等因素对利润波动的影响。经营杠杆系数越高,表明资产报酬利润波动程度越大,经营风险也就越大。经营杠杆系数的计算公式为

$$DOL = \frac{EBIT_0 + F_0}{EBIT_0} = 1 + \frac{\text{基期固定成本}}{\text{基期息税前利润}}$$

上式表明,在息税前利润为正的前提下,经营杠杆系数最低为1,不会为负数;只要有固定性经营成本存在,经营杠杆系数就总是大于1。

从上式可知,影响经营杠杆系数的因素包括:企业成本结构中的固定成本比重;息税前利润水平。其中,息税前利润水平又受产品销售数量、销售价格、成本水平(单位变动成本和固定成本总额)高低的影响。固定成本比重越高,产品销售数量和销售价格水平越低,经营杠杆效应越大,反之则相反。

【情景2-10】惠达股份有限公司生产计算器,固定成本1 200 000元,变动成本率50%,当销售额分别为6 000 000元,4 000 000元,2 000 000元时,经营杠杆系数分别为:

$$DOL_{6\,000\,000}=\frac{6\,000\,000-6\,000\,000\times50\%}{6\,000\,000-6\,000\,000\times50\%-1\,200\,000}$$
$$\approx 1.67$$

$$DOL_{4\,000\,000}=\frac{4\,000\,000-4\,000\,000\times50\%}{4\,000\,000-4\,000\,000\times50\%-1\,200\,000}$$
$$=2.50$$

$$DOL_{2\,000\,000}=\frac{2\,000\,000-2\,000\,000\times50\%}{2\,000\,000-2\,000\,000\times50\%-1\,200\,000}$$
$$=\infty$$

上述计算结果表明，在其他因素不变的情况下，销售额越小，经营杠杆系数越大，经营风险也就越大，反之亦然。如销售额为 6 000 000 元时，DOL 为 1.67，销售额为 4 000 000 元时，DOL 为 2.50，显然后者的不稳定性大于前者时，经营风险也大于前者。在销售额处于盈亏临界点为 2 000 000 元时，经营杠杆系数趋于无穷大，此时企业销售额稍有减少便会导致更大的亏损。

3. 财务杠杆效应

（1）财务杠杆。财务杠杆指由于固定性资本成本的存在，使得企业的普通股收益（或每股收益）变动率大于息税前利率变动率的现象。财务杠杆反映了股权资本报酬的波动性，用以评价企业的财务风险，用普通股收益表示普通股权益资本报酬，其计算公式为：

$$TE=(EBIT-I)\times(1-T)-D$$
$$EPS=[(EBIT-I)\times(1-T)-D]/N$$

式中，TE——全部普通股净收益；

EPS——普通股每股收益；

I——债务资本利息；

T——所得税税率；

D——优先股股利；

N——普通股股数。

上式中，影响普通股收益的因素包括资产报酬、资本成本、所得税税率等因素。当有利息费用等固定性资本成本存在时，如果其他条件不变，息税前利润的增加虽然不改变固定利息费用总额，但会降低每元息税前利润分摊的利息费用，从而提高每股收益，使得普通股收益的增长率大于息税前利润的增长率，进而产生财务杠杆效应。当不存在固定利息、股息等资本成本时，息税前利润就是利润总额，此时利润总额变动率与息税前利润变动率完全一致。如果两期所得税税率和普通股股数保持不变，每股盈余的变动率与利润总额变动率也完全一致，则与息税前利润变动率一致。

（2）财务杠杆系数。只要企业融资方式中存在固定性资本成本，就存在财务杠杆效应。如固定利息、固定融资租赁费的存在，都会产生财务杠杆效应。在同一固定的资本成本支付水平上，不同的息税前利润水平对固定的资本成本的承受负担是不一样的，其财务杠杆效应的大小是不一致的。计算财务杠杆效应的大小，常用指标为财务杠杆系数。财务杠杆系数（DFL），是每股收益变动率与息税前利润变动率的倍数，计算公式为

$$DFL=\frac{普通股盈余变动率}{息税前利润变动率}=\frac{EPS\text{变动率}}{EBIT\text{变动率}}$$

在不存在优先股股息的情况下，经整理，财务杠杆系数的计算可以简化为：

$$DFL=\frac{基期息税前利润}{基期利润总额}=\frac{EBIT_0}{EBIT_0-I_0}$$

如果企业既存在固定利息的债务，也存在固定股息的优先股，则财务杠杆系数的计算进一步调整为：

$$DFL=\frac{EBIT_0}{EBIT_0-I_0-\dfrac{D_P}{1-T}}$$

【情景 2-11】惠达股份有限公司有 A、B、C 三个公司，资本总额均为 20 000 000 元，所得税税率均为 25%，每股面值均为 1 元。A 公司资本全部由普通股组成；B 公司债务资金 3 500 000 元（利率 10%），普通股 16 500 000 元，C 公司债务资金 8 000 000 元（利率 10%），普通股 12 000 000 元，三个公司 2020 年 $EBIT$ 均为 4 500 000 元，2021 年 $EBIT$ 均为 5 000 000 元，$EBIT$ 增长了 11.11%。三个公司有关财务指标如表 2-5 所示。

表 2-5　普通股盈余及财务杠杆的计算

利润项目		A 公司	B 公司	C 公司
普通股股数／股		20 000 000	16 500 000	12 000 000
利润总额	2020 年	4 500 000	4 150 000	3 700 000
	2021 年	5 000 000	4 650 000	4 200 000
	增长率	11.11%	12.05%	13.51%
净利润	2020 年	3 375 000	3 112 500	2 775 000
	2021 年	3 750 000	3 487 500	3 150 000
	增长率	11.11%	12.05%	13.51%
普通股盈余	2020 年	3 375 000	3 112 500	2 775 000
	2021 年	3 750 000	3 487 500	3 150 000
	增长率	11.11%	12.05%	13.51%
每股收益	2020 年	0.17	0.19	0.23
	2021 年	0.19	0.21	0.26
	增长率	11.11%	12.05%	13.51%
财务杠杆系数		1	1.084	1.216

可见，资本成本固定型的资本所占比重越高，财务杠杆系数就越大。由于 A 公司不存在有固定资本成本的资本，因此没有财务杠杆效应；B 公司存在债务资本，其普通股收益增长幅度是息税前利润增长幅度的 1.084 倍；C 公司不仅存在债务资本，而且债务资本的比重比 B 公司高，其普通股收益增长幅度是息税前利润增长幅度的 1.216 倍。

（3）财务杠杆系数与财务风险。财务风险是指企业出于筹资原因产生的资本成本导致的普通股收益波动的风险。引起企业财务风险的主要原因是资产报酬的不利变化和资本成本的固定负担。由于财务杠杆作用，当企业的息税前利润下降时，企业仍然需要支付固定的资本成本，导致普通股剩余收益以更快的速度下降。财务杠杆放大了资产报酬变化对普通股收益的影响，财务杠杆系数越大，表明普通股收益的波动程度越大，财务风险也就越大。在不存在优先股股息的情况下，根据财务杠杆系数的计算公式，有

$$DFL=1+\frac{基期利息}{基期息税前利润-基期利息}$$

【情景 2-12】沿用【情景 2-11】，在财务杠杆系数例题中，三个公司 2021 年的财务杠杆系数分别为 A 公司 1.000、B 公司 1.084、C 公司 1.216。这意味着，如果 EBIT 下降，A 公司的 EPS 与之同步下降，而 B 公司和 C 公司 EPS 会以更大的幅度下降。导致各公司 EPS 不为负数的 EBIT 最大降幅如表 2-6 所示。

表 2-6　EBIT 最大降幅表

公司	DFL	EPS 降低 /%	EBIT 降低 /%
A 公司	1.000	100	100
B 公司	1.084	100	92.25
C 公司	1.216	100	82.24

上述结果表明，在 2020 年的基础上，2021 年 EBIT 只要降低 82.24%，C 公司普通股收益就会出现亏损；EBIT 降低 92.25%，B 公司普通股收益会出现亏损；EBIT 降低 100%，A 公司普通股收益会出现亏损。显然 C 公司不能支付利息、不能满足普通股股利要求的财务风险远高于其他公司。

4. 总杠杆效应

（1）总杠杆。经营杠杆和财务杠杆可以独自发挥作用，也可以综合发挥作用。总杠杆是用来反映二者之间共同作用结果的，即权益资本报酬与产销业务量之间的变动关系。由于固定性经营成本的存在，产生经营杠杆效应，导致产销业务量变动对息税前利润变动有放大作用；同样，由于固定性资本成本的存在，产生财务杠杆效应，导致息税前利润变动对普通股每股收益变动有放大作用。两种杠杆共同作用，将导致产销业务量稍有变动，就会引起普通股每股收益更大的变动。

总杠杆，是指由于固定经营成本和固定资本成本的存在，普通股每股收益变动率大于产销业务量变动率的现象。

（2）总杠杆系数。只要企业同时存在固定性经营成本和固定性资本成本，就存在总杠杆效应。产销量变动通过息税前利润的变动，传导至普通股收益，使得每股收益发生更大的变动。用总杠杆系数（DTL）表示总杠杆效应程度，可见，总杠杆系数是经营杠杆系数和财务杠杆系数的乘积，是普通股收益变动率与产销量变动率的倍数，计算公式为：

$$DTL=\frac{普通股收益变动率}{产销量变动率}$$

【情景2-13】惠达股份有限公司有关资料如表2-7所示，可以分别计算其2021年经营杠杆系数、财务杠杆系数和总杠杆系数。

表2-7 杠杆效应计算表

项目	2020年	2021年	变动率
销售额（售价10元）	11 000 000	14 000 000	27.27%
边际贡献（售价5元）	5 500 000	7 000 000	27.27%
固定成本	2 000 000	2 000 000	—
息税前利润（EBIT）	3 500 000	5 000 000	42.86%
利息	550 000	550 000	—
利润总额	2 950 000	4 450 000	50.85%
净利润（税率25%）	2 212 500	3 337 500	50.85%
每股收益（2 000 000股）	1.11	1.67	50.85%
经营杠杆系数（DOL）			1.57
财务杠杆系数（DFL）			1.19
总杠杆系数（DTL）			1.86

（3）总杠杆系数与公司风险。公司风险包括企业的经营风险和财务风险，反映了企业的整体风险。总杠杆系数反映经营杠杆和财务杠杆之间的关系，用以评价企业的整体风险水平。在总杠杆系数确定的情况下，经营杠杆系数与财务杠杆系数此消彼长。总杠杆效应的意义在于：

①能够说明产销业务量变动对普通股收益的影响，据以预测未来的每股收益水平；

②揭示了财务管理的风险管理策略，即要保持一定的风险水平，需要维持一定的总杠杆系数，经营杠杆和财务杠杆可以有不同的组合。

一般来说，固定资产比重较大的资本密集型企业，经营杠杆系数高，经营风险大，企业筹资主要依靠权益资本，以保持较小的财务杠杆系数和财务风险；变动成本比重较大的劳动密集型企业，经营杠杆系数低，经营风险小，企业筹资可以主要依靠债务资金，保持较大的财务杠杆系数和财务风险。

一般来说，在企业初创阶段，产品市场占有率低，产销业务量小，经营杠杆系数大，此时企业筹资主要依靠权益资本，在较低程度上使用财务杠杆；在企业扩张成熟期，产品市场占有率高，产销业务量大，经营杠杆系数小，此时，在企业资本结构中可扩大债务资本比重，在较高程度上使用财务杠杆。

项目小结

本项目介绍了企业筹资的动机、企业筹资渠道和方式、企业筹资的内容和原则、银行借款、发行公司债券、融资租赁、债务筹资的优缺点、股权筹资概述、吸收直接投资、发行普通股股票、留存收益、股权筹资的优缺点、衍生工具概述、可转换公司债券、认股权证、优先股、销售百分比法、资金习性预测法、个别资本成本、杠杆效应。

思考与练习

一、单项选择题

1. 当一些债务即将到期时，企业虽然有足够的偿债能力，但为了保持现有的资本结构，仍然举新债还旧债。这种筹资的动机是（　　）。
   A. 扩张性筹资动机
   B. 支付性筹资动机
   C. 调整性筹资动机
   D. 创立性筹资动机

2. 下列筹资方式中，既可以筹集长期资金，也可以融通短期资金的是（　　）。
   A. 向金融机构借款
   B. 发行股票
   C. 利用商业信用
   D. 吸收直接投资

3. 下列筹资渠道中，不适用融资租赁筹资方式的是（　　）。
   A. 银行信贷资金
   B. 外商资金
   C. 非银行金融机构资金
   D. 其他企业资金

4. 留存收益的所有权属于（　　）。
   A. 企业经营者　　B. 普通股股东
   C. 债权人　　　　D. 债务人

5. 金融衍生工具市场的功能不包括（　　）。
   A. 价格发现　　　B. 套期保值
   C. 投机获利　　　D. 筹集资金

二、多项选择题

1. 短期银行借款往往附加一些信用条件，主要有（　　）。
   A. 周转信用协议　　B. 抵押物
   C. 担保协议　　　　D. 补偿性余额

2. 关于债券的特征，下列说法中正确的是（　　）。
   A. 债券代表着一种债权债务关系
   B. 债券不能折价发行
   C. 债券持有人无权参与企业决策
   D. 债券具有分配上的优先权

3. 企业筹集资金时，属于直接筹资方式的有（　　）。
   A. 吸收社会公众投资　　B. 发行股票
   C. 发行债券　　　　　　D. 银行借款

4. 下列可转换债券条款中，有利于保护债券发行者利益的有（　　）。
   A. 赎回条款　　　　　　B. 回售条款
   C. 强制性转换条款　　　D. 转换比率条款

5. 金融衍生工具按照自身交易方法可分为（　　）。
   A. 金融远期　　　　　　B. 金融期权
   C. 金融期货　　　　　　D. 金融交换

三、判断题

1. 根据风险与收益均衡的原则，信用贷款利率通常比抵押贷款利率低。（　　）

2. 相较于抵押债券，信用债券利率较高的原因在于其安全性差。（　　）

3. 可转换债券的持有人具有在未来按一定的价格购买普通股股票的权利，因为可转换债券具

有买入期权的性质。（　）

4. 资本结构问题实际上也是债务资本的比例问题，即债务资金在企业全部资本中所占的比重。（　）

5. 最优资本结构是指在一定条件下使企业平均资本成本最低、企业价值最大的资本结构。（　）

四、简答题

1. 简述银行借款的优缺点。

2. 简述股权筹资的优缺点。

项目 3　投资管理

知识目标

◎ 了解投资的意义与分类；
◎ 掌握债券要素与价值评估；
◎ 掌握债券投资与股票投资。

技能目标

◎ 掌握现金流量的计算；
◎ 掌握投资决策的方法；
◎ 掌握债券投资的收益率与股票收益率。

案例导入

天元葡萄酒厂是生产葡萄酒的中型企业，该厂生产的葡萄酒酒香纯正，价格合理，长期以来供不应求。为了扩大生产能力，天元葡萄酒厂准备新建一条生产线。张亮是该厂的助理会计师，主要负责投资工作。总会计师王珊要求张亮搜集建设葡萄酒新生产线的有关资料，并对投资项目进行财务评价，以供厂领导决策参考。张亮经过半个月的调查研究，得到以下有关资料：

（1）投资新的生产线需一次性投入 1 000 万元，建设期 1 年，预计可使用 10 年，报废时无残值收入；按税法要求改生产的折旧年限为 8 年，使用直线法折旧，残值率为 10%。

（2）购置设备所需的资金通过银行借款筹集，借款期限为 4 年，每年年末支付利息 100 万元，第 4 年年末用税后利润偿付本金。

（3）该生产线投入使用后，预计可使工厂第 1～5 年的销售收入每年增长 1 000 万元，第 6～10 年的销售收入每年增长 800 万元，耗用的人工和原材料等成本为收入的 60%。

（4）生产线建设期满后，工厂还需垫支流动资金 200 万元。

（5）所得税税率为 25%。

（6）银行借款的资金成本为 10%。

案例思考

如何对项目投资进行可行性评价？

导语

投资管理是企业为获取未来收益而向一定对象投放资金的经济行为。通过本项目熟知投资决策的方法，掌握项目投资和对外投资，为企业经营管理提出解决对策。

任务 3.1 投资管理概述

3.1.1 投资概述

1. 投资的概念

投资,广义地讲,是指特定经济主体(包括政府、企业和个人)以本金回收并获利为基本目的,将货币、实物资产等作为资本,投放于某一个具体对象,以在未来较长期间内获取预期经济利益的经济行为。企业投资,简言之,是企业为获取未来长期收益而向一定对象投放资金的经济行为。

2. 投资的意义

企业需要通过投资配置资产,才能形成生产能力,在未来取得经济利益。

(1)投资是企业生存与发展的基本前提。企业的生产经营,就是企业资产的运用和资产形态的转换过程。投资是一种资本性支出的行为,通过投资支出,企业购建流动资产和长期资产,形成生产条件和生产能力。实际上,不论是新建一个企业,还是建造一条生产流水线,都是一种投资行为。通过投资确立企业的经营方向,配置企业的各类资产,并将它们有机地结合起来,形成企业的综合生产经营能力。如果企业想要进军一个新兴行业,或者开发一种新产品,都需要先进行投资。因此,投资决策的正确与否,直接关系到企业的兴衰成败。

(2)投资是获取利润的基本前提。企业投资的目的,是要通过预先垫付一定数量的货币或实物形态的资本,购建和配置形成企业的各类资产,从事某类经营活动,在未来获取经济利益。通过投资形成生产经营能力,企业才能开展具体的经营活动,获取经营利润。采用购买股票、债券等有价证券方式对其他单位投资,既可以通过取得股利或债息来获取投资收益,也可以通过转让证券来获取资本利得。

(3)投资是企业风险控制的重要手段。企业经营面临着各种风险,有来自市场竞争的风险,有资金周转的风险,还有原材料涨价、费用居高不下等成本风险。投资,是企业风险控制的重要手段。通过投资,可以将资金投向企业生产经营的薄弱环节,使企业的生产经营能力配套、平衡、协调。通过投资,可以实现多元化经营,将资金投放于经营相关程度较低的不同产品或不同行业,分散风险,稳定收益来源,降低资产的流动性风险、变现风险,增强资产的安全性。

3.1.2 投资的分类

1. 按投资活动与企业生产经营活动关系分类

按投资活动与企业生产经营活动的关系,企业投资可以划分为直接投资和间接投资。

(1)直接投资。直接投资是将资金直接投放于实体性资产中,形成生产经营能力,直接谋取经营利润的企业投资。通过直接投资,购买并配置劳动力、劳动资料和劳动对象等具体生产要素,开展生产经营活动。

(2)间接投资。间接投资是企业将资金投放于股票、债券等权益性资产中,不直接介入具体生产经营过程,通过股票、债券中所约定的收益分配权利,获取股利或利息收入。股票、债券的发行方在筹集到资金后,再把这些资金投放于形成生产经营能力的实体性资产中,获取经营利润。

2. 按投资对象的存在形态和性质分类

按投资对象的存在形态和性质,企业投资可

以划分为项目投资和证券投资。

（1）项目投资。通过购买具有实质内涵的经营资产（包括有形资产和无形资产）形成具体的生产经营能力，开展实质性的生产经营活动，谋取经营利润，这类投资称为项目投资。项目投资的目的在于改善生产条件、扩大生产能力，以获取更多的经营利润。项目投资，属于直接投资。

（2）证券投资。企业购买具有权益性的证券资产，通过证券资产所赋予的权力，间接控制被投资企业的生产经营活动，获取投资收益，这种投资称为证券投资。证券投资，属于间接投资。

3. 按投资活动资金投出的方向分类

按投资活动资金投出的方向，企业投资可以划分为对内投资和对外投资。

（1）对内投资。对内投资是指在本企业范围内部的资金投放，用于购买和配置各种生产经营所需的经营性资产。

（2）对外投资。对外投资是指向本企业范围以外的其他单位的资金投放。对外投资多以现金、有形资产、无形资产等资产形式，通过联合投资、合作经营、换取股权、购买证券资产等投资方式向企业外部其他单位投放资金。

对内投资都是直接投资；对外投资主要是间接投资，也可能是直接投资。

4. 按投资项目之间的关联关系分类

按投资项目之间的关联关系，企业投资可以划分为独立投资和互斥投资。

（1）独立投资。独立投资是相容性投资，各个投资项目之间互不关联、互不影响，可以同时存在。独立投资项目决策考虑的是方案本身是否满足某种决策标准。

（2）互斥投资。互斥投资是非相容性投资，各个投资项目之间相互关联、相互替代，不能同时存在。互斥投资项目决策考虑的是各方案之间的排斥性，互斥决策需要从多个可行方案中选择最优方案。

> **提示**
>
> 由于投资回收期一般比较长，未来情况具有很大不确定性，因此在投资管理中，需要考虑资金时间价值和各类风险。

3.1.3 现金流量

1. 现金流量的概念

现金流量是投资项目财务可行性分析的主要分析对象，净现值、内含报酬率、回收期等财务评价指标，均是以现金流量为对象进行可行性评价的。利润只是期间财务报告的结果，对于投资方案财务可行性来说，项目的现金流量状况比会计期间的盈亏状况更为重要。一个投资项目能否顺利进行，有无经济上的效益，不一定取决于有无会计期间利润，而在于能否带来正现金流量，即整个项目能否获得超过项目投资的现金回收。

由一项长期投资方案所引起的在未来一定时期所发生的现金收支，叫作现金流量。其中，现金收入称为现金流入量，现金支出称为现金流出量，现金流入与现金流出量相抵后的余额，称为现金净流量。

> **提示**
>
> 在一般情况下，投资决策中的现金流量通常指现金净流量（NCF）。这里，所谓的现金既可以是库存现金、银行存款等货币性资产，也可以是相关非货币性资产（如原材料、设备等）的变现价值。

投资项目从整个经济寿命周期来看，大致可以分为三个阶段：投资期、营业期、终结期。现金流量的各个项目也可归属于各个阶段之中。

2. 现金流量的计算

（1）投资期。投资阶段的现金流量主要是现金流出量，即在该投资项目上的原始投资，包括在长期资产上的投资和垫支的营运资金。如果该项目的筹建费较高，也可将初始阶段的现金流出量计入递延资产。在一般情况下，初始阶段中固定资产的原始投资通常在年内一次性投入（如购买设备），如果原始投资不是一次性投入（如工程建造），则应把投资归属于不同投入年份之中。投资期现金流量主要有：

①长期资产投资。长期资产投资包括在固定资产、无形资产、递延资产等长期资产上的购入、建造、运输、安装、试运行等方面所需的现金支出，如购置成本、运输费、安装费等。投资实施后因固定资产性能改进而发生的改良支出，属于固定资产的后期投资。

②营运资金垫支。营运资金垫支是指投资项目形成了生产能力，需要在流动资产上追加的投资。由于扩大了企业生产能力，原材料、在产品、产成品等流动资产规模也随之扩大，需要追加投入日常营运资金。同时，企业营业规模扩充后，应付账款等结算性流动负债也随之增加，自动补充了一部分日常营运资金的需要。因此，为该投资垫支的营运资金是追加的流动资产扩大量与结算性流动负债扩大量的净差额。为简化计算，垫支的营运资金在营业期的流入流出过程可忽略不计，只考虑投资期投入与终结期收回对现金流量的影响。

（2）营业期。营业阶段是投资项目的主要阶段，该阶段既有现金流入量，也有现金流出量。现金流入量主要是营运各年的营业收入，现金流出量主要是营运各年的付现营运成本。

另外，营业期内某一年发生的大修理支出，如果会计处理为在本年内一次性收益性支出，则直接作为该年付现成本；如果跨年摊销处理，则在本年作为投资性的现金流出量，在摊销年份以非付现成本形式处理。营业期内某一年发生的改良支出是一种投资，应作为该年的现金流出量，在以后年份通过折旧收回。

在正常营业阶段，由于营运各年的营业收入和付现营运成本数额比较稳定，如不考虑所得税因素，营业阶段各年现金流量一般为：

营业现金净流量（NCF）＝营业收入－付现成本
　　　　　　　　　　　＝营业利润＋非付现成本

式中，非付现成本主要是固定资产年折旧费用、长期资产摊销费用、资产减值损失等。其中，长期资产摊销费用主要有跨年的大修理摊销费用、改良工程折旧摊销费用、筹建费摊销费用等。

所得税是投资项目的现金支出，即现金流出量。考虑所得税对投资项目现金流量的影响，投资项目正常营运阶段所获得的营业现金流量，可按下列公式进行测算：

营业现金净流量（NCF）＝营业收入－付现成本－所得税

或

营业现金净流量（NCF）＝税后营业利润＋非付现成本

或

营业现金净流量（NCF）＝收入×（1－所得税税率）－付现成本×（1－所得税税率）＋非付现成本×所得税税率

（3）终结期。终结阶段的现金流量主要是现金流入量，包括固定资产变价净收入、固定资产变现净损益的影响和垫支营运资金的收回。

①固定资产变价净收入。投资项目终结阶段，原有固定资产将退出生产经营，企业对固定资产进行清理处置。固定资产变价净收入，是指固定资产出售或报废时的出售价款或残值收入扣除清理费用后的净额。

②固定资产变现净损益对现金净流量的影响。固定资产变现净损益对现金净流量的影响用公式表示如下：

固定资产变现净损益对现金净流量的影响 ＝（账面价值－变价净收入）×所得税税率

如果（账面价值－变价净收入）＞0，则意味着发生了变现净损失，可以抵税，减少现金流出，增加现金净流量。

如果（账面价值－变价净收入）＜0，则意味着实现了变现净收益，应该纳税，增加现金流出，减少现金净流量。

变现时固定资产账面价值指的是固定资产账面原值与变现时按照税法规定计提的累计折旧的差额。如果变现时，按照税法的规定，折旧已经全部计提，则变现时固定资产账面价值等于税法规定的净残值；如果变现时，按照税法的规定，折旧没有全部计提,则变现时固定资产账面价值等于税法规定的净残值与剩余的未计提折旧之和。

③垫支营运资金的收回。伴随着固定资产的出售或报废,投资项目的经济寿命结束,企业将与该项目相关的存货出售,应收账款收回,偿付应付账款。营运资金恢复到原有水平,项目开始时垫支的营运资金在项目结束时得到回收。

在实务中,对某一投资项目在不同时点上现金流量数额的测算,通常通过编制"投资项目现金流量表"进行。通过该表,能测算出投资项目相关现金流量的时间和数额,以便进一步进行投资项目可行性分析。

【情景3-1】惠达股份有限公司有一个项目需要3年建成,每年年初投入建设资金600 000元,共投入1 800 000元,建成投产之时,需投入营运资金900 000元,以满足日常经营活动需要。项目投产后,估计每年可获税后营业利润650 000元。固定资产使用年限为7年,使用后第5年预计进行一次改良,估计改良支出600 000元,分两年平均摊销。资产使用期满后,估计有残值净收入35 000元,采用使用年限法折旧。项目期满时,垫支营运资金全额收回。

固定资产折旧 =（1 800 000 - 35 000）÷ 7
　　　　　　 ≈ 252 143（元）

根据以上资料,编制"投资项目现金流量表",如表3-1所示。

表3-1　投资项目现金流量表

单位:元

年份 项目	第0年	第1年	第2年	第3年	第4年	第5年	第6年	第7年	第8年	第9年	第10年	总计
固定资产价值	-600 000	-600 000	-600 000									-1 800 000
固定资产折旧					252 143	252 143	252 143	252 143	252 143	252 143	252 143	1 765 000
改良支出									-600 000			-600 000
改良支出摊销										300 000	300 000	600 000
税后营业利润					650 000	650 000	650 000	650 000	650 000	650 000	650 000	4 550 000
残值净收入											35 000	35 000
营运资金				-900 000							900 000	0
总计	-600 000	-600 000	-600 000	-900 000	902 143	902 143	902 143	902 143	302 143	1 202 143	2 137 143	4 550 000

【情景3-2】惠达股份有限公司计划增添一条生产流水线,以扩充生产能力。现有A方案、B方案两个方案可供选择。A方案需要投资300 000元,B方案需要投资350 000元。两方案的预计使用寿命均为5年,折旧均采用直线法,A方案预计净残值为20 000元,B方案预计净残值为25 000元。A方案预计年销售收入为1 200 000元,第一年付现成本为550 000元,以后在此基础上每年增加维修费13 000元。B方案预计年销售收入为1 800 000元,年付现成本为1 200 000元。项目投入营运时,A方案需垫支营运资金250 000元,B方案需垫支营运资金280 000元。公司所得税税率为25%,现金流量计算表如表3-2、表3-3所示。

表3-2　营业期现金流量计算表

单位:元

年份 项目	第1年	第2年	第3年	第4年	第5年
A方案					
销售收入（1）	1 200 000	1 200 000	1 200 000	1 200 000	1 200 000
付现成本（2）	550 000	563 000	576 000	589 000	602 000
折旧（3）	56 000	56 000	56 000	56 000	56 000
营业利润（4）=（1）-（2）-（3）	594 000	581 000	568 000	555 000	542 000
所得税（5）=（4）×25%	148 500	145 250	142 000	138 750	135 500
税后营业利润（6）=（4）-（5）	445 500	435 750	426 000	416 250	406 500
营业现金净流量（7）=（3）+（6）	501 500	491 750	482 000	472 250	462 500

表 3-3　投资项目现金流量计算表

单位：元

年份项目	第 0 年	第 1 年	第 2 年	第 3 年	第 4 年	第 5 年
A 方案						
固定资产投资	−300 000					
营运资金垫支	−250 000					
营业现金流量		501 500	491 750	482 000	472 250	462 500
固定资产残值						20 000
营运资金收回						250 000
现金流量合计	−550 000	501 500	491 750	482 000	472 250	732 500
B 方案						
固定资产投资	−350 000					
营运资金垫支	−280 000					
营业现金流量		466 250	466 250	466 250	466 250	466 250
固定资产残值						25 000
营运资金收回						280 000
现金流量合计	−630 000	466 250	466 250	466 250	466 250	771 250

　　B 方案营业现金净流量 = 税后营业利润 + 非付现成本

　　　　　　　　　　　　 =（1 800 000−1 200 000−65 000）×（1−25%）+65 000

　　　　　　　　　　　　 =466 250（元）

或

　　B 方案营业现金净流量 = 收入 ×（1− 所得税税率）− 付现成本 ×（1− 所得税税率）+

　　　　　　　　　　　　　非付现成本 × 所得税税率

　　　　　　　　　　　　 =1 800 000×75%−1 200 000×75%+65 000×25%

　　　　　　　　　　　　 =466 250（元）

任务 3.2　投资决策的方法

3.2.1　贴现方法

1. 净现值法

（1）净现值的概念。净现值（NPV）指特定方案未来现金流入量现值与未来现金流出量现值之间的差额，也可以理解为各年净现金流量现值的代数和，其计算公式为

　　净现值（NPV）= Σ（第 t 年净现金流量 × 第 t 年的复利现值系数）

（2）净现值的特点。净现值指标的优点是综

合考虑了资金时间价值、项目计算期内全部净现金流量信息和投资风险；缺点在于无法从动态的角度直接反映投资项目的实际收益率水平，与静态投资回收期指标相比，其计算过程比较烦琐。

> **提示**
>
> 净现值是绝对指标。对独立投资方案进行评价时，只有净现值指标大于或等于零的投资项目才具有财务可行性。对互斥投资方案进行取舍时，净现值最大的方案应该是最优方案。

【情景3-3】沿用【情景3-2】的资料，假设折现率为8%，则：

A方案的净现值 =732 500×（P/F，8%，5）+472 250×（P/F，8%，4）+482 000×（P/F，8%，3）+491 750×（P/F，8%，2）+501 500×（P/F，8%，1）-550 000 ≈ 1 564 171（元）

由于A方案的净现值大于0，所以A方案可行。

B方案的净现值 =771 250×（P/F，8%，5）+466 250×（P/A，8%，4）-630 000 ≈ 1 439 179（元）

由于B方案的净现值大于0，所以B方案可行。

2. 现值指数法

现值指数是投资项目的未来现金净流量现值与原始投资额现值之比。计算公式为：

$$现值指数 = \frac{未来现金净流量现值}{原始投资额现值}$$

从现值指数的计算公式可见，现值指数计算结果有三种：大于1，等于1，小于1。若现值指数大于或等于1，方案可行，说明方案实施后的投资报酬率高于或等于必要报酬率；若现值指数小于1，方案不可行，说明方案实施后的投资报酬率低于必要报酬率。现值指数越大，方案越好。

【情景3-4】有两个独立方案，有关资料如表3-4所示。

表3-4　净现值计算表

项目	方案A	方案B
原始投资额现值	25 000	3 000
未来现金净流量现值	26 500	4 400
净现值	1 500	1 400

从净现值的绝对数来看，方案A大于方案B，似乎应采用方案A；但从投资额来看，方案A的原始投资额现值大大超过了方案B。所以，在这种情况下，如果仅用净现值来判断方案的优劣，就难以做出正确的比较和评价。

按现值指数法计算：

$$A方案的现值指数 = \frac{26\ 500}{25\ 000} = 1.06$$

$$B方案的现值指数 = \frac{4\ 400}{3\ 000} = 1.47$$

计算结果表明，方案B的现值指数大于方案A，应当选择方案B。

现值指数法也是净现值法的辅助方法，在各方案原始投资额现值相同时，实质上就是净现值法。由于现值指数是未来现金净流量现值与原始投资额现值之比，是一个相对指数指标，反映了投资效率，所以用现值指数指标来评价独立投资方案，可以克服净现值指标不便于对原始投资额现值不同的独立投资方案进行比较和评价的缺点，从而使对方案的分析评价更加合理、客观。

3. 净现值率法

（1）净现值率的概念。净现值率（NPVR），指投资项目未来现金流入现值与现金流出现值的比率，其计算公式为：

$$净现值率（NPVR）= \frac{项目的净现值}{原始投资的现值合计}$$

（2）净现值率的特点。净现值率的优点是可以从动态角度反映项目投资的资金投入与净产出之间的关系，计算过程比较简单；缺点是无法直接反映投资项目的实际收益率。

> **提示**
>
> 净现值率是相对指标；对独立投资方案进行评价时，只有该指标大于或等于1的投资项目才具有财务可行性；对互斥投资方案进行取舍时，净现值率高的方案才是最优方案。

【情景3-5】沿用【情景3-2】中数据，计算各方案的净现值率（计算结果保留两位小数）。

A方案的净现值率 = 1 564 171 ÷ 550 000
≈ 2.84

B方案的净现值率 = 1 439 179 ÷ 630 000
≈ 2.28

4. 内含报酬率法

内含报酬率又称内部收益率，记作IRR，是指能够使未来现金流入量现值等于未来现金流出量现值的贴现率，或者说是使投资方案净现值为零的贴现率。由于内含报酬率是根据项目投资方案的现金流量计算的，所以它就是方案本身的真实投资报酬率。内含报酬率满足下列等式：

净现值 = 项目期内各年净现金流量的现值之和 = 0

$$NPV = \sum_{t=0}^{n} NCF_t \times (P/F, IRR, t) = 0$$

内含报酬率的计算存在以下两种情况：

（1）经营期内各年净现金流量相等。当建设期为零，且全部投资均在建设起点一次投入时，经营期内各年现金净流量相等。

$NPV = NCF_{1 \sim n} \times (P/A, IRR, t) - I_P = 0$

具体计算过程如下：

①计算年金现值系数 $(P/A, IRR, n)$。

$$(P/A, IRR, t) = \frac{I_P}{NCF_{1 \sim n}}$$

式中，$NCF_{1 \sim n}$ 为投产后 $1 \sim n$ 年每年相等的净现金流量；I_P 为在建设起点一次投入的原始投资；$(P/A, IRR, t)$ 为以IRR为设定折现率，n 期的年金现值系数。

②根据计算出的年金现值系数与已知的年限T，查附表4"年金现值系数表"。

③若在第n年系数表上恰好能找到等于上述年金现值系数$(P/A, m, t)$，则该系数所对应的折现率r，即为所求的内部报酬率IRR。

④若在系数表上找不到事先计算出的年金现值系数值$(P/A, r_m, T)$，则可利用系数表上同期略大于及略小于该数值的两个临界值C_m和C_{m+1}，及相对应的两个折现率r_m和r_{m+1}，应用插值法计算近似的内含报酬率。IRR的计算公式如下：

$$IRR = r_m + \frac{C_m - C}{C_m - C_{m+1}} \times (r_{m+1} - r_m)$$

【情景3-6】惠达股份有限公司拟购入一台新型设备，购价为1 500 000元，使用年限8年，无残值。该方案的最低投资报酬率要求为12%（以此作为贴现率）。使用新设备后，估计每年产生现金净流量300 000元。要求：用内含报酬率指标评价该方案是否可行？

令：

300 000 × 年金现值系数 − 1 500 000 = 0

得：年金现值系数 = 5

现已知方案的使用年限为8年，查附表4"年金现值系数表"，可查得：时期8，系数5所对应的贴现率在10%～12%。采用插值法求得，该方案的报酬率为11.82%，低于最低投资报酬率12%，方案不可行。

（2）经营期内各年净现金流量不相等。

若项目的净现金流量不属于上述特殊情况，则应按照内含报酬率的定义采用逐步测试法计算能使净现值等于零的贴现率，即内含报酬率。其计算步骤如下：

①先行设定一个折现率，用它来计算净现值。如果净现值为正数，说明方案真实投资收益率大于估计的贴现率，应提高贴现率再进一步测试；如果净现值为负数，说明方案本身的投资报酬率小于估计的贴现率，应降低贴现率再进行测算。

②如此反复测试，已无法继续利用有关资金时间价值系数表，仍未求得内含报酬率IRR，则可利用最为接近零的两个净现值正负临界值NPV_m和NPV_{m+1}，及相应的折现率r_m和r_{m+1}，应用插值法计算近似的内含报酬率。

$$IRR = r_m + \frac{NPV_m - 0}{NPV_m - NPV_{m+1}} \times (r_{m+1} - r_m)$$

内含报酬率是一个动态相对量正指标，它既考虑了资金时间价值，又能从动态的角度直接反映投资项目的实际报酬率，且不受贴现率高低的影响，比较客观。但它的计算过程比较复杂。

【情景3-7】惠达股份有限公司有一投资方案，需一次性投资120 000元，使用年限为4年，每年现金净流量分别为：32 000元、42 000元、50 000

元、35 000元。要求：计算该投资方案的内含报酬率，并据以评价该方案是否可行。

由于该方案每年的现金净流量不相同，需逐次测试计算该方案的内含报酬率。测算过程如表3-5所示。

表3-5 净现值的逐次测算

单位：元

年份	每年现金净流量	第一次测算	10%	第二次测算	12%	第三次测算	14%
1	32 000	0.9091	29 091.20	0.8929	28 572.80	0.8772	28 070.40
2	42 000	0.8264	34 708.80	0.7972	33 482.40	0.7695	32 319
3	50 000	0.7513	37 565	0.7118	35 590	0.675	33 750
4	35 000	0.683	23 905	0.6355	22 242.50	0.5921	20 723.50
未来现金净流量现值合计			125 270		119 887.70		114 862.90
减：原始投资额现值			120 000		120 000		120 000
净现值			5 270		-112.30		-5 137.10

第一次测算，采用折现率10%，净现值为正数，说明方案的内含报酬率高于10%。第二次测算，采用折现率12%，净现值为负数，说明方案的内含报酬率低于12%。第三次测算，采用折现率14%，净现值仍为负数。因而可以估算，方案的内含报酬率在10%～12%，进一步运用插值法计算，得出方案的内含报酬率为11.96%。

3.2.2 非贴现方法

1. 投资利润率法

投资利润率又称投资报酬率，是投资项目寿命周期内平均的年投资报酬率。投资报酬率法是用项目投资方案的平均现金流量与初始投资额的比值评价方案优劣的方法。该比值越大，说明项目投资方案越好。最常见的投资报酬率的计算公式如下：

$$投资报酬率 = \frac{年息税前利润或年平均息税前利润}{项目总投资} \times 100\%$$

【情景3-8】惠达股份有限公司有甲、乙两个投资方案，投资总额均为110 000元，两方案各年息税前利润资料如表3-6所示。

表3-6 项目各年息税前利润表

单位：元

项目计算期	甲方案息税前利润	乙方案息税前利润
0		
1	22 000	18 000
2	22 000	20 000

续表

项目计算期	甲方案息税前利润	乙方案息税前利润
3	22 000	20 000
4	22 000	22 000
5	22 000	30 000
合计	110 000	110 000

甲方案投资收益 = 22 000 ÷ 110 000 × 100% = 20%

乙方案投资收益 = 110 000 ÷ 5 ÷ 110 000 × 100% = 20%

2. 投资回收期法

（1）投资回收期法的概念。投资回收期是指收回初始投资额所需要的时间。投资回收期法是一种传统的、广泛应用于评价项目投资方案可行性的方法。它是通过计算投资的回收期，比较各项目投资方法收回投资成本的时间来判断方案的优劣，以确定最优投资项目的一种方法。

投资回收期的计算因每年的现金净流量是否

相等而不同。

(2) 静态回收期。

①如果每年现金净流量相等,则投资回收期的计算公式如下:

$$静态回收期 = \frac{原始投资额}{每年现金净流量}$$

【情景3-9】惠达股份有限公司准备从甲机床、乙机床两种机床中选购一种。甲机床采购价为45 000元,投入使用后,每年现金流量为8 000元;乙机床采购价为42 000元,投入使用后,每年现金流量为8 000元。要求:用回收期指标决策该厂应选购哪种机床?

甲机床回收期=45 000÷8 000≈5.63(年)
乙机床回收期=42 000÷8 000=5.25(年)

计算结果表明,乙机床的回收期比甲机床短,该工厂应选择乙机床。

②如果每年的净现金流量不相等,计算回收期时要根据每年年末回收的投资额计算确定。计算方法是:逐年累计每年的现金净流量,直到累计的现金净流量达到全部原始投资额的那一年为止,不足一年的按比例计算。

【情景3-10】惠达股份有限公司有一投资项目,需投资160 000元,使用年限为5年,每年的现金流量不相等,资本成本率为5%,有关资料如表3-7所示。要求:计算该投资项目的回收期。

表3-7 项目现金流量表

单位:元

年份	现金净流量	累计净流量	净流量现值	累计现值
1	32 000	32 000	30 477	30 477
2	38 000	70 000	34 466	64 943
3	62 000	132 000	53 556	118 499
4	55 000	187 000	45 249	163 748
5	42 000	229 000	32 907	196 655

从表3-7中的累计现金净流量栏中可见,该投资项目的回收期在第3年与第4年之间。为了得到较为准确的回收期,采用以下方法计算:

$$项目回收期 = 3 + \frac{160\,000 - 132\,000}{55\,000}$$
$$\approx 3.51(年)$$

(3) 动态回收期。动态回收期需要将投资引起的未来现金净流量进行贴现,未来现金净流量的现值等于原始投资额现值所经历的时间即动态回收期。

①未来每年现金净流量相等时。

在这种年金形势下,假定动态回收期为n年,则

$$(P/A, i, n) = \frac{原始投资额现值}{每年现金净流量}$$

计算出年金现值系数后,通过查附表4"年金现值系数表",利用插值法,即可推算出动态回收期n。

【情景3-11】沿用【情景3-9】,假定资本成本率为10%,查表得知当i=10%时,第8年年末年金现值系数为5.3349,第9年年末年金现值系数为5.7590。由于甲机床的年金现值系数为5.63,乙机床的年金现值系数为5.25,相应的回收期运用插值法计算,得出甲机床的动态回收期n=8.7年,乙机床的动态回收期n=7.82年。

②未来每年现金净流量不相等时。

在这种情况下,应该把每年的现金净流量逐一贴现并汇总,根据累计现金净流量来确定回收期。

【情景3-12】沿用【情景3-10】,惠达股份有限公司投资项目的动态回收期为:

$$项目回收期 = 3 + \frac{160\,000 - 118\,499}{45\,249}$$
$$\approx 3.92(年)$$

回收期法的优点是计算简便,易于理解。这种方法适宜用回收期的长短来衡量方案的优劣,收回投资所需的时间越短,所冒的风险越小。可见,回收期法是一种较为保守的方法。回收期法中静态回收期的不足之处是没有考虑货币的时间价值。

运用回收期法进行分析时,回收期短,则方案可行;若大于期望回收期,则应放弃该方案;若同时有几个可供选择的方案,应选择回收期最短的方案。

③投资回收期法评价。项目投资回收期的评价方法简单明了,易于理解和掌握。它的主要缺点是没有考虑"资金的时间价值",而是把若干年

后的1元钱与当前的1元钱画上等号。同时，在进行具体计算时，只考虑了营业净现金流量中小于和等于原投资额部分的价值，而忽略了营业净现金流量中大于原投资额部分的价值。因此，难以准确地说明问题，有较大的局限性。

任务 3.3　项目投资

3.3.1　独立投资方案

独立投资方案，是指两个或两个以上项目互不依赖，可以同时存在，各方案的决策也是独立的。独立投资方案的决策属于筛分决策，评价各方案本身是否可行，即方案本身是否达到某种要求的可行性标准。对独立投资方案进行比较时，决策要解决的问题是如何确定各种可行方案的投资顺序，即各独立方案之间的优先次序。排序分析时，以各独立方案的获利程度作为评价标准，一般采用内含报酬率法进行比较决策。

【情景 3-13】惠达股份有限公司通过融资取得资金 5 000 000 元，为扩大生产，经最后论证制定出以下方案，有关资料如表 3-8 所示。问：如何安排投资顺序？

表 3-8　独立投资方案的可行性指标

单位：元

项目	投资金额	净现值	净现值率/%
A 方案	2 000 000	600 000	30
B 方案	1 000 000	380 000	38
C 方案	3 000 000	750 000	25
D 方案	5 000 000	1 000 000	20
E 方案	2 400 000	500 000	21
F 方案	400 000	−150 000	−38

根据上述资料可以看出 F 方案的净现值率是负数，企业应当放弃 F 方案。其余 5 个方案净现值率均为正数，说明在企业资金充裕的情况下，这几个方案都可以进行投资。

（1）将可投资方案按净现值率（收益率）排序为 B＞A＞C＞E＞D，因此企业在只选用一种投资方案的情况下应优先选择 B 方案进行投资。

（2）按照组合方案进行投资，组合方案比较指标如表 3-9 所示。

表 3-9　组合投资方案的可行性指标

单位：元

项目	投资金额	净现值
A 方案 +C 方案	5 000 000	1 350 000
C 方案 +E 方案	5 400 000	1 250 000
D 方案	5 000 000	1 000 000

根据表 3-9 中数据可以看出，A 方案 +C 方案 ＞ C 方案 +E 方案 ＞ D 方案。因此，企业在选择多种方案进行投资的情况下应当选择 A 方案 +C 方案。

3.3.2 互斥投资方案

互斥投资方案，方案之间互相排斥，不能并存，因此决策的实质在于选择最优方案，属于选择决策。选择决策要解决的问题是应该淘汰哪个方案，即选择最优方案。从选定经济效益最大的要求出发，互斥投资决策以方案的获利数额作为评价标准。因此，一般采用净现值法和净现值率法、内含报酬率进行选优决策。由于净现值指标受投资项目寿命期的影响，因而净现值率法和内含报酬率是互斥方案最恰当的决策方法。

（1）项目的寿命期相等。

①寿命期相等，投资额相同。

【情景3-14】惠达股份有限公司现有A、B两个投资项目可供选择。其中，A项目投资额220 000元，期限4年；B项目原始投资额220 000元，期限4年；投资报酬率为10%。A项目的现金流量为80 000元，B项目的现金流量为75 000元，如表3-10所示。请问该企业如何安排投资？

表3-10　投资方案的可行性指标

单位：元

项目	A项目	B项目
原始投资额	220 000	220 000
期限	4	4
每年NCF	80 000	75 000
净现值	33 592	17 743

A项目净现值 =-220 000+80 000×（P/A，10%，4）=33 592（元）

B项目净现值 =-220 000+75 000×（P/A，10%，4）=17 743（元）

由于两个项目的寿命期及投资额都相同，而A项目的净现值（33 592元）大于B项目的净现值（17 743元），所以该企业选择A项目进行投资较好。

②寿命期相等，投资额不相同。

【情景3-15】惠达股份有限公司现有C、D两个投资项目可供选择。其中，C项目投资额200 000元，期限5年；D项目原始投资额220 000元，期限5年；投资报酬率为8%。A项目的现金流量为60 000元，B项目的现金流量为75 000元，如表3-11所示。请问该企业如何安排投资？

表3-11　投资方案的可行性指标

单位：元

项目	C项目	D项目
原始投资额	200 000	220 000
期限	5	5
每年NCF	60 000	75 000
净现值	39 562	79 453
净现值率	0.20	0.36
内含报酬率	15.28%	20.99%

C项目净现值 =-200 000+60 000×（P/A，10%，5）=39 562（元）

D项目净现值 =-220 000+75 000×（P/A，10%，5）=79 453（元）

C项目净现值率 =39 562÷200 000≈19.78%

D项目净现值率 =79 453÷220 000≈36.11%

C项目内含报酬率 =60 000×（P/A，IRR，5）-200 000=0

（P/A，IRR，5）=3.33

IRR≈15.28%

D项目内含报酬率 =75 000×（P/A，IRR，5）-220 000=0

IRR≈20.99%

由于两个项目的使用寿命相同，投资额不同，运用净现值法是绝对数指标，不能判断两个方案的优劣，要用净现值率或内含报酬率等相对数指标进行判断。

由表3-11中数据可知，D项目的净现值率和内含报酬率都大于C项目，所以该企业投资D项目较优。

（2）项目的寿命期不相等。在比较两个寿命期不等的互斥投资项目时，需要将两个项目转化成同样的投资期限，才具有可比性。因为按照持续经营假设，寿命期短的项目，收回的投资将重新进行投资。针对各项目寿命期不等的情况，可以找出各项目寿命期的最小公倍期数，作为共同的有效寿命期。

【情景3-16】现有甲、乙两个机床购置方案，所要求的最低投资报酬率为8%，甲机床投资额

28 000元，可用3年，无残值，每年产生12 000元现金净流量。乙机床投资额38 000元，可用2年，无残值，每年产生22 000元现金净流量。问：两方案何者为优？

将两方案的期限调整为最小公倍年数6年，即甲机床6年内周转2次，乙机床6年内周转3次。

调整前的净现值：

甲 方 案 =-28 000+12 000×（P/A，8%，3）= 2 925.2（元）

乙 方 案 =-38 000+22 000×（P/A，8%，2）= 1 232.6（元）

调整之前甲方案的净现值低于乙方案，按最小公倍年数测算，甲方案经历了2次投资循环，乙方案经历了3次投资循环（见图3-1、图3-2）。调整后的净现值如下：

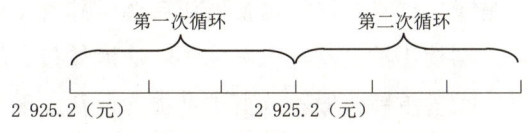

图3-1 甲方案两次投资循环示意图

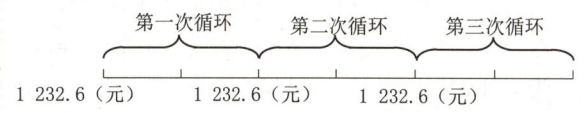

图3-2 乙方案三次投资循环示意图

甲方案调整后的净现值 =2 925.2+2 925.2×（P/F，8%，3）≈ 5 247.22（元）

乙方案调整后的净现值 =1 232.6+1 232.6×（P/F，8%，2）+1 232.6×（P/F，8%，4）≈ 3 195.27（元）

由于甲方案调整后的净现值大于乙方案的净现值，所以应该选择甲方案购置机床。

3.3.3 固定资产更新改造

固定资产反映了企业的生产经营能力，固定资产更新决策是项目投资决策的重要组成部分。从决策性质上看，固定资产更新决策属于互斥投资方案的决策类型。因此，固定资产更新决策所采用的决策方法是净现值法和年金净流量法，一般不采用内含报酬率法。

1. 寿命期相同的设备重置决策

一般来说，用新设备替换旧设备后，如果不改变企业的生产能力，就不会增加企业的营业收入，即使有少量的残值变价收入，也不是实质性收入增加。因此，大部分以旧换新进行的设备重置都属于替换重置。在替换重置方案中发生的现金流量主要是现金流出量。如果购入的新设备性能提高，扩大了企业的生产能力，这种设备重置属于扩建重置。

【情景3-17】惠达股份有限公司现有一台旧机床，是3年前购进的，目前准备用一台新机床替换。该公司所得税率为25%，资本成本率为10%，其余资料如表3-12所示。

表3-12 新旧设备资料

单位：元

项目	旧设备	新设备
原价	85 000	75 000
税法残值	4 500	6 000
税法使用年限/年	8	6
已使用年限/年	3	0
尚可使用年限/年	6	6
垫支营运资金	10 000	11 000
大修理支出	18 000（第2年年末）	8 500（第4年年末）
每年折旧费（直线法）	10 063	11 500
每年营运成本	12 000	8 200
目前变现价值	40 000	75 000
最终报废残值	6 000	6 500

本例中，两机床的使用年限均为6年，可采用净现值法决策。将两个方案的有关现金流量资料整理后，列出分析表，如表3-13、表3-14所示。

表 3-13、表 3-14 的结果说明：在两方案营业收入一致的情况下，新设备现金流出总现值为 -94 799.9 元，旧设备现金流出总现值为 -85 682.84 元。因此，继续使用旧设备比较经济。本例中有几个特殊问题应注意：

（1）两机床使用年限相等，均为 6 年。如果年限不等，就不能用净现值法决策。另外，新机床购入后，并未扩大企业营业收入。

表 3-13　旧设备现金流出总现值

单位：元

项目	现金流量	年份	现值系数	现值
1. 每年营运成本	-9 000	1-6	4.355	-39 195
2. 每年折旧抵税	-2 516	1-5	3.791	9 538.16
3. 大修理费	-13 500	2	0.826	-11 151
4. 残值变价收入	6 000	6	0.565	3 390
5. 残值净收益纳税	-375	6	0.565	-212
6. 营运资金收回	10 000	6	0.565	5 650
7. 目前变价收入	-40 000	0	1	-40 000
8. 变现净损失减税	-3 703	0	1	-3 703
9. 垫支营运资金	-10 000			-10 000
净现值	—	—	—	-85 682.84

每年营运成本：12 000×（1-25%）=9 000（元）
每年折旧抵税：10 063×25%≈2 516（元）
大修理费：18 000×（1-25%）=13 500（元）
残值净收益纳税：（6 000-4 500）×25%=375（元）
变现净损失减税：[40 000-（85 000-100 623）×3]×25%≈-3 703（元）

表 3-14　新设备现金流出总现值

单位：元

项目	现金流量	年份	现值系数	现值
1. 设备投资	-75 000	0	1	-75 000
2. 垫支营运资金	-11 000	0	1	-11 000
3. 每年营运成本	-6 150	1~6	4.355	-26 783
4. 每年折旧抵税	2 875	1~6	4.355	12 521
5. 大修理费	-6 375	4	0.583	-4 354.1
6. 残值变价收入	6 500	6	0.565	3 673
7. 残值净收益纳税	-125	6	0.565	-71
8. 营运资金收回	11 000	6	0.565	6 215
净现值	—	—	—	-94 799.9

每年营运成本：8 200×（1-25%）=6 150（元）
每年折旧抵税：11 500×25%=2 875（元）
大修理费：8 500×（1-25%）=6 375（元）
残值净收益纳税：（6 500-6 000）×25%=125（元）

（2）垫支营运资金时，尽管是现金流出，但不是本期成本费用，不存在纳税调整问题。营运资金收回时，按存货等资产账面价值出售，无出售净收益，也不存在纳税调整问题。如果营运资金收回时，存货等资产变价收入与账面价值不一致，则需要进行纳税调整。

2. 寿命期不同的设备重置决策

寿命期不同的设备重置方案，用净现值指标可能无法得出正确决策结果，应当采用年金净流量法决策。寿命期不同的设备重置方案，在决策时有如下特点：

第一，扩建重置的设备更新后会引起营业现金流入与流出的变动，应考虑年金净流量最大的方案。设备更新一般不改变生产能力，营业现金流入不会增加，只需比较各方案的年金流出量即可，年金流出量最小的方案最优。

第二，如果不考虑各方案的营业现金流入量变动，只比较各方案的现金流出量，我们把按年金净流量原理计算的等额年金流出量称为年金成本。替换重置方案的决策标准，是要求年金成本最低。扩建重置方案所增加或减少的营业现金流入也可以作为现金流出量的抵减，并据此比较各方案的年金成本。

【情景 3-18】惠达股份有限公司现有旧设备一台，由于节能减排的需要，准备予以更新。当期贴现率为 15%，假定企业所得税税率为 25%，则应考虑所得税对现金流量的影响，其他有关资料如表 3-15 所示。

表 3-15　惠达股份有限公司新旧设备资料

单位：元

项目	旧设备	新设备
原价	35 000	36 000
预计使用年限	10 年	10 年
已经使用年限	4 年	0 年
税法残值	5 500	4 500

续表

项目	旧设备	新设备
最终报废残值	3 200	4 300
目前变现价值	10 000	35 000
每年折旧费（直线法）	2 950	3 150
每年营运成本	10 000	8 000

（1）新设备。每年折旧费为3 150元，每年营运成本为8 000元，因此：

每年折旧抵税 =3 150×25%=787.5（元）

每年税后营运成本 = 8 000×（1-25%）
= 6 000（元）

新设备的原价为36 000元，报废时残值收入为4 300元，报废时账面残值为4 500元，因此：

税后残值收入 =4 300-（4 300-4 500）×25%
=4 350（元）

每年税后投资净额 =（36 000-4 350）/（P/A, 15%, 10）+4 350×15%=6 959（元）

综上，得

新设备年金成本 =6 959+6 000-787.5
=12 171.5（元）

（2）旧设备。每年折旧费为2 950元，每年营运成本为10 000元，因此：

每年折旧抵税 =2 950×25%=737.5（元）

每年税后营运资本 =10 000×（1-25%）
=7 500（元）

旧设备目前变现价值为10 000元，目前账面净值为23 200元（35 000-2 950×4），资产报废损失为13 200元，可抵税3 300元（13 200×25%）。同样，旧设备最终报废时残值收入为3 200元，税法残值5 500元，报废损失2 300元，可抵税575元（2 300×25%）。因此：

旧设备投资额 =10 000+（23 200-10 000）×25%=13 300（元）

旧设备税后残值收入 =3 200+（5 500-3 200）×25%=3 775（元）

每年税后投资净额 =（13 300-3 775）/（P/A, 15%, 6）+3 775×15%≈3 083（元）

综上，得

旧设备年金成本 =3 083+7 500-737.5=9 845.5（元）

上述计算结果表明，继续使用旧设备的年金成本为9 845.5元，低于购买新设备的年金成本12 171.5元，应采用继续使用旧设备方案。

任务3.4 对外投资

3.4.1 债券投资

债券投资是企业通过购入债券成为债券发行单位的债权人，并获取债券利息的投资行为。企业债券投资按照债券投资的时间长短分为短期债券投资和长期债券投资两类。企业进行短期债券投资的目的主要是满足企业对资金的需求，调节现金余额，使现金余额达到合理水平。企业进行长期债券投资的目的主要是获得稳定的收益。

1. 债券要素

债券是依照法定程序发行的约定在一定期限内还本付息的有价证券。债券应具备如下基本要素：

（1）债券面值。债券面值是指设定的票面金额，它代表发行人借入并且承诺于未来某一特定日期偿付给债券持有人的金额。债券的票面金额是债券到期时偿还债务的金额，固定不变，到期必须足额偿还。

（2）债券价格。债券价格是指债券发行时的价格。由于发行者的种种考虑或资金市场上供求关系和利息率的变化，债券的市场价格时常脱离它的面值。发行者计息还本，是以债券的面值为依据的，而不是以其价格为依据的。

（3）债券票面利率。债券票面利率指债券发行者预计一年内向投资者支付的利息占票面金额的比率。票面利率不同于实际利率。实际利率通常是指按复利计算的一年期的利率。实际利率往往不等于票面利率。

（4）还本期限与方式。债券还本期限是指从债券发行到归还本金之间的时间。债券还本期限长短不一，应在债券票面上注明。债券发行者必须在债券到期日偿还本金。

> **提示**
>
> 债券还本期限的长短，主要取决于发行者对资金需求的时限、未来市场利率的变化趋势和证券交易市场的发达程度等因素。

债券还本方式包括一次还本和分期还本等，债券票面上应注明还本方式。

2. 债券价值评估

一般情况下，只有当债券价值高于或等于债券购买价格时，才值得投资。因此，要准确对债券的价值进行估算，即债券的估价。

（1）债券价值的概念。债券价值是指债券未来现金流入按投资者要求的必要投资收益率进行贴现的现值。它实际上表达了投资者为取得未来的现金流入目前所愿意投资的资金。

债券价值不同于债券市场价格，债券市场价格是债券市场上形成的债券交易价格。在债券投资中，现金流出是购买债券价格，现金流入是按期收到的利息和到期收回的本金或转让出售时收到的现金。如果债券价值大于或等于债券市场价格，就表明投资该债券是可行的，达到了投资者所要求的投资收益率，否则是不可行的。债券价值的计算公式因债券的计息方法不同而不同。

（2）债券价值的计算。要确定债券的投资价值，首先要计算出债券未来现金流入量的现值，只有当债券未来现金流入量的现值等于债券投资的现金流出量的现值，并达到预期的报酬率时，才值得投资。债券未来现金流入量的现值称作债券价值或债券投资价值。

债券的付息方式不同，债券价值的计算方法也不同。

①分期付息的债券估价模型。一般情况下的债券估价模型是按复利方式计算的，按年付息的债券价格的估价计算公式为

$$V_b = \sum_{t=1}^{n} \frac{I_t}{(1+R)^t} + \frac{M}{(1+R)^n}$$

式中，V_b——债券价值；

I_t——债券各期的利息；

M——债券的面值；

R——债券价值评估所采用的贴现率即所期望的最低投资报酬率。

【情景3-19】某债券面值2 000元，期限15年，每年支付一次利息，到期归还本金，以市场利率作为评估债券价值的贴现率，目前的市场利率为10%，如果票面利率分别为10%、12%和14%则有

V_b=200×（P/A，10%，15）+2 000×（P/F，10%，15）=200×7.606 1+2 000×0.239 4=2 000.02（元）

V_b=240×（P/A，10%，15）+2 000×（P/F，10%，15）=240×7.606 1+2 000×0.239 4≈2 304.26（元）

V_b=280×（P/A，10%，15）+2 000×（P/F，10%，15）=280×7.606 1+2 000×0.239 4≈2 608.51（元）

②一次还本付息且不计复利的债券估价模式。一次还本付息且不计复利的债券，其估价公式为

$$V_b = \frac{F \times (1+i \times n)}{(1+K)^n}$$
$$= F \times (1+i \times n) \times (P/F, K, n)$$

【情景3-20】惠达股份有限公司拟于2021年5月1日发行面值为3 000元，票面利率为8%，5年期的债券，到期一次还本付息，同等风险投资的报酬率为8%，债券利息按单利计算，则债券价值是多少？

债券价值=（3 000+3 000×8%×5）×（P/F，8%，5）

=4 200×0.680 6

=2 858.52（元）

3. 债券投资的收益率

（1）债券收益和收益率。债券的投资收益包括债券的利息收入和资本利得。

一般情况下，债券的利息收入在债券发行时就已确定，不会改变，投资者在购买债券时就可得知。资本利得是指债券买入价与卖出价或偿还额之间的差额，由于债券买卖价格受市场利率和供求关系等因素影响，资本利得难以在投资前做准确预测。

债券收益率是债券投资在一定时期内所得收益占投入本金的比率，是衡量债券收益水平的重要尺度。

债券收益率一般以年为计算单位。决定债券收益率的主要因素有债券的票面利率、期限、面值、持有时间、购买价格和出售价格。这些因素中只要有一个因素发生了变化，债券收益率就会随之发生变化。

> **提示**
> 债券的可赎回条款、税收待遇、流动性及违约风险等因素也会不同程度地影响债券的收益率。

（2）债券收益率的计算。债券收益率有票面收益率、最终实际收益率、持有期收益率和到期收益率等多种，这些收益率分别反映投资者在不同买卖价格和持有年限下的不同收益水平。

①票面收益率。票面收益率又称名义收益率或息票率，是印制在债券票面上的固定利率，通常是年利息收入与债券面额的比率。投资者如果将按面额发行的债券持有至期满，则所获得的投资收益率与票面收益率是一致的。

②最终实际收益率。它是指债券发行认购日起至最终到期偿还日止，投资者获得的实际收益率。其计算公式为：

最终实际收益率=（到期收回本利和－认购价）÷偿还年限÷认购价×100%=[年利息+（面值－认购价）]÷偿还年限÷认购价×100%

【情景3-21】一张面值为200元的债券，票面利率为10%，期限为3年，发行价为180元，求该债券的实际收益率。

实际收益率=[200×10%×3+（200-180）]÷3÷180×100%≈14.81%

③持有期收益率。持有期收益率指买入债券后持有一段时间，又在债券到期前将其出售而得到的年均收益率。它包括持有债券期间的利息收入和资本损益。

我国发行的债券多为到期一次还本付息债券，在中途出售的卖价中包含了持有期的利息收益，所以实际使用的计算公式为

持有期收益率=（卖出价－购入价）÷持有年数÷购入价×100%

【情景3-22】惠达股份有限公司于2021年4月1日以10 000元购入面额为10 000元新发行债券，票面利率为10%，两年后一次还本付息。如果惠达股份有限公司在2021年7月1日以11 000元价格出售，求惠达股份有限公司企业债券持有期收益率为多少？

持有期收益率=（11 000-10 000）÷1.25÷10 000×100%=8%

④到期收益率。债券的到期收益率是指按当前市场价格购买债券并持有至到期日或转让日所产生的预期报酬率，即债券投资的内部收益率。

一般的债券都按面值偿还本金，所以随着到期日的临近，债券的市场价格会越来越接近面值，即：

到期收益率=（到期收入本利和－购入价）÷残存年数÷购入价×100%

【情景3-23】沿用【情景3-22】，惠达股份有限公司购入债券，并持有至还本付息为止，残存期为9个月，即0.75年，求惠达股份有限公司到期收益率为多少？

到期收益率=（10 000+10 000×10%×2-10 000）÷0.75÷10 000×100%≈26.67%

（3）债券投资的特点。

①投资风险比较小。相对于股票投资，债券投资风险比较小。其中，政府债券因有政府财力作后盾，通常被视为无风险债券。企业债券的持

有者拥有优先索偿权,其本金损失的可能性也相对较小。

②投资收益较稳定。相对于股票投资,债券利息不受发行单位经营状况的影响,债券票面一般都标有固定利息率,债券的发行人有按时付息的法定义务。因此,债券投资者通常能获得较为稳定的利息收入。

③市场流动性强。在企业资金短缺情况下,随时可以把企业持有的债券在金融市场快速出售,获得资金。特别是政府及大企业发行的债券,具有很强的流动性。

但是,债券投资的购买力风险较大。由于债券面值和利息固定,在通货膨胀时期,债券本金和利息的购买力会不同程度地受到侵蚀,投资者实际获得的收益低于名义上的收益,有时甚至遭受实际的损失,债券投资没有经营管理权。

> **提示**
>
> 债券的投资者作为债权人只能获得投资的收益,不能参与发行企业的经营管理。

3.4.2 股票投资

1. 股票价值评估

投资于股票预期获得的未来现金流量的现值,即为股票的价值或内在价值、理论价格。股票是一种权利凭证,之所以有价值,是因为它能给持有者带来未来的收益,这种未来的收益包括各期获得的股利、转让股票获得的价差收益、股份公司的清算收益等。价格低于内在价值的股票,是值得投资者投资购买的。股份公司的净利润是决定股票价值的基础。股票给持有者带来的未来收益一般是以股利形式出现的,因此可以通过股利计算确定股票价值。

(1) 股票的基本模型。该模型是根据投资者所获得的未来现金流入现值之和来计算股票价值的。这些股利的现值就是股票价值。

从理论上说,如果股东不中途转让股票,则股票投资没有到期日,投资于股票所得到的未来现金流量是各期的股利。假定某股票未来各期股利为 D_n,R_S 为估价所采用的贴现率,即所期望的最低收益率,则股票价值的估价模型为:

$$V_S = \frac{D_1}{(1+R_S)^1} + \frac{D_2}{(1+R_S)^2} + \cdots + \frac{D_n}{(1+R_S)^n} + \cdots$$

$$= \sum_{t=1}^{\infty} \frac{D_t}{(1+R_S)^t}$$

> **提示**
>
> 该模型假设投资者永远持有某股票,其获得的是一个永续的股利现金流入。

优先股是特殊的股票,优先股股东每期在固定的时点上收到相等的股利,优先股没有到期日,未来的现金流量是一种永续年金,其价值计算公式为:

$$V_S = \frac{D}{R_S}$$

(2) 常用的股票估价模式。与债券不同的是,持有期限、股利、贴现率是影响股票价值的重要因素。如果投资者准备永久持有股票,未来的贴现率也是固定不变的,那么未来各期不断变化的股利就成为评价股票价值的难题。为此,我们不得不假定未来的股利按一定的规律变化,从而形成几种常用的股票估价模式。

①固定增长模式。一般情况下,公司并没有把每年的盈余全部作为股利分配出去,留存的收益扩大了公司的资本额,不断增长的资本会创造更多的盈余,又进一步引起下期股利的增长。如果公司本期的股利为 D_0,未来各期的股利按上期股利以 g 速度呈几何级数增长,根据股票估价基

本模型，股票价值 V_S 为

$$V_S = \sum_{t=1}^{\infty} \frac{D_0 \times (1+g)^t}{(1+R_S)^t}$$

因为 g 是一个固定的常数，所以当 R_s 大于 g 时，上式可以化简为

$$V_S = \frac{D_1}{R_S - g}$$

【情景 3-24】 假定某投资者准备购买惠达股份有限公司的股票，并且准备长期持有，要求达到 15% 的收益率，该公司今年每股股利 1.1 元，预计未来股利会以 8% 的速度增长，则 A 股票的价值为：

$V_S = 1.1 \times (1+8\%) \div (15\% - 8\%) \approx 16.97$（元）

如果 A 股票目前的购买价格低于 16.97 元，则该公司的股票是值得购买的。

②零增长模型。如果公司未来各期发放的股利都相等，并且投资者永久持有，那么这种股票与优先股是类似的。或者说，当固定增长模式中 $g = 0$ 时有

$$V_S = \frac{D}{R_S}$$

【情景 3-25】 沿用【情景 3-24】，如果 $g=0$，则股票的价值为

$V_S = 1.1 \div 15\% \approx 7.33$（元）

2. 股票收益率

（1）股票收益的来源。股票投资的收益由股利收益、股利再投资收益、转让价差收益 3 个部分构成。并且，只要按货币时间价值的原理计算股票投资收益，就无须单独考虑再投资收益的因素。

（2）股票的内部收益率。股票的内部收益率是使得股票未来现金流量贴现值等于目前的购买价格时的贴现率，也就是股票投资项目的内含报酬率。股票的内部收益率高于投资者所要求的最低报酬率时，投资者才愿意购买该股票。在固定增长股票估价模型中，用股票的购买价格 P_0 代替内在价值 V_S，有

$$R = \frac{D_1}{P_0} + g$$

从上式可以看出，股票投资内部收益率由两个部分构成：一部分是预期股利收益率 D_1/P_0；另一个部分是股利增长率 g。

如果投资者不打算长期持有股票，而将股票转让出去，则股票投资的收益由股利收益和资本利得（转让差价收益）构成。这时，股票内部收益率 R 是当股票投资净现值为零时的贴现率，计算公式为：

$$NPV = \sum_{t=1}^{n} \frac{D_t}{(1+R)^t} + \frac{P_t}{(1+R)^n} - P_0 = 0$$

【情景 3-26】 投资者 2018 年 5 月购入 A 公司股票 1 000 股，每股购价 2.2 元；A 公司 2019 年、2020 年、2021 年分别派分现金股利 0.15 元/股、0.22 元/股、0.35 元/股；该投资者 2021 年 5 月以每股 2.5 元的价格售出该股票，则 A 股票内部收益率的计算公式为：

$$NPV = \frac{0.15}{1+R} + \frac{0.22}{(1+R)^2} + \frac{0.35}{(1+R)^3} + \frac{2.5}{(1+R)^3} - 2.2$$
$$= 0$$

当 $R=14\%$ 时，$NPV = 0.0245$；
当 $R=16\%$ 时，$NPV = -0.0813$。
用插值法计算：

$R = 14\% + 2\% \times [0.0245 \div (0.0245 - (-0.0813))]$
$\approx 14.46\%$

项目小结

本项目介绍了投资概述、投资的分类、现金流量、贴现方法、非贴现方法、独立投资方案、互斥投资方案、固定资产更新改造、债券投资和股票投资。

思考与练习

一、单项选择题

1. 对投资规模不同的两个独立方案的评价，应优先选择（　　）。
   A. 净现值大的方案
   B. 项目周期短的方案
   C. 投资额小的方案
   D. 内含报酬率大的方案

2. 下列属于证券投资的系统性风险的是（　　）。
   A. 购买力风险　　B. 投资风险
   C. 再投资风险　　D. 资产风险

3. 若有两个投资方案，原始投资额不相等，彼此相互排斥，各方案项目寿命期不同，下列选项中可以用于选优的是（　　）。
   A. 年金净流量法　　B. 净现值法
   C. 内含报酬率法　　D. 现值指数法

4. 对原始投资不等的独立方案进行决策时，可以使用的决策指标是（　　）。
   A. 净现值　　B. 现金净流量
   C. 现值指数　　D. 内含报酬率

5. 债券价值既可以用金额表示，也可采用现值估价模型，通过（　　）计算债券的价值。
   A. 票面利率　　B. 市场利率
   C. 毛利率　　D. 折现率

二、多项选择题

1. 企业投资具有的特点有（　　）。
   A. 投资目的的多样性
   B. 投资时机的选择性
   C. 投资回收的时限性
   D. 投资收益的不确定性

2. 企业的投资目的一般包括（　　）。
   A. 扩充规模
   B. 控制相关企业
   C. 提高质量，降低成本
   D. 应对经营风险

3. 企业投资应考虑的主要因素有（　　）等。
   A. 投资收益　　B. 投资风险
   C. 筹资能力　　D. 投资环境

4. 项目投资的特点有（　　）。
   A. 投资数额大　　B. 寿命期限长
   C. 不可逆转性　　D. 投资风险高

5. 财务可行性评价指标中，可以选取作为净现值指标折现率的有（　　）。

A. 投资项目的内含报酬率　　　　　　　C. 市场利率
B. 投资者希望获得预期最低投资报酬率　　D. 企业平均资本成本率

三、判断题

1. 企业兼并合并的决策、转换新行业和开发新产品决策、大幅扩大生产规模的决策属于战略性投资。（　）

2. 更新替换旧设备的决策、配套流动资金投资、生产技术革新的决策属于维持性投资。（　）

3. 折旧之所以对投资决策产生影响，是因为所得税的存在。（　）

4. 净现值法不适宜独立投资方案的比较决策，而且能够对寿命期不同的互斥投资方案进行直接决策。（　）

5. 对于独立项目的投资决策，在进行排序分析时，以各个方案的获利程度作为评价标准，一般采用净现值法进行比较决策。（　）

四、简答题

1. 简述投资概念。

2. 什么是现金流量？

项目 4　营运资金管理

知识目标

◎ 了解营运资金策略；
◎ 掌握现金收支管理；
◎ 掌握应收账款管理；
◎ 了解存货管理的目标与存货成本；
◎ 掌握流动负债管理。

技能目标

◎ 掌握最佳现金持有量；
◎ 了解现金管理模式；
◎ 掌握最佳存货量的确定。

案例导入

小王是四方公司的财务人员，最近遇到了一件麻烦事。事情是这样的，四方公司是一家贸易公司，从生产厂家购进商品，然后卖给其他企业。由于公司资金紧张，因此一般是先向生产厂家赊购商品，等购货方将货款支付以后，再偿还给生产厂家。生产厂家每次在提供商品时，总是给四方公司一定的折扣。其中规定：凡四方公司每次购买的商品达到 1 000 件，可享受 5% 的商业折扣；每次购买的商品达到 2 000 件，可享受 10% 的商业折扣。同时，若四方公司能在 10 天之内付款，将给予 2% 的现金折扣；若超过 10 天付款，则没有现金折扣，需付全额。小王面对这样的条件，不知该如何下手，他有三个疑问：一是公司每次购买多少件商品是合适的？二是究竟应在 10 天之内付款，还是超过 10 天付款？三是不同的折扣条件，在会计上应如何处理呢？

案例思考

（1）请帮助小王解决这几个疑问。

（2）假定 2021 年 7 月，四方公司决定购买商品 1 200 件，并在 10 天之内付款，要求分别采用总价法、净价法进行账务处理。

（3）根据（2）的核算结果，你认为哪一种方法更能够体现折扣对企业的影响？

导语

营运资金指企业在生产经营活动中用在流动资产上的资金，是流动资产和流动负债的差额。财务工作者应掌握流动资金管理方法，知晓流动负债管理融资手段，对资金进行有效管控，保证企业各项生产经营活动的顺利进行。

任务 4.1 营运资金管理概述

4.1.1 营运资金的概念

1. 营运资金

营运资金指企业在生产经营活动中用在流动资产上的资金。广义的营运资金指企业流动资产的总额；狭义的营运资金指流动资产减去流动负债后的余额。营运资金的管理既包括流动资产的管理，又包括流动负债的管理。

2. 流动资产

流动资产指可以在一年以内或超过一年的一个营业周期内变现或运用的资产。流动资产具有占用时间短、周转快、易变现等特点。企业拥有较多的流动资产，可在一定程度上降低财务风险。

3. 流动负债

流动负债指需要在一年或者超过一年的一个营业周期内偿还的债务。流动负债又称短期负债，具有成本低、偿还期短的特点，因此必须加强管理。

4.1.2 营运资金策略

企业需要评估营运资金管理中的风险与收益，制定流动资产的投资策略和融资策略。实际上，财务管理人员在营运资金管理方面必须做出两项决策：一是确定需要拥有多少流动资金；二是如何为所需要的流动资产融资。因此，营运资金策略包括两方面：流动资产投资策略和流动资产融资策略。

> **提示**
> 在实践中，这两项决策同时进行，相互影响。

1. 流动资产投资策略

流动资产持有量受多因素影响，如销售水平、成本、生产时间、存货补给时从订货到交货的时间、顾客服务水平、收款和支付期限等，它们存在着不确定性，因此流动资产的投资决策至关重要。企业经营的不确定性和风险忍受程度决定了流动资产的存量水平，并表现在流动资产账户上的投资水平。

> **注意**
> 流动资产账户会随着销售额的变化而变化。

销售的稳定性和可预测性反映了流动资产投资的风险程度。销售额越不稳定，越不可预测，投资于流动资产上的资金就应越多，以保证有足够的存货和应收账款占用来满足生产经营和顾客的需要。

稳定性和可预测性的相互作用非常重要。虽然销售额是不稳定的，但是依然可以预测，没有显著的风险。然而，假设销售额不稳定且难以预测，如建筑企业，就会存在显著的风险，从而必须维持一个较高的流动资产存量水平，保持较高的流动资产与销售收入比率。销售既稳定又可预测，则只需维持较低的流动资产投资水平。

一个企业必须选择与其业务需要和管理风格相符的流动资产投资策略。如果企业管理政策趋于保守，就会保持较高的流动资产与销售收入比率，保证更高的流动性（安全性），但盈利能力也更低；如果管理者偏向于为了更高的盈利能力而愿意承担风险，那么将保持一个低水平的流动资产与销售收入比率。

流动资产的投资策略有两种基本类型：

（1）紧缩的流动资产投资策略。在紧缩的流动资产投资策略下,企业维持低水平的流动资产与销售收入比率。

> **提示**
>
> 这里的流动资产只包括在生产经营过程中产生的存货、应收款项和现金等生产性流动资产,而不包括股票、债券等金融性流动资产。

紧缩的流动资产投资策略的优点是可以节约流动资产的持有成本,如节约持有资金的机会成本。其缺点也是显而易见的,它可能伴随着更高风险,这些风险表现为更紧的应收账款信用政策和较低的存货占用水平,以及缺乏现金用于偿还应付账款。只要不可预见的事件没有损坏企业的流动性并导致严重的问题发生,紧缩的流动资产投资策略就会提高企业效益。

采用紧缩的流动资产投资策略,无疑对企业的管理水平有较高的要求。一旦失控,流动资产的短缺,就会对企业的经营活动产生重大影响。根据最近几年的研究,美国、日本等一些发达国家的流动资产比率呈现越来越小的趋势。这并不意味着企业对流动性的要求越来越低,而主要是因为在流动资产管理方面,尤其是应收账款与存货管理方面,取得了一些重大进展。例如,存货控制的JIT(Just In Time)系统,又称为适时管理系统。

(2)宽松的流动资产投资策略。在宽松的流动资产投资策略下,企业会维持高水平的流动资产与销售收入比率。也就是说,企业将保持高水平的现金和有价证券、高水平的应收账款(给予客户宽松的付款条件)和高水平的存货(源于补给原材料或不愿意因为产成品存货不足而失去销售)。这种策略的优点是具有较高的流动性,企业的财务与经营风险较小。其缺点是由于过多的流动资产投资,企业会承担较大的流动资产持有成本,提高企业的资金成本,降低企业的收益水平。

制定流动资产投资策略时,要考虑以下因素:

首先,需要权衡资产的收益性与风险性。增加流动资产投资虽会增加流动资产的持有成本,降低资产的收益性,但会提高资产的流动性。反之,减少流动资产投资会降低流动资产的持有成本,增加资产的收益性,但资产的流动性会降低,短缺成本会增加。因此,从理论来说,最优的流动资产投资应该是使流动资产的持有成本与短缺成本之和最低。

其次,制定流动资产投资策略时还应充分考虑企业经营的内外部环境。一般地,银行和其他借款人对企业资本流动性水平非常重视,流动性是这些债权人确定信用额度和借款利率的主要依据之一。尤其是这些资产被当作一项贷款的抵押品时,他们还会考虑应收账款和存货的质量。有些企业因为融资困难,会采用紧缩的流动资产投资策略。

再次,一个企业的流动资产投资策略可能还受产业因素的影响。在销售边际毛利较高的产业中,从额外销售中获得的利润超过额外应收账款所增加的成本,宽松的信用政策可能为企业带来更为可观的收益。流动资产占用具有明显的行业特征。在制造业中,存货居于流动资产项目中的主要位置,会占用全部流动资产的50%左右。采掘业流动资产占用往往小于制造业,商业零售行业流动资产占用要超过制造业。

最后,还会受到影响企业政策的决策者的影响。保守的决策者更倾向于宽松的流动资产投资策略,而风险承受能力较强的决策者则倾向于紧缩的流动资产投资策略。运营经理喜欢高水平的原材料,以便满足生产所需。销售经理喜欢高水平的产成品存货以便满足顾客的需要,而且喜欢宽松的信用政策以便刺激销售。相反,财务管理人员喜欢使存货和应收账款最小化,以便使流动资产融资的成本最低。

2. 流动资产融资策略

一个企业对流动资产的需求数量,一般会随着产品销售的变化而变化。在企业经营状况不发生大的变化的情况下,流动资产最基本的需求具有一定的刚性和相对稳定性,我们可以将其界定为流动资产的永久性水平。当销售发生季节性变化时,流动资产将会在永久性水平的基础上增加。因此,流动资产可以分解为两个部分:永久性流动资产和波动性流动资产。永久性流动资产指满足企业长期最低需求的流动资产，其占有量相对稳定；波动性流动资产又称临时性流动资产，指那些出于季节性或临时性的原因形成的流动资产，其占用量随当时的需求波动。与流动资产的分类相对应，流动负债也可以分为临时性负债和自发性负债。一般来说，临时性负债，又称为筹资性流动负债，指为了满足临时性流动资金需要所发生的负债，如商品零售企业春节前为满足节日销售需要，超量购入货物而举借的短期银行借款。临时性负债一般只供企业短期使用。自发性负债，又称为经营性流动负债，指直接产生于企业持续经营中的负债，如商业信用筹资和日常运营中产生的其他应付款，以及应付职工薪酬、应付利息、应交税费，自发性负债可供企业长期使用。

一般来说，永久性流动资产的水平具有相对稳定性，需要通过长期来源解决；而波动性流动资产的融资则相对灵活，最经济的办法是通过低成本的短期融资解决，如采用1年期以内的短期借款或发行短期融资券等。

融资决策主要取决于管理者的风险导向，此外还受短期、中期、长期负债的利率差异的影响。根据资产的期限结构与资金来源期限结构的匹配程度差异，流动资产的融资策略可以划分为期限匹配型融资策略、保守型融资策略和激进型融资策略三种基本类型。

（1）期限匹配型融资策略。在期限匹配型融资策略中，非流动资产以非流动负债和所有者（或股东）权益融通，流动资产用流动负债融通，如表4-1所示。这意味着，在给定的时间内，企业的流动负债融资数量反映了当时的流动资产的数量。当流动资产扩张时，信贷额度也会增加，用来支持企业的扩张；当流动资产收缩时，就会释放出资金，以偿付短期借款。

资金来源的有效期与资产有效期的匹配，只是一种战略性的观念匹配，而不是实际金额完全匹配。实际上，企业也做不到完全匹配。其原因是：①企业不可能为每一项资产按其有效期配置单独的资金来源，只能分为短期来源和长期来源两大类进行统筹安排。②企业必须有所有者权益筹资，它是无限期的资本来源，而资产总是有期限的，不可能完全匹配。③资产的实际有效期是不确定的，而还款期是确定的，必然会出现不匹配的现象，期限匹配型融资策略如表4-1所示。

表4-1　期限匹配型融资策略

资产	金额/万元	负债和所有者（或股东）权益	金额/万元
流动资产	30	流动负债	30
非流动资产	70	非流动负债	30
		所有者（或股东）权益	40
合计	100	合计	100

（2）保守型融资策略。在保守型融资策略中，非流动负债和所有者（或股东）权益支持非流动资产和部分流动资产，如表4-2所示。企业会以非流动负债和所有者（或股东）权益筹资来源为流动资产的平均水平筹资融资，流动负债筹资仅用于融通剩余的流动资产，筹资风险较低。这种策略最小限度地使用流动负债筹资，但由于非流动负债成本高于流动负债成本，会导致筹资成本较高，收益较低。

如果非流动负债以固定利率为基础，而流动负债筹资方式以浮动或可变利率为基础，则利率风险可能降低。因此，这是一种风险低、成本高的筹资策略，保守型融资策略如表4-2所示。

表4-2　保守型融资策略

资产	金额/万元	负债和所有者（或股东）权益	金额/万元
流动资产	40	流动负债	30
		非流动负债	30
非流动资产	60	所有者（或股东）权益	40
合计	100	合计	100

（3）激进型融资策略。在激进型融资策略中，企业以非流动负债和所有者（或股东）权益为所有的非流动资产筹资。除此之外，流动负债也要为一部分的非流动资产筹资，剩余的流动负债筹资支持流动资产，如表4-3所示。在这种策略观念下，就会使用更多的流动负债筹资。

流动负债方式会比非流动负债和所有者（或股

东)权益筹资方式具有更低的成本。然而,过多地使用流动负债筹资会导致较低的流动比率和较高的流动性风险。

由于经济衰退、企业竞争环境的变化及其他因素,企业必须面对业绩惨淡的经营年度。当销售下跌时,存货不会那么快就转换成现金,这将导致现金短缺。曾经及时支付的顾客可能延迟支付,这进一步加剧了现金短缺。企业可能发现它对应付账款的支付已经超过信用期限。由于销售下降,会计利润将降低。

在这种环境下,企业需要与银行重新签订流动负债筹资协议,但此时企业对于银行来说似乎很危险。银行可能向企业索要更高的利率,从而导致企业在关键时刻筹集不到急需的资金。

企业依靠大量的流动负债来解决目前的困境,这会导致企业每年都必须更新流动负债协议进而产生更多的风险。有些协议可以弱化这种风险。例如,多年期(3～5年)滚动信贷协议,这种协议允许企业进行短期借款。这种类型的借款协议不像传统的短期借款会降低流动比率。另外,企业还可以利用衍生筹资产品对紧缩投资政策的风险进行套期保值,激进型融资策略如表4-3所示。

表4-3 激进型融资策略

资产	金额/万元	负债和所有者 (或股东)权益	金额/万元
流动资产	30	流动负债	40
非流动资产	70	非流动负债	20
		所有者(或股东)权益	40
合计	100	合计	100

任务4.2 现金管理

4.2.1 现金管理概述

1. 现金的概念

现金有广义和狭义之分,广义的现金指在生产经营过程中以货币形态存在的资金,包括库存现金、银行存款和其他货币资金;狭义的现金仅指库存现金。

企业持有现金主要满足交易性需求、预防性需求和投机性需求。

2. 持有现金的动机

(1)交易动机。企业在正常生产经营秩序下应当保持一定的现金支付能力。一般来说,企业为满足交易动机所持有的现金余额主要取决于企业销售水平。

(2)预防动机。企业为应付紧急情况而需要保持的现金支付能力。企业为应付紧急情况所持有的现金余额主要取决于以下三个方面的因素:

①企业愿意承担风险的程度。企业愿意承担风险的话,为应付紧急情况而需要保持的现金量就少;反之,需要保持的现金量就多。

②企业临时性的举债能力的强弱。企业临时举债能力强的话,为应付紧急情况而需要保持的现金量就少;反之,需要保持的现金量就多。

③企业对未来现金流量预测的可靠程度。企业对未来现金流量预测可靠的话,需要保持的现金量就可以少一些。

(3)投机动机。由于各种动机所需现金可以调剂使用,企业持有的现金总额并不等于各种动机所需的现金余额的简单相加,前者通常小于后者。另外,上述各种动机所需保持的现金,并不要求必须是货币形态，也可以是能够随时变现的有价证券以及能够随时转换成现金的其他各种存在形态，如可随时借入的银行信贷资金等。

基于交易、预防、投机三个动机的要求，企业必须保持一定数量的现金余额。然而，现金作为一项非收益性资产，尽管持有过多现金可以降低经营风险和财务风险，但会影响企业投资收益的提高；相反，持有量不足，可能使企业蒙受风险损失，同时往往还要付出各种无法估量的潜在成本和机会成本。

> **提示**
>
> 企业现金管理的目标，就是在资产的流动性和盈利能力之间做出决策，确定最佳现金持有量，以获取最大的长期利益。

4.2.2 最佳现金持有量

1. 成本模型

成本分析模式是根据现金成本分析，预测其总成本最低时现金持有量的一种方法。该模型下的相关总成本，假设企业持有现金的成本包括机会成本、管理成本和短缺成本，则不存在转换成本。

（1）机会成本。机会成本指企业因持有一定现金余额而丧失的再投资收益。例如，某企业的资本成本为70%，年均持有现金100万元，则该企业每年持有现金的机会成本为70万元，也就是放弃的再投资收益及机会成本。

机会成本属于变动成本，与现金持有量的多少密切相关，现金持有量越大，机会成本越大；反之，机会成本越小。

（2）管理成本。管理成本指企业因持有一定数量的现金而发生的管理费用，如管理人员的工资、安全措施费用。一般认为现金管理成本是固定成本，这种成本在一定范围内和现金持有量之间没有明显的比例关系。

（3）短缺成本。短缺成本指现金持有量不足，又无法及时补充给企业而造成的损失。短缺成本随现金持有量的增加而下降，随现金持有量的减少而上升。

由此可知，机会成本随现金持有量正比例增加；短缺成本与现金持有量具有反方向变动关系；相关总成本呈抛物线形，抛物线的最低点，即为相关总成本的最低点，该点所对应的现金持有量即为最佳现金持有量。成本同现金持有量之间的关系如图4-1所示。

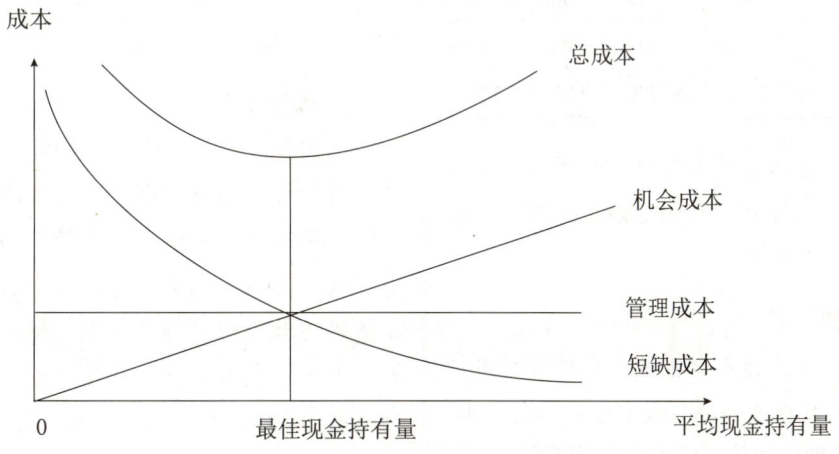

图4-1　成本同现金持有量之间的关系

成本分析模式是基于上述原理来确定现金最佳持有量的。在这种模式下，最佳现金持有量，就是持有现金而产生的机会成本与短缺成本之和最小时的现金持有量。

实际工作中运用该模式确定最佳现金持有量的具体步骤为：

①根据不同现金持有量测算并确定有关成本数值；

②按照不同现金持有量及其有关成本资料编制最佳现金持有量测算表；

③在测算表中找出相关总成本最低时的现金持有量，即最佳现金持有量。

【情景4-1】惠达股份有限公司有四种现金持有方案，各自的现金平均持有量、管理成本、短缺成本如表4-4所示，假设现金的机会成本率为10%。要求：确定现金最佳持有量。

表4-4 现金持有量

单位：元

方案项目	甲	乙	丙	丁
现金平均持有量	20 000	40 000	60 000	80 000
机会成本	2 000	4 000	6 000	8 000
管理成本	17 000	17 000	17 000	17 000
短缺成本	6 000	5 000	7 000	9 000

这四种方案的总成本计算结果如表4-5所示。

表4-5 现金持有总成本

单位：元

方案项目	甲	乙	丙	丁
机会成本	2 000	4 000	6 000	8 000
管理成本	17 000	17 000	17 000	17 000
短缺成本	6 000	5 000	7 000	9 000
总成本	25 000	26 000	30 000	34 000

将以上各方案的总成本加以比较可知，甲方案的总成本最低，故20 000元是该企业的最佳现金持有量。

2. 存货模型

存货模式分析的着眼点也是现金持有成本最低。存货模式假设现金的持有成本包括机会成本、转换成本，对管理成本和短缺成本不予考虑。

转换成本也称交易成本，指有价证券转换成现金所付出的代价，如支付的手续费。

由于机会成本和转换成本随着现金持有量的变动呈现出相反的趋向，这就要求企业必须对现金与有价证券的分割比例进行合理安排，从而使机会成本与转换成本保持最佳组合。换言之，能够使现金管理的机会成本与转换成本之和保持最低的现金持有量，即为最佳现金持有量。

存货模式的基本假设前提是：

①企业所需要的现金可通过证券变现取得，且证券变现的不确定性很小；

②企业预算期内现金需要的总量可以预测；

③现金的支出过程比较稳定，波动性小，而且每当现金余额降至零时，均可通过部分证券变现得以补充；

④利率、报酬率及每次固定性交易费用都是可以确定的。

最佳现金持有量的存货模式是：

$$Q = \sqrt{(2 \times T \times F)/K}$$

式中，T——一个周期内现金总需求量；

F——每次转换有价证券的固定成本；

K——有价证券利息率（机会成本）；

Q——最佳现金持有量（每次证券变现的数量）。

【情景4-2】惠达股份有限公司每月现金需求总量为5 000 000元，每次现金转换的成本为2 500元，持有现金的机会成本率为10%，则该企业的最佳现金持有量可以计算如下：

$$Q = \sqrt{(2 \times 5\,000\,000 \times 2\,500)/10\%}$$

$$= 500\,000（元）$$

3. 随机模型

在实际工作中，企业现金流量往往具有很大的不确定性。随机模型是一个在现金流入、流出不稳定情况下确定现金最优持有量的模型。假定每日现金净流量的分布接近正态分布，每日现金流量可能低于也可能高于期望值，其变化是随机的。由于现金流量波动是随机的，因此只能对现金持有量确定一个控制区域，定出上限和下限。企业现金余额在上限和下限之间波动：当现金余额上升到上限时，则将部分现金转换为有价证券；当现金余额下降到下限时，则卖出部分有价证券。

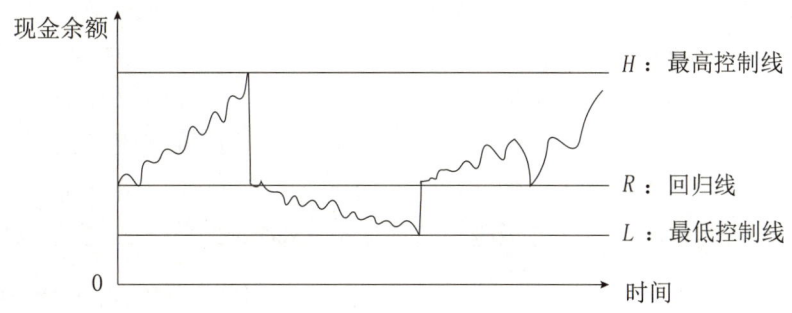

图 4-2　米勒—奥尔模型

从图 4-2 可以看出，该模型有两条控制线（最高控制线和最低控制线）和一条回归线。

回归线 R 可按下列公式计算：

$$R=\sqrt[3]{\frac{3b\times\sigma^2}{4i}}+L$$

式中，b——证券转换为现金或现金转换为证券的成本；

σ——公司每日现金流变动的标准差；

i——以日为基础计算的现金机会成本。

最高控制线 H 的计算公式为

$$H=3R-2L$$

> **提示**
>
> 最低控制线 L 取决于模型之外的因素，其数额是由现金管理部经理在综合考虑短缺现金的风险程度、公司借款能力、公司日常周转所需资金、银行要求的补偿性余额等因素的基础上确定的。

【情景 4-3】惠达股份有限公司现金部经理决定 L 值应为 25 000 元，估计企业现金流量标准差为 2 500 元。持有现金的机会成本率为 12%，换算为 i 值是 0.000 45，b=200 元。根据该模型，可求得：

$$R=\sqrt[3]{\frac{3\times200\times2\,500^2}{4\times0.000\,45}}+25\,000$$

$$=12\,722+25\,000$$

$$\approx 37\,772\ （元）$$

$H = 3\times37\,772 - 2\times25\,000 = 63\,316$（元）

该企业目标现金余额为 37 772 元。若现金持有额达到 63 316 元，则买 25 544 元的证券；若现金持有额降至 25 000 元，则卖出 12 722 元的证券。

4.2.3　现金管理模式

企业为加强现金管理会采用不同的管理模式，现代现金管理模式有两类：收支两条线的管理模式和集团企业资金集中管理的模式。

1. 收支两条线的管理模式

收支两条线资金管理模式比较适合于有多个独立的现金收支部门或分支机构的大型企业或企业集团，其目的是对企业范围内的现金进行集中管理，通过高效的价值化管理来提高企业效益，做法是确定合理的资金流向、资金流量、资金流程。

企业构建收支两条线资金管理模式的基本原则主要有：

（1）明确划分收入资金和支出资金的流动，严禁现金坐支。

（2）确保收入的资金能够及时、安全、足额地回笼，并能实行有效的集中管理，减少现金持

有成本，加速资金周转。

（3）围绕企业利润目标的实现，根据预算合理安排支出，并保持企业持续经营所必需的最佳现金余额。

（4）建立收支两条线资金管理内部控制体系。在上述原则指导下，企业收支两条线资金管理模式的构建可从规范资金的流向、流量和流程三个方面入手：

资金的流向方面：企业收支两条线要求各部门或分支机构在内部银行或当地银行设立两个账户（收入户和支出户），并规定所有收入的现金都必须进入收入户（外地分支机构的收入户资金还必须及时、足额地回笼到总部），收入户资金由企业资金管理部门（内部银行或财务结算中心）统一管理，而所有的货币性支出都必须从支出户里支付，支出户里的资金只能根据一定的程序由收入户划拨而来，严禁现金坐支。

资金的流量方面：在收入环节上要确保所有收入的资金都进入收入户，不允许有私设的账外小金库。另外，还要加快资金的结算速度，尽量压缩资金在结算环节的沉淀量；在调度环节上通过动态的现金流量预算和资金收支计划实现对资金的精确调度；在支出环节上，根据"以收定支"和"最低限额资金占用"的原则从收入户按照支出预算安排将资金定期划拨到支出户，支出户平均资金占用额应压缩到最低限度。有效的资金流量管理将有助于确保收入资金及时、足额地回笼，各项费用支出受到合理的控制和内部资金的有效调剂。

资金的流程方面：资金流程是指与资金流动有关的程序和规定。它是收支两条线内部控制体系的重要组成部分，主要包括以下几个部分：

● 关于账户管理、货币资金安全性等规定；
● 收入资金管理与控制；
● 支出资金管理与控制；
● 资金内部结算与信贷管理与控制；
● 收支两条线的组织保障等。

需要说明的是，收支两条线是一种企业的内部资金管理模式，它与企业的性质、发展战略、管理文化和组织架构都有很大的关系。因此，企业在构建收支两条线管理模式时，一定要注意与实际相结合，以管理有效性为导向。比如，把资金从收入户向支出户划拨就有三种方式可以选择：一是总公司统一划拨，便于集中控制；二是经营单位就地划拨，便于灵活控制；三是由经营单位的上一级单位划拨，便于平衡控制。选择哪一种划拨方式必须结合企业的实际情况而定。

2. 集团企业资金集中管理的模式

集团企业资金集中管理的模式包括统收统支模式、拨付备用金模式、结算中心模式、内部银行模式、财务公司模式（需经人民银行审批）。

（1）统收统支模式。在该模式下，企业的一切现金收入都集中在集团总部的财务部门，各分支机构或子企业不单独设立账号，一切现金支出都通过集团总部财务部门付出，现金收支的批准权高度集中。统收统支模式有利于企业集团实现全面收支平衡，提高资金的周转效率，减少资金沉淀，监控现金收支，降低资金成本。但是，该模式不利于调动成员企业开源节流的积极性，影响成员企业经营的灵活性，以致降低整个集团经营活动和财务活动的效率，而且在制度的管理上欠缺一定的合理性，如果每笔收支都要经过总部财务部门之手，那么总部财务部门的工作量就大了很多。

> **提示**
> 统收统支模式通常适用于规模比较小的企业。

（2）拨付备用金模式。拨付备用金模式是指集团按照一定的期限统拨给所有分支机构或子企业以备其使用的一定数额的现金。各分支机构或子企业发生现金支出后，持有关凭证到集团财务部门报销以补足备用金。

> **提示**
> 拨付备用金模式相比统收统支模式具有一定的灵活性，但这种模式也通常适用于那些经营规模比较小的企业。

(3) 结算中心模式。结算中心通常是企业集团内部设立的，办理内部各成员现金收付和往来结算业务的专门机构。结算中心通常设于财务部门内，是一个独立运行的职能机构。结算中心是企业集团发展到一定阶段，应企业内部资金管理需求而产生的一个内部资金管理机构，是根据集团财务管理和控制的需要在集团内部设立的，为成员企业办理资金融通和结算，以降低企业成本、提高资金使用效率的服务机构。结算中心帮助企业集中管理各分子公司的现金收入和支出。分子公司收到现金后就直接转账存入结算中心在银行开立的账户。当需要资金的时候，再进行统一拨付，有助于企业监控资金的流向。

> **提示**
> 结算中心模式通常适用于规模比较大的企业。

(4) 内部银行模式。内部银行是将社会银行的基本职能与管理方式引入企业内部管理机制而建立起来的一种内部资金管理机构，它将"企业管理""金融信贷"和"财务管理"三者融为一体，一般是将企业的自有资金和商业银行的信贷资金统筹运作，在内部银行统一调剂、融通运用。通过吸纳企业下属各单位闲散资金，调剂余缺，减少资金占用，活化与加快资金周转速度，提高资金使用效率、效益。内部银行通常具有三大职能：结算、融资信贷和监督控制。

> **提示**
> 内部银行模式一般适用于具有较多责任中心的企事业单位。

(5) 财务公司模式。财务公司是一种经营部分银行业务的非银行金融机构，它一般是集团公司发展到一定水平后，需要经过中国人民银行审核批准才能设立的。其主要职责是开展集团内部资金集中结算，同时为集团成员企业提供包括存贷款、融资租赁、担保、信用鉴证、债券承销、财务顾问等在内的全方位金融服务。集团设立财务公司是把市场化的企业关系或银企关系引入集团资金管理中，使得集团各子公司具有完全独立的财权，可以自行经营自身的现金，对现金的使用行使决策权。另外，集团对各子公司的现金控制是通过财务公司进行的，财务公司对集团各子公司进行专门约束，而且这种约束是建立在各自具有独立的经济利益基础上的。集团公司经营者（或最高决策机构）不再直接干预子公司的现金使用和取得。

> **提示**
> 财务公司模式通常适用于企业规模很大的集团公司。

4.2.4 现金收支管理

1. 现金周转期

企业的经营周期是指从取得存货开始到销售存货并收回现金为止的时期。其中，从收到原材料、加工原材料、形成产成品，到将产成品卖出的这一时期，称为存货周转期；从产品卖出后到收到顾客支付的货款的这一时期，称为应收账款周转期或收账期。

但是，企业购买原材料并不用立即付款，这一延迟的付款时间段就是应付账款周转期或收账期。现金周转期，是指介于企业支付现金与收到现金之间的时间段，它等于经营周期减去应付账款周转期。具体循环过程如图4-3所示。

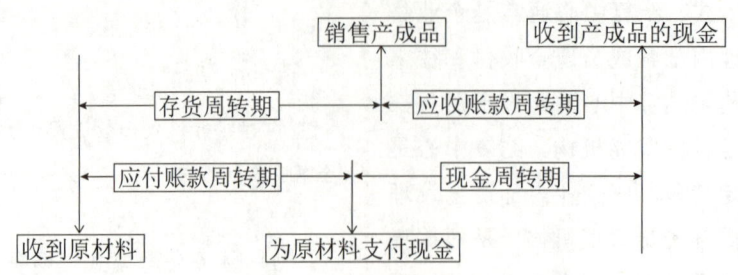

图 4-3 现金周转期

上述周转过程用公式表示就是：

经营周期 = 存货周转期 + 应收账款周转期

现金周转期 = 经营周期 − 应付账款周转期

式中，

$$存货周转期 = \frac{存货平均余额}{每天的销货成本}$$

$$应收账款周转期 = \frac{应收账款平均余额}{每天的销货收入}$$

$$应付账款周转期 = \frac{应付账款平均余额}{每天的购货成本}$$

所以，如果要减少现金周转期，可以从以下方面着手：加快制造与销售产成品来减少存货周转期；加速应收账款的回收来减少应收账款周转期；减缓支付应付账款来延长应付账款周转期。

2. 收款管理

（1）收款系统。一个高效的收款系统能够使收款成本和收款浮动期达到最小，同时能够保证与客户汇款及其他现金流入来源相关信息的质量。

①收款成本。收款成本包括浮动期成本、管理收款系统的相关费用（如银行手续费）及第三方处理费用或清算相关费用。在获得资金之前，收款在途项目使企业无法利用这些资金，也会产生机会成本。信息的质量包括收款方得到的付款人姓名，付款内容和付款时间。信息要求及时、准确地到达收款人一方，以便收款人及时处理资金，作出发货的安排。

②收款浮动期。收款浮动期是指从支付开始到企业收到资金的时间间隔。收款浮动期主要是由纸基支付工具导致的，有下列三种类型：

● 邮寄浮动期，是指从付款人寄出支票到收款人或收款人的处理系统收到支票的时间间隔。

● 处理浮动期，是指支票的接受方处理支票和将支票存入银行以收回现金所用的时间。

● 结算浮动期，是指通过银行系统进行支票结算所需的时间。

（2）收款方式的改善。电子支付方式对纸基（或称纸质）支付方式是一种改进。电子支付方式提供了如下好处：结算时间和资金可用性可以预计；向任何一个账户或任何金融机构的支付具有灵活性，不受人工干扰；客户的汇款信息可在支付的同时传送，更容易更新应收账款；客户的汇款从纸基方式转向电子方式，减少或消除了收款浮动期，降低了收款成本，收款过程更容易控制，并且提高了预测精度。

3. 付款管理

现金支出管理的主要任务是尽可能延缓现金支出时间。当然，这种延缓必须是合理合法的。控制现金支出的目标是在不损害企业信誉的条件下，尽可能推迟现金的支出。

（1）使用现金浮游量。现金浮游量是指由于企业提高收款效率和延长付款时间所产生的企业账户上的现金余额和银行账户上的企业存款余额之间的差额。

（2）推迟应付款的支付。推迟应付款的支付是指企业在不影响自己信誉的前提下，充分运用供货方所提供的信用优惠，尽可能地推迟应付款的支付期。

（3）用汇票代替支票。汇票分为商业承兑汇票和银行承兑汇票，与支票不同的是，承兑汇票并不是见票即付。这一方式的优点是它推迟了企业调入资金支付汇票实际所需的时间。这样企业只需在银行中保持较少的现金余额。它的缺点是某些供应商可能并不喜欢用汇票付款，银行也不喜欢处理汇票，因为它们通常需要耗费更多的人力。同支票相比，银行会收取较高的手续费。

（4）改进员工工资支付模式。企业可以为支付工资专门设立一个工资账户，通过银行向职工支付工资。为了最大限度地减少工资账户的存款余额，企业要合理预测从开出支付工资的支票到职工去银行兑现的具体时间。

（5）透支。企业开出支票的金额大于活期存款余额。它实际上是银行向企业提供的信用。透支的限额，由银行和企业共同商定。

（6）争取现金流出与现金流入同步。企业应尽量使现金流出与流入同步，这样就可以降低交易性现金余额，同时可以减少有价证券转换为现金的次数，提高现金的利用效率，节约转换成本。

（7）使用零余额账户，即企业与银行合作，保持一个主账户和一系列子账户。企业只在主账户保持一定的安全储备，而一系列子账户不需要保持安全储备。当从某个子账户签发的支票需要现金时，所需要的资金立即从主账户划拨过来，从而使更多的资金可以用作他用。

任务 4.3　应收账款管理

4.3.1　应收账款存在必要性及其成本

1. 必要性

企业通过提供商业信用，采取赊销、分期付款等方式可以扩大销售，增强竞争力，获得利润。应收账款作为企业扩大销售和盈利的一项投资，也会发生一定的成本，所以企业需要在应收账款所增加的盈利和成本之间作出权衡。应收账款管理就是分析赊销的条件，使赊销带来的盈利增加大于应收账款投资产生的成本费用增加，最终使企业利润增加，企业价值上升。

2. 成本

应收账款作为企业为增加销售和盈利进行的投资，会产生一定的成本，主要包括机会成本、管理成本和坏账成本。

（1）应收账款的机会成本。企业因把资金投放于应收账款而放弃其他投资所带来的收益，就是应收账款的机会成本，其计算公式为

应收账款的平均余额 = 日销售额 × 平均收现期

应收账款占用资金 = 应收账款平均余额 × 变动成本率

应收账款占用资金的机会成本（应计利息） = 应收账款占用资金 × 资本成本

应收账款占用资金的机会成本（应计利息） = 应收账款平均余额 × 变动成本率 × 资本成本

应收账款占用资金的机会成本（应计利息） = 日销售额 × 平均收现期 × 变动成本率 × 资本成本

应收账款占用资金的机会成本（应计利息） = 全年销售额 ÷ 360 × 平均收现期 × 变动成本率 × 资本成本

应收账款占用资金的机会成本（应计利息） = （全年销售额 × 变动成本率）÷ 360 × 平均收现期 × 资本成本

应收账款占用资金的机会成本（应计利息） = 全年变动成本 ÷ 360 × 平均收现期 × 资本成本

式中，平均收现期为各种收现期的加权平

均数。

(2) 应收账款的管理成本。应收账款的管理成本主要指进行应收账款管理所增加的费用，主要包括调查客户信用状况的费用、收账费用、数据处理成本、相关人员成本。

(3) 应收账款的坏账成本。在赊销业务中，债权人由于无法收回应收账款而发生的损失，就是坏账成本。企业发生坏账成本是不可避免的，此项成本会随着应收账款的账龄和数量的增加而增加。

$$\text{应收账款的坏账成本} = \text{赊销金额} \times \text{预计坏账损失率}$$

【情景4-4】惠达股份有限公司假设预测的年度销售收入为4 500 000元，应收账款周转期为60天，变动成本率为75%，资金成本率为10%。要求：计算应收账款机会成本。

应收账款周转率 = 360÷60 = 6（次）
应收账款平均余额 = 4 500 000÷6 = 750 000（元）
应收账款占用资金 = 750 000×75% = 562 500（元）
应收账款机会成本 = 562 500×10% = 56 250（元）

【情景4-5】惠达股份有限公司预测的2021年度赊销额为54 000 000元，变动成本率为55%，资金成本率为10%，假设应收账款平均收账天数为60天，试计算应收账款的平均余额、维持赊销业务所需资金和应收账款机会成本。

应收账款的平均余额 = 54 000 000÷360×60
 = 9 000 000（元）
维持赊销业务所需资金 = 9 000 000×55%
 = 4 950 000（元）
应收账款机会成本 = 4 950 000×10% = 495 000（元）

4.3.2 信用政策

1. 信用标准

信用标准是企业用来衡量客户是否有资格享受商业信用所具备的基本条件。客户达到信用标准，可以享受赊销；达不到信用标准，不能享受赊销。企业执行信用标准过于严格，可能降低赊销额，减少应收账款的机会成本和坏账损失，但不利于扩大销售量，甚至限制企业销售机会。如果企业执行较为宽松的信用标准，虽有利于扩大销售量，但增加了机会成本和坏账损失。对客户信用评价常用的方法有以下几种：

(1) "5C" 信用评级法。财务管理中常用 "5C" 信用评级法对客户的信用品质进行定性分析。"5C" 信用评级法指从品德、能力、资本、抵押品和条件五个方面评估客户的信用品质，是重点分析影响信用五个方面的一种方法。

品德指客户愿意履行其付款义务的可能性，对客户此项内容的评价一般以过去的付款记录为依据。品德因素在信用评估中是最重要的因素。客户是否愿意尽自己最大的努力来归还货款，直接决定着企业账款的回收速度和数量。

能力指客户的偿债能力。企业可以根据某客户的流动比率、速动比率、资产负债率、利息保障倍数等财务指标评估该客户的偿债能力。通过对这些指标的分析，可以发现客户应收账款是否正常、存货数量是否过多或过时等，评估流动资产的质量，直接判断客户偿还款项的能力。

资本指客户的财务状况，要根据有关的财务比率进行分析和判断。尤其在企业决定与客户进行长期合作或全方位合作时，资本状况是极为重要的考核指标。

抵押品指客户能否为获得商业信用提供担保的资产。若客户有足够的抵押品做抵押，则对回收货款比较有利。对初次进行交易不熟悉的客户或信用状况有争议的客户，抵押品显得更重要。

条件指可能影响客户预付款能力的各种外在因素。例如，客户所处行业是否为朝阳产业、客户的经营状况、有无涉及法律诉讼问题，特别是全面了解客户过去的付款历史。

通过以上几个方面的分析，就可以基本判断客户的信用状况，为决定是否为客户提供商业信用做准备。

(2) 信用评分法。信用评分法是常用的统计方法，一般根据评估需要增加或减少某些变量。该方法是通过考核有关财务指标，给有关变量确定相应的权数，计算客户信用质量的评估分数。信用评估分数的标准是：评估分数低于40分，表明信用风险大；40～50分为平均分数；高于50分说明风险较小。计算公式为：

信用评估分数 =3.5× 利息保障倍数 +10× 速动比率 -25× 总资产负债率 +1.3× 经营年限

（3）借助信用评级中介机构力量。客户信用等级也可以通过信用机构取得。信用机构关注的主要因素包括行业风险、商业风险和财务风险。行业风险是评级决策中最重要的指标。按照国际惯例，一般把信用分为三级九等，即A级、B级和C级三级，以及AAA、AA、A、BBB、BB、B、CCC、CC、C九等，分别对应不同的信用风险水平。

2. 信用条件

信用条件是销货企业要求赊购客户付款的条件，主要包括信用期间和折扣条件。

（1）信用期间。信用期间是企业允许客户从接受服务开始到支付款项的时间间隔。延长信用期间，可以在一定程度上增加营业收入，但无限制地延长信用期间，会给企业经营带来不良后果。如平均收账期延长、资金占用增加、坏账损失和收账费用增加。因此，企业制定的信用期间应有一定的时间范围。

【情景4-6】惠达股份有限公司目前采用30天按发票金额（即无现金折扣）付款的信用政策，拟将信用期间放宽至60天，仍按发票金额付款。假设等风险投资的最低报酬率为13%。

其他有关数据如表4-6所示。

表4-6 信用期决策数据

项目	信用期间（30天）	信用期间（60天）
全年销售量／千克	3 500 000	5 500 000
全年销售额（单价10元）	35 000 000	55 000 000
全年销售成本／元		
变动成本（每件6元）	21 000 000	33 000 000
固定成本	550 000	550 000
毛利／元	13 450 000	21 450 000
可能发生的收账费用／元	200 000	180 000
可能发生的坏账损失／元	350 000	825 000

①增加的收益。

在分析时，先计算放宽信用期得到的收益，其次计算增加的成本，最后根据两者比较的结果做出判断。

增加的收益 =（5 500 000-3 500 000）×（10-6）=8 000 000（元）

②增加的应收账款机会成本。

改变信用期间增加的机会成本 =60天信用期应计利息 -30天信用期应计利息 =55 000 000÷360×60×33 000 000÷55 000 000×13%-35 000 000÷360×30×21 000 000÷35 000 000×13%=33 000 000÷360×60×13%- 21 000 000÷360×30×13%=487 500（元）

③增加的收账费用和坏账损失。

增加的收账费用 =180 000-200 000=-20 000（元）

增加的坏账损失 =825 000-350 000=475 000（元）

④改变信用期增加的税前损益。

改变信用期增加的税前损益 = 增加的收益 - 增加的成本费用 =8 000 000-487 500-（-20 000）-475 000=7 057 500（元）

由于增加的收益大于增加的成本，故应采用60天信用期。

【情景4-7】沿用【情景4-6】中数据，假设上述30天信用期变为60天后，因销售量增加，年平均存货水平从9 000件上升到20 000件，每件存货按变动成本6元计算，其他情况不变。

由于新增了存货增加因素，主要在原来分析的基础上，考虑存货增加而占用资金所带来的影响，重新计算放宽信用期的税前损益。

存货增加占用资金的应计利息 =（20 000-9 000）×6×13%=8 580（元）

改变信用期间的税前损益 = 收益增加 - 成本费用增加 =8 000 000-487 500-（-20 000）-475 000-8 580=7 048 920（元）

因为仍然可以获得税前收益，所以尽管会增加平均存货，还是应该采用60天的信用期。

（2）折扣条件。折扣条件包括折扣期和现金折扣期两个方面。折扣期是客户可以享受现金折扣的付款期限。现金折扣是客户在折扣期内付款可以享受的价格上的扣减。例如，折扣条件"2/10，

$N/30$" 表示客户在10天内付款，优惠2%；如果放弃现金折扣，则全部价款应在30天内付清。

【情景4-8】 沿用【情景4-6】中数据，假设该企业在放宽信用期同时，为了吸引顾客尽早付款，提出"$2/30, N/60$"的现金折扣条件，估计会有一半的顾客（按60天信用期所能实现的销售量计算）将享受现金折扣优惠。

① 增加的收益。

增加的收益＝增加的销售量×单位边际贡献＝（5 500 000－3 500 000）×（10－6）＝8 000 000（元）

② 增加的应收账款占用资金的应计利息。

提供现金折扣的应计利息＝增加的应收账款占用资金的应计利息＝536 250－227 500＝308 750（元）

③ 增加的收账费用和坏账损失。

增加的收账费用＝180 000－200 000＝－20 000（元）

增加的坏账费用＝825 000－350 000＝475 000（元）

④ 估计现金折扣成本的变化。

增加的现金折扣成本＝新的销售水平×新的现金折扣率×享受现金折扣的顾客比例－旧的销售水平×旧的现金折扣率×享受现金折扣的顾客比例＝55 000 000×2%×50%－35 000 000×0×0＝550 000（元）

⑤ 提供现金折扣后增加的税前损益。

增加的收益－增加的成本费用＝8 000 000－[308 750＋(－20 000)＋475 000＋550 000]＝6 686 250（元）

由于可获得税前收益，故应当放宽信用期，提供现金折扣。

3. 收账政策

收账政策指客户违反信用条件时，企业采取的收账策略。当出现应收账款时，企业采用积极的收账政策，虽可能减少坏账损失，但会增加收账成本；如果企业采用消极的收账政策，虽可能增加应收账款数额，增加坏账损失，但会降低收账成本。因此，企业在确定收账政策时，应参考信用标准、信用条件等制定信用政策。

> **提示**
>
> 影响企业信用标准、信用条件和收账政策的因素很多，如应收账款平均收账期、现金折扣和现金折扣期限、坏账损失、机会成本等。

4.3.3 应收账款日常管理

1. 应收账款的账龄分析

账龄分析表将应收账款划分为未到信用期的应收账款和以30天为间隔的逾期应收账款，这是衡量应收账款管理状况的另一种方法。企业既可以按照应收账款总额进行账龄分析，也可以按顾客进行账龄分析。账龄分析法可以确定逾期应收账款，随着逾期时间的增加，应收账款收回的可能性变小。

2. 周转天数分析

应收账款周转天数或平均收账期是衡量应收账款管理状况的一种方法。应收账款周转天数的计算公式为：

$$应收账款周转天数 = \frac{应收账款平均余额}{平均日销售额}$$

应收账款周转天数提供了一个简单的指标，将企业当前的应收账款周转天数与规定的信用期限、历史趋势以及行业正常水平进行比较，可以反映企业整体的收款效率。然而，应收账款周转天数可能被销售量的变动趋势和销售量的剧烈波动以及季节性销售所破坏。

【情景4-9】 惠达股份有限公司2021年第一季度应收账款平均余额为290 000元，信用条件为在60天内按全额付清款项，3个月的赊销情况为：

1月：92 000元

2月：140 000元

3月：120 000元

应收账款周转天数的计算如下：

平均日销售额＝（92 000＋140 000＋120 000）÷90≈3 911（元）

应收账款周转天数 =290 000÷3 911 ≈ 74.15（天）

平均逾期天数的计算：

平均逾期天数 = 应收账款周转天数 - 平均信用期天数 =74.15-60=14.15（天）

3. 余额管理模式

账龄分析表可以用于进一步建立应收余额的模式，这是重要的现金流预测工具。应收账款账户余额的模式反映一定期间（如1个月）的赊销额，即在发生赊销的当月月末及随后的各月仍未偿还的百分比。企业收款的历史决定了正常的应收账款余额的模式，企业管理部门通过将当前的模式和过去的模式进行对比来评价应收账款余额模式的变化。企业还可以运用应收账款账户余额的模式来计划应收账款金额水平，衡量应收账款的收账效率以及预测未来的现金流。

【情景4-10】惠达股份有限公司应收账款的账龄情况如表4-7所示。从表中可以看出，该企业信用期内的应收账款仅占55.56%，超过信用期的有44.44%，其中超过信用期100天及以上的占12%，说明该企业应收账款的质量欠佳，回收风险较大，总体管理存在问题。而从个体情况分析，丙与丁存在的拖欠情况极为严重，应作为重点对象严加监控，加速收款。

表4-7 应收账款账龄分析表

客户	应收账款余额	信用期内	超过信用期限			
			10天内	30天内	100天内	100天以上
甲	200 000	200 000				
乙	120 000	50 000	70 000			
丙	75 000			30 000	45 000	
丁	55 000				25 000	30 000
合计	450 000	250 000	100 000	45 000	25 000	30 000
比例	100%	55.56%	22.22%	10%	5.56%	6.67%

4. ABC分析法

ABC分析法是一种"抓重点、照顾一般"的管理方法，又称重点管理法。它将企业的所有欠款客户按金额的多少进行分类，然后分别采用不同的收账策略。它一方面能加快应收账款收回，另一方面能将收账费用与预期收益联系起来。

【情景4-11】惠达股份有限公司应收账款逾期金额为3 070 000元，为了及时收回逾期货款，企业采用ABC分析法来加强对应收账款回收的监控，具体数据如表4-8、表4-9所示。

表4-8 客户欠款金额

顾客	逾期金额
长江公司	850 000
金甲公司	450 000
易得公司	220 000
中坚公司	250 000
可嘉公司	200 000
欧恩公司	600 000
佳偶公司	230 000
欧日公司	120 000
欧普公司	80 000
哌嗪公司	90 000
…	…

表4-9 欠款客户ABC分类法（共50家客户）

顾客	逾期金额	逾期期限	逾期金额所占比重/%	类别
长江公司	850 000	5个月	27.69	A
欧恩公司	600 000	6个月	19.54	
金甲公司	450 000	4个月	14.66	
小计	1 900 000		61.89	
中坚公司	250 000	3个月	8.14	B
佳偶公司	230 000	2个月	7.49	
易得公司	220 000	3个月	7.17	
可嘉公司	200 000	63天	6.51	
欧日公司	120 000	50天	3.91	
小计	1 070 000		33.22	
哌嗪公司	90 000	28天	2.93	C
欧普公司	80 000	25天	2.61	
…	…	…	…	
小计	150 000		4.89	
合计	3 070 000		100	

先按所有客户应收账款逾期金额的多少分类，并计算出逾期金额所占比重。从表4-9中可以看

出，应收账款逾期金额在 400 000 元以上的有 3 家，占客户总数的 6%，逾期总额为 1 900 000 元，占应收账款逾期金额的 61.89%，我们将其划入 A 类，这类客户是催款的重点对象。应收账款逾期金额在 100 000～300 000 元的客户有 5 家，占客户总数的 10%，其逾期金额占应收账款逾期金额总数的 33.22%，我们将其划入 B 类。欠款在 100 000 元以下的客户有 42 家，占客户总数的 84%，但其逾期金额仅占应收账款逾期金额的 4.89%，将其划分为 C 类。综上所述，ABC 类示意图如图 4-4 所示。

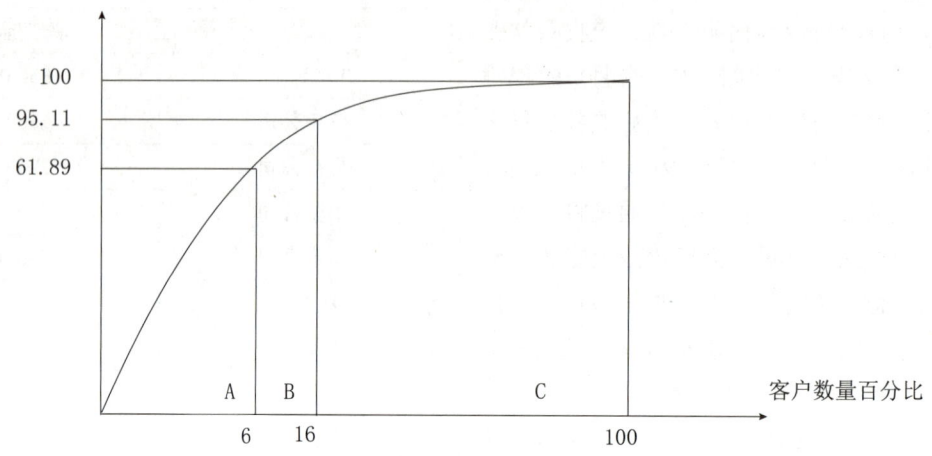

图 4-4　ABC 类示意图

5. 应收账款保理

应收账款保理是企业将赊销形成的未到期应收账款在满足一定条件的情况下，转让给保理商（商业银行），以获得流动资金，加快资金周转。

保理可以分为有追索权保理（非买断型）和无追索权保理（买断型）、明保理和暗保理、折扣保理和到期保理。

对于企业而言，应收账款保理的财务管理作用主要体现在如下几个方面。

（1）融资功能。应收账款保理的实质是将未到期应收账款这种流动资产作为抵押，从而获得银行短期借款的一种融资方式。

（2）减轻企业应收账款管理负担。企业把应收账款让与专业保理商进行管理，使企业减轻财务管理负担，提高财务管理效率。

（3）减少坏账损失、降低经营风险。采用应收账款保理后，一方面可以提供信用风险控制与坏账担保，另一方面可以借助专业保理商催收账款，有效控制坏账风险。

（4）改善企业财务结构。应收账款保理业务是将企业的应收账款与货币资金进行置换，增强企业资产的流动性，提高债务清偿能力和盈利能力。

任务 4.4　存货管理

4.4.1　存货管理概述

1. 存货管理的目标

存货，是指企业在日常活动中持有以备出售的产成品或商品、处在生产过程中的在产品、在生产过程中或提供劳务过程中耗用的材料和物料等。存货区别于固定资产等非流动资产的最基本的特征是，企业持有存货的最终目的是出售，包括可供直接销售的产成品、商品，以及需经过进一步加工后出售的原材料等。

企业的存货通常包括以下内容：企业持有存货一方面是为了保证生产或销售的经营需要；另一方面是出于价格的考虑，零购物资的价格往往较高，而整批购买在价格上有优惠。但是，过多的存货要占用较多资金，并且会增加包括仓储费、保险费、维护费、管理人员工资在内的各项开支，因此存货管理的目标，就是在保证生产或销售经营需要的前提下，最大限度地降低存货成本，具体包括以下几项内容：

（1）保证生产正常进行。生产过程中需要的原材料和在产品，是生产的物质保证。为保障生产的正常进行，必须储备一定量的原材料，否则可能造成生产中断、停工待料现象出现。尽管当前部分企业的存货已经实现计算机自动化管理，但要实现存货为零的目标实属不易。

（2）有利于销售。一定数量的存货储备能够增加企业在生产、销售方面的机动性和适应市场变化的能力。当企业市场需求量增加时，若产品储备不足就有可能失去销售良机。同时，由于顾客为节约采购成本和其他费用，一般可能成批采购，企业为了达到运输中的最优批量也会组织成批发运。所以，保持一定量的存货是有利于市场销售的。

（3）便于维持均衡生产，降低产品成本。有些企业的产品属于季节性产品或需求波动较大的产品，此时若根据需求状况组织生产，则有时可能生产能力得不到充分利用，有时又超负荷生产，造成产品成本的上升。为了降低生产成本，实现均衡生产，就要储备一定的产成品存货，并相应地保持一定数量的原材料存货。

（4）降低存货取得成本。一般情况下，当企业进行采购时，进货总成本与采购物资的单价和采购次数有密切关系。许多供应商为鼓励客户多购买其产品，往往在客户采购量达到一定数量时，给予价格折扣，所以企业通过大批量集中进货，既可以享受价格折扣，降低购置成本，也因减少订货次数，降低了订货成本，使总的进货成本降低。

（5）防止意外事件的发生。企业在采购、运输、生产和销售过程中，可能发生意料之外的事故，保持必要的存货保险储备，可以避免和减少意外事件的损失。

2. 存货成本

存货的成本包括取得成本、储存成本和缺货成本，在存货管理中，一般假设短缺成本为0，即不会发生存货短缺的情形。

（1）取得成本。取得成本指为取得某种存货而支付的成本，又分为订货成本和购置成本。

①订货成本。订货成本指取得订单的成本，如订货的差旅费、邮资。订货成本中有一部分与订货次数无关，如常设采购机构的基本开支，称为固定的订货成本；另一部分与订货次数有关，如差旅费，称为订货的变动成本。订货成本的计算公式为

$$订货成本 = F_1 + \frac{D}{Q}K$$

提示

固定的订货成本通常为无关成本。

②购置成本。购置成本指为购买存货本身所支出的成本,即存货本身的价值,常用数量与单价的乘积来确定。

$$购置成本 = DU$$

式中,D——年需要用量;

U——单价。

> **提示**
>
> 在没有购货折扣的条件下,购置成本是无关成本。

③取得成本。订货成本加上购置成本,就等于存货取得成本。

$$TC_a = F_1 + \frac{D}{Q}K + DU$$

(2)储存成本。储存成本指为保存存货而发生的成本,包括存货占用资金的利息、仓储费、保险费、存货变质或损失的费用。储存成本也分固定成本和变动成本,固定成本与存货数量无关,如仓库折旧;变动成本与存货数量有关,如存货占用资金利息、保险费。储存成本的计算公式为:

$$TC_c = F_2 + K_c \frac{Q}{2}$$

> **提示**
>
> 固定的储存成本通常为无关成本。

(3)缺货成本。缺货成本是存货供应中断造成的损失,包括停工损失、拖欠发货损失和丧失销售机会的损失。

> **提示**
>
> 在存货管理中,不允许出现缺货情况,所以认为缺货损失为0。

存货成本就是上述成本之和,计算公式为:

$$TC = TC_a + TC_c + TC_s = F_1 + \frac{D}{Q}K + DU + F_2 + K_c \frac{Q}{2} + TC_s$$

> **注意**
>
> 企业存货管理的目标,就是存货成本值最小。

4.4.2 最佳存货量的确定

存货的决策涉及四项内容:决定进货项目、选择供应单位、决定进货时间和决定进货批量。按照存货管理的目的,需要通过合理的进货批量和进货时间,使存货的总成本最低,这个批量就是经济订货量或经济批量,主要采取经济订货模型加以计算。

1. 经济订货基本模型

经济订货基本模型是建立在一系列严格假设基础上的。这些假设包括:

(1)存货总需求量是已知常数;

(2)订货提前期是常数;

(3)货物是一次性入库;

(4)单位货物成本为常数,无批量折扣;

(5)库存储存成本与库存水平呈线性关系;

(6)货物是一种独立需求的物品,不受其他货物影响;

(7)不允许缺货,即无缺货成本,TC_s为零。

设立上述假设后,不考虑无关成本,前述的总成本公式可以简化为

$$TC(Q) = \frac{D}{Q}K + K_c \frac{Q}{2}$$

式中,$TC(Q)$——每期存货的相关总成本;

D——每期对存货的总需求;

Q——每次订货批量;

K——每次订货费用;

K_c——每期单位变动储存成本。

使$TC(Q)$最小的批量Q即为经济订货批量EOQ。利用数学知识,可推导出公式:

$$EOQ = \sqrt{2KD/K_c}$$

$$TC(EOQ) = \sqrt{2KDK_c}$$

【情景4-12】 惠达股份有限公司每年需耗用特制面粉40 000千克，平均每次订货成本为1 800元，单位储存成本为400元，计算经济进货，批量经济进货批次、经济订货批量下的相关进货成本、储存成本及最低年存货总成本（计算结果保留整数）。

$$EOQ = \sqrt{\frac{2KD}{K_c}} = \sqrt{\frac{2 \times 40\,000 \times 1\,800}{400}} = 600 \text{（千克）}$$

相关订货成本 $= \dfrac{D}{Q} t = \dfrac{40\,000}{600} \times 1\,800$
$\approx 120\,000$（元）

储存成本 $= \dfrac{Q}{2} K_c = \dfrac{600}{2} \times 400 = 120\,000$（元）

$\dfrac{D}{Q} = \dfrac{40\,000}{600} \approx 67$（次）

$TC = \sqrt{2KDK_c} = \sqrt{2 \times 40\,000 \times 1\,800 \times 400}$
$= 240\,000$（元）

2. 再订货点

一般情况下，企业的存货不能做到随用随补充，因此需要在没有用完时提前订货。再订货点就是在提前订货的情况下，为确保存货用完时订货刚好到达，企业再次发出订货单时应保持的存货库存量，它的数量等于平均交货时间和每日平均需用量的乘积：

$$R = L \times d$$

式中，R——再订货点；

L——平均交货时间；

d——每日平均需用量。

【情景4-13】 惠达股份有限公司植物油的日均正常需用量为350千克，订货提前期为15天，则再订货点为多少？

植物油再订货点 $= 350 \times 15 = 5\,250$（千克）

3. 缺货状态下最佳订货批量

基本模型中有"不允许缺货"的假设条件，实际上因供货方或运输部门的问题导致材料不能及时运到，造成缺货损失的现象是不可避免的，这时应将缺货成本作为决策的相关成本来考虑。因此，企业在确定经济批量的相关总成本时，不仅要考虑进货费用和储存成本，而且要考虑缺货成本。缺货成本按经验加以估算，即

存货总成本 = 订货成本 + 储存成本 + 缺货成本

设Q为缺货量，S为单位缺货成本，则有

$$\text{平均送货量} = \frac{(Q - Q_1)^2}{2Q}$$

$$\text{平均缺货量} = \frac{Q_1^2}{2Q}$$

$$TC = \frac{D}{Q} K + \frac{(Q - Q_1)^2}{2Q} K_c + \frac{Q_1^2}{2Q} S$$

根据上式，分别对Q及Q_1求偏导数，并令之为零，得

缺货条件下的经济批量 $Q = \sqrt{\dfrac{2KD}{K_c} \times \dfrac{K_c + S}{S}}$

允许最大的缺货量 $Q_1 = \dfrac{QK_c}{K_c + S}$

最低存货总成本 $= \sqrt{\dfrac{2KDK_c}{K_c + S}}$

【情景4-14】 惠达股份有限公司盐全年需求量为8 000千克，一次进货费用为600元，单位储存成本为220元，单位缺货成本为160元，求该企业允许缺货条件下的经济批量及最低相关存货总成本。

$$Q = \sqrt{\left(\frac{2KD}{K_c}\right) \times \frac{K_c + S}{S}}$$

$$= \sqrt{\left(2 \times 8\,000 \times \frac{600}{220}\right) \times \frac{220 + 160}{160}}$$

≈ 322（千克）

$$TC = \sqrt{\frac{2KDK_c}{K_c + S}}$$

$$= \sqrt{2 \times 8\,000 \times 600 \times 220 \times \frac{160}{160 + 220}}$$

$\approx 29\,821$（元）

4. 存货陆续供应和使用模型

经济订货基本模型是建立在存货一次全部入库的假设之上的。事实上，各批存货一般都是陆续入库，库存量陆续增加。特别是产成品入库和在产品转移，几乎总是陆续供应和陆续耗用的。在这种情

况下，需要对经济订货的基本模型做一些修正。

$$送货期 = \frac{Q}{p}$$

假设每日消耗量为d，则送货期内的全部消耗用量为：

$$送货期耗用量 = \frac{Q}{p} \times d$$

由于零件边送边用，所以每批送完时，送货期内平均库存量为：

$$送货期内平均库存量 = \frac{1}{2}\left(Q - \frac{Q}{p} \times d\right)$$

假设存货年需用量为D，每次订货费用为K，单位变动储存成本为K_c，则与批量有关的总成本为：

$$TC(Q) = \frac{D}{Q}K + \frac{1}{2}\left(Q - \frac{Q}{p} \times d\right)K_c$$

$$= \frac{D}{Q}K + \frac{Q}{2}\left(1 - \frac{d}{p}\right)K_c$$

在订货变动成本与储存变动成本相等时，$TC(Q)$有最小值，故存货陆续供应和使用的经济订货量公式为：

$$\frac{D}{Q}K = \frac{Q}{2}\left(1 - \frac{d}{p}\right)K_c$$

$$EOQ = \sqrt{\frac{2KD}{K_c} \times \frac{p}{p-d}}$$

将这一公式代入上述$TC(Q)$公式，可得出存货陆续供应和使用的经济订货量相关总成本公式为

$$TC(EOQ) = \sqrt{2KDK_c \times \left(1 - \frac{d}{p}\right)}$$

【情景4-15】 惠达股份有限公司纯净水年需用量（D）为8 000千克，每日送货量（p）为400千克，每日耗用量（d）为120千克，单价（U）为20元，一次订货成本（生产准备成本）（K）为3 000元，单位储存变动成本（K_c）为1 200元。要求计算该零件的经济订货量和相关总成本。将例中数据代入相关公式，则：

$$EOQ = \sqrt{\frac{2KD}{K_c} \times \frac{p}{p-d}}$$

$$= \sqrt{\frac{2 \times 3\,000 \times 8\,000}{1\,200} \times \frac{400}{400-120}}$$

$$\approx 239（千克）$$

$$TC(EOQ) = \sqrt{2KDK_c \times \left(1 - \frac{d}{p}\right)}$$

$$= \sqrt{2 \times 3\,000 \times 8\,000 \times 1\,200 \times \left(1 - \frac{120}{400}\right)}$$

$$\approx 200\,798（元）$$

5. 保险储备

前面讨论的经济订货量是以供需稳定为前提的，但实际情况并非完全如此，企业对存货的需求量可能发生变化，交货时间也可能延误。在交货期内，如果发生需求量增大或交货时间延误，就会发生缺货。为防止由此造成的损失，企业应有一定的保险储备。图4-5显示了具有保险储备时的存货水平。图4-5中，在再订货点，企业按EOQ订货。在交货期内，如果对存货的需求量很大，或交货时间由于某种原因被延误，企业就可能发生缺货。为防止存货中断，再订货点应等于交货期内的预计需求与保险储备之和，即：

再订货点 = 交货期内的预计需求 + 保险储备

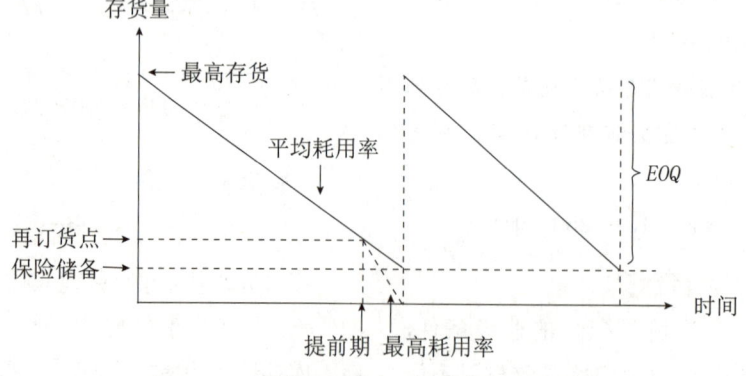

图4-5　不确定需求和保险储备下的存货水平

企业应保持多少保险储备才合适,取决于存货中断的概率和存货中断的损失。较高的保险储备虽可降低缺货损失,但也增加了存货的储存成本。因此,最佳的保险储备应该是使缺货损失和保险储备的储存成本之和达到最低。

【情景4-16】惠达股份有限公司计划年度耗用纽扣1 200 000个,材料单价40元,经济订货量200 000个,全年订货6次(1 200 000/200 000),再订货点为2 200个。单位材料年储存成本为材料单价的30%,单位材料缺货损失30元。在交货期内,生产需要量及其概率如表4-10所示,该企业最佳保险储备的计算如表4-11所示。

表4-10 生产需要量及其概率

生产需要量/个	概率
2 000	0.1
2 100	0.2
2 200	0.4
2 300	0.2
2 400	0.1

表4-11 保险储备分析

单位:元

保险储备量/个	缺货量/个	缺货概率	缺货损失	保险储备的储存成本	总成本
0	0	0.1	0		
	0	0.2	0		
	0	0.4	0		
	100	0.2	6×100×0.2×30=3 600		
	200	0.1	6×200×0.1×30=3 600		
			缺货损失期望值=7 200	0	7 200
100	0	0.1	0		
	0	0.2	0		
	0	0.4	0		
	0	0.2	0		
	100	0.1	6×100×0.1×30=1 800		
			缺货损失期望值=1 800	100×40×0.3=1 200	3 000
200	0	0.1	0		
	0	0.3	0		
	0	0.4	0		
	0	0.2	0		
	0	0.1	0		
			缺货损失期望值=0	200×40×0.3=2 400	2 400

从表4-11中可以看出,当保险储备为200个时,缺货损失与储存成本之和最低。因此,该企业保险储备量为200个比较合适。

4.4.3 存货的控制系统

存货管理不仅需要各种模型帮助确定适当的存货水平,还需要建立相应的存货控制系统。传统的存货控制系统有定量控制系统和定时控制系统两种。定量控制系统是指当存货下降到一定水平时即发出订货单,订货数量是固定的和事先决定的。定时控制系统是每隔一个固定时期,无论现有存货水平是多少,即发出订货申请。这两种系统虽都较简单和易于理解,但不够精确。现在许多大型企业已采用了计算机存货控制系统。当存货数据输入计算机后,计算机即对这批货物开始跟踪。此后,每当有该货物被取出时,计算机就及时作出记录并修正库存余额。当存货下降到再订货点时,计算机自动发出订单,并在收到订货时记下所有的库存量。计算机系统能对大量种类的存货进行有效管理,这也是大型企业愿意采用这种系统的原因之一。对于大型企业而言,其存货种类数以十万计,要使用人力及传统方法来对如此众多的库存进行有效管理,及时调整存货水平,避免出现缺货或浪费现象简直是不可能的,但计算机系统却能对此做出迅速有效的反应。

伴随着业务流程重组的兴起以及计算机行业的发展,存货管理系统也得到了很大的发展。从 MRP(物料资源规划)发展到 MRP-Ⅱ(制造资源规划),再到 ERP(企业资源规划),以及后来的柔性制造和供应链管理,甚至是外包等管理方法的快速发展,都大大地促进了企业存货管理方法的发展。这些新的生产方式把信息技术革命和管理进步融为一体,提高了企业的整体运作效率。以下将对两个典型的存货控制系统进行介绍。

1. ABC 控制系统

ABC 控制系统就是把企业种类繁多的存货,依据其重要程度、价值大小或者资金占用等标准分为三大类:A 类高价值存货,品种数量虽占全部存货的 10%~15%,但价值占全部存货的 50%~70%;B 类中等价值存货,品种数量占全部存货的 20%~25%,价值占全部存货的 15%~20%;C 类低价值存货,品种数量多,占全部存货的 60%~70%,价值占全部存货的 10%~35%。针对不同类别的存货分别采用不同的管理方法,A 类存货应作为管理的重点,实行重点控制、严格管理;而对 B 类和 C 类存货的重视程度则可依次降低,采取一般管理。

2. 适时制库存控制系统

适时制库存控制系统又称零库存管理、看板管理系统。它最早由丰田公司提出并将其应用于实践,是指制造企业事先与供应商和客户协调好:只有当制造企业在生产过程中需要原料或零件时,供应商才会将原料或零件送来;每当产品生产出来就被客户拉走。这样,制造企业的存货持有水平就可以大大下降,企业的物资供应、生产和销售形成连续的同步运动过程。显然,适时制库存控制系统需要的是稳定而标准的生产程序以及诚信的供应商,否则,任何一环出现差错都将导致整个生产线的停止。目前,已有越来越多的企业利用适时制库存控制系统减少甚至清除对存货的需求,即实行零库存管理,如沃尔玛、丰田、海尔等。适时制库存控制系统被进一步应用于企业整个生产管理的过程中——集开发、生产、库存和分销于一体,大大提高了企业运营管理效率。

任务 4.5 流动负债管理

4.5.1 短期借款

企业的借款通常按其流动性或偿还时间的长短,可划分为短期借款和长期借款。短期借款指企业从银行或其他金融机构借入的期限在 1 年(含 1 年)以下的各种借款。

目前,我国短期借款按照目的和用途,分为生产周转借款、临时借款、结算借款、票据贴现借款。按照国际惯例,短期借款往往按偿还方式不同,可分为一次性偿还借款和分期偿还借款;

按利息支付方式不同，可分为收款法借款、贴现法借款和加息法借款；按有无担保，可分为抵押借款和信用借款。

短期借款虽可以根据企业的需要灵活使用，但缺点是短期内要归还，且可能附带很多附加条件。

1. 短期借款的信用条件

银行或其他金融机构向企业贷款时，会附带一定的信用条件。短期借款所附带的信用条件主要有以下几点：

（1）信贷额度。信贷额度即贷款限额，是借款企业与银行在协议中规定的借款最高限额，信贷额度的有效期限为1年。一般情况下，在信贷额度内，企业可以随时按需要支用借款，但是银行并不承担必须贷款的义务。

> **提示**
> 如果企业信誉恶化，即使在信贷限额内，企业也可能得不到借款。此时，银行不会承担法律责任。

（2）周转信贷协定。周转信贷协定是银行具有法律义务地承诺提供不超过某一最高限额的贷款协定。在协定的有效期内，只要企业借款总额未超过最高限额，银行就必须满足企业任何时候提出的借款要求。企业要享用周转信贷协定，会就贷款限额的未使用部分付给银行一笔承诺费用。

【情景4-17】惠达股份有限公司与银行商定的周转信贷额度为 60 000 000 元，年度内实际使用了 30 000 000 元，承诺率为 0.65%，企业向银行支付的承诺费为：

信贷承诺费 =（60 000 000-30 000 000）× 0.65%=195 000（元）

> **提示**
> 周转信贷协定的有效期通常超过1年，但实际上贷款每几个月发放一次，所以这种信贷具有短期借款和长期借款的双重特点。

（3）补偿性余额。补偿性余额是银行要求借款企业在银行中保持按贷款限额或实际借款以一定比例计算的最低存款余额。对于银行来说，补偿性余额有助于降低贷款风险，补偿其可能遭受的风险。对借款企业来说，补偿性余额则提高了借款的实际利率，加重了企业的负担。

【情景4-18】惠达股份有限公司向银行借款 5 000 000 元，利率为 6%，银行要求保留 11% 的补偿性余额，则企业施加可动用的贷款为 4 450 000 元，该借款的实际利率为：

借款实际利率 =5 000 000×6%÷4 450 000
=6%÷（1-11%）
≈ 6.74%

（4）借款抵押。银行向财务风险较大的企业或信誉不好的企业提供贷款时，有时需要有抵押担保，以减少银行贷款风险。短期借款的抵押品是借款企业的应收账款、存货及短期有价证券等。一般而言，银行根据抵押品面值的 30%～90% 决定贷款金额。这一比例的高低，取决于抵押品的变现能力和银行的风险偏好。

> **提示**
> 抵押借款的成本高于非抵押借款。另外，企业提供贷款抵押品后，会限制企业财产的使用和将来的借款能力。

（5）偿还条件。贷款的偿还方式有两种，即到期一次偿还和在贷款期限内定期偿还。一般地，借款企业不希望采用后一种偿还方式，因为这会提高借款的实际利率，而银行不希望采用前一种偿还方式，因为这会加重企业财务负担，增加企业的拒付风险，同时会降低实际贷款利率。

（6）其他承诺。银行有时还会要求企业为取得贷款而做出其他承诺，如及时提供财务报表、保持适当的财务水平（如特定的流动比率）。如果企业违背所做出的承诺，银行可要求企业立即偿还全部贷款。

2. 短期借款的成本

短期借款的成本主要包括利息、手续费。短期借款成本的高低主要取决于贷款利率的高低和利息的支付方式。短期贷款利息的支付方式有收款法、贴现法和加息法三种。付息方式不同，短期贷款成本的计算方法也有所不同。

（1）收款法。收款法是在借款到期时向银行支付利息的方法。银行向企业贷款一般都采用这种方法收取利息。采用收款法时，短期贷款的实际利率就是名义利率。

（2）贴现法。贴现法又称折价法，指银行向企业发放贷款时，先从本金中扣除利息部分，到期时借款企业偿还全部贷款本金的一种利息支付方法。在这种利息支付方式下，企业可以利用的贷款只是本金减去利息部分后的差额，因此贷款的实际利率要高于名义利率。

【情景4-19】惠达股份有限公司从银行取得借款3 000 000元，期限1年，利率8%，利息240 000元。按贴现法付息，企业实际可动用的贷款为2 760 000元，计算该借款的实际利率。

借款实际利率 = 3 000 000 × 8% ÷ 2 760 000
= 8% ÷ (1 - 8%)
≈ 8.70%

（3）加息法。加息法是银行发放分期等额偿还贷款时采用的利息收取方法。在分期等额偿还贷款情况下，银行将根据名义利率计算的利息加到贷款本金上，计算出贷款的本息和，要求企业在贷款期内分期偿还本息之和。由于贷款本金分期均衡偿还，借款企业实际上只平均使用了贷款本金的一半，却支付了全额利息，因此企业所负担的实际利率便要高于名义利率大约1倍。

【情景4-20】惠达股份有限公司借入（名义）年利率为14%的贷款50 000元，分12个月等额偿还本息。该项借款的实际年利率为：

实际年利率 = 50 000 × 14% ÷ (50 000 ÷ 2)
= 28%

4.5.2 短期融资券

短期融资券是由企业依法发行的无担保短期本票。在我国，短期融资券指企业依照《银行间债券市场非金融企业债务融资工具管理办法》的条件和程序，在银行间债券市场发行，约定在一定期限内还本付息的有价证券，是企业筹措短期（1年以内）资金的直接融资方式。

1. 发行短期融资券的相关规定

（1）发行人为非金融企业，发行企业均应经过在中国境内工商注册且具备债券评级能力的评级机构的信用评级，并将评级结果向银行间债券市场公示。

（2）发行和交易的对象是银行间债券市场的机构投资者，不向社会公众发行和交易。

（3）融资券的发行由符合条件的金融机构承销，企业不得自行销售融资券。发行融资券募集的资金用于本企业的生产经营。

（4）融资券采用实名记账方式在中央国债登记结算有限责任公司（简称"中央结算公司"）登记托管，中央结算公司负责提供有关服务。

（5）债务融资工具发行利率、发行价格和所涉费率以市场化方式确定，任何商业机构不得以欺诈、操纵市场等行为获取不正当利益。

2. 短期融资券的种类

（1）按发行人分类，短期融资券分为金融企业的融资券和非金融企业的融资券。在我国，目前发行和交易的是非金融企业的融资券。

（2）按发行方式分类，短期融资券分为经纪人承销的融资券和直接销售的融资券。非金融企业发行融资券一般采用间接承销方式进行，金融企业发行融资券一般采用直接发行方式进行。

3. 短期融资券的筹资特点

（1）短期融资券的筹资成本较低。相对于发行企业债券筹资而言，发行短期融资券的筹资成本较低。

（2）短期融资券的筹资数额比较大。相对于银行借款筹资而言，短期融资券一次性的筹资数额比较大。

（3）发行短期融资券的条件比较严格。只有具备一定的信用等级的实力强的企业，才能发行短期融资券筹资。

4.5.3 商业信用

商业信用指企业在商品或劳务交易中，以延期付款或预收货款方式进行购销活动而形成的借贷关系，是企业之间的直接信用行为，也是企业短期资金的重要来源。商业信用产生于企业生产经营的商品、劳务交易之中，是一种"自动性筹资"。

1. 商业信用的形式

（1）应付账款。应付账款是供应商给企业提供的一个商业信用。由于购买者往往在到货一段时间后才付款，商业信用就成为企业短期资金来源。例如，企业规定对所有账款均见票后若干日付款，商业信用就成为随生产周转变化的一项内在的资金来源。当企业扩大生产规模时，其进货和应付账款相应增长，商业信用就提供了增产需要的部分资金。

商业信用条件常包括以下两种：

①有信用期，但无现金折扣，如"$N/30$"表示30天内按发票金额全数支付。

②有信用期和现金折扣，如"$2/10, N/30$"表示10天内付款享受现金折扣2%，若买方放弃折扣，30天内必须付清款项。

供应商在信用条件中规定有现金折扣，目的主要在于加速资金回收。企业在决定是否享受现金折扣时，应仔细考虑。一般放弃现金折扣的成本是高昂的。

①放弃现金折扣的信用成本。若买方企业购买货物后在卖方规定的折扣期内付款，则可以获得免费信用，这种情况下企业没有因为取得延期付款信用而付出代价。例如，某应付账款规定付款信用条件为"$2/10, N/30$"，指买方在10天内付款，可获得2%的付款折扣，若在10天至30天内付款，则无折扣；允许买方付款期限最长为30天。

②放弃现金折扣的信用决策。企业放弃应付账款现金折扣的原因，可能是企业资金暂时缺乏，也可能是企业将应付账款用于临时性短期投资，以获得更高的投资收益。如果企业将应付账款额用于短期投资，所获得的投资报酬率高于放弃折扣的信用成本率，则应当放弃现金折扣。

（2）应付票据。应付票据指企业在商品购销活动和对工程价款进行结算中，因采用商业汇票结算方式而产生的商业信用。商业汇票指由付款人或存款人（或承兑申请人）签发，由承兑人承兑，并于到期日向收款人或被背书人支付款项的一种票据，包括商业承兑汇票和银行承兑汇票。应付票据按是否带息，分为带息应付票据和不带息应付票据两种。

（3）预收货款。预收货款指销货单位按照合同和协议规定，在发出货物之前向购货单位预先收取部分或全部货款的信用行为。购货单位对于紧俏商品往往乐于采用这种方式购货。销货方对于生产周期长、造价较高的商品，往往采用预收货款方式销货，以缓和本企业资金占用过多的矛盾。

（4）应计未付款。应计未付款是企业在生产经营和利润分配过程中已经计提但尚未以货币支付的款项。主要包括应付职工薪酬、应缴税金、应付利润或应付股利。以应付职工薪酬为例，企业以半月或月为单位支付职工薪酬，在应付职工薪酬已计但未付的这段时间，就会形成应计未付款。它相当于职工给企业的一个信用。应缴税金、应付利润或应付股利也有类似的性质。应计未付款随着企业规模扩大而增加，企业使用这些自然形成的资金无须付出任何代价。企业不能一直控制这些款项，因为其支付是有一定时限的，企业不能总拖欠这些款项。企业尽管可以充分利用应计未付款项，但并不能控制这些账目的水平。

2. 商业信用的优点

（1）商业信用容易获得。商业信用的载体是商品购销行为，企业有一批既有供需关系又有相互信用基础的客户，所以对大多数企业而言，应付账款和预收账款是自然的、持续的信贷形式。商业信用的提供方一般不会对企业的经营状况和风险作严格的考量，企业无须办理像银行借款那样复杂的手续便可取得商业信用，有利于应对企业生产经营之急需。

（2）企业有较大的机动权。企业能够根据需要决定筹资的金额大小和期限长短，同样要比银行借款等其他方式灵活得多，甚至如果在期限内不能付款或交货时，一般还可以通过与客户协商，请求延长时限。

（3）企业一般不用提供担保。商业信用筹资不需要第三方担保，也不会要求筹资企业用资产进行抵押。这样，在出现逾期付款或交货的情况时，可以避免像银行借款那样面临抵押资产被处置的风险，企业的生产经营能力在较长时间内不会受到限制。

3. 商业信用的缺点

（1）商业信用筹资成本高。在附有现金折扣条件的应付账款融资方式下，其筹资成本与银行信用相比较高。

（2）容易降低企业的信用水平。商业信用的期限短，还款压力大，对企业现金流量管理的要求很高。如果长期和经常性地拖欠账款，就会造成企业的信誉恶化。

（3）受外部环境影响较大。商业信用筹资受外部环境影响较大，稳定性较差，即使不考虑机会成本，也是不能被无限利用的。一是受商品市场的影响，如当求大于供时，卖方可能停止提供信用。二是受资金市场的影响，当市场资金供应紧张或有更好的投资方向时，商业信用筹资就可能遇到障碍。

项目小结

本项目介绍了营运资金的概念、营运资金策略、现金管理概述、最佳现金持有量、现金管理模式、现金收支管理、应收账款存在必要性及其成本、信用政策、应收账款日常管理、存货管理概述、最佳存货量的确定、存货的控制系统、短期借款、短期融资券和商业信用。

思考与练习

一、单项选择题

1. 营运资金管理（　　）。
   A. 确保有足够的设备可以每天生产足够的产品数量
   B. 确保以尽可能低的成本获得长期债务
   C. 确保每年向所有股东支付股息
   D. 关注资产负债表的上半部分

2. 营运资金的来源可能是（　）。
A. 流动负债　　B. 长期负债
C. 应付账款　　D. 短期借款
3. 企业持有一定量的短期有价证券，主要是为了维护企业资金的流动性和（　）。
A. 企业资金的收益性
B. 企业良好的信誉
C. 非正常情况下的现金需要
D. 正常情况下的现金需要
4. 应收账款管理的目标是（　）。
A. 扩大销售，增强企业的竞争力
B. 减少占用在应收账款上的资金
C. 减少给客户支付的现金折扣
D. 应收账款信用政策的权衡
5. 下列各项属于应收账款机会成本的有（　）。
A. 应收账款账簿记录费用
B. 收账费用
C. 应收账款占用资金的应计利息
D. 坏账成本

二、多项选择题

1. 下列项目中，属于应收账款管理成本的有（　）。
A. 对客户的资信调查费用
B. 收账费用
C. 坏账成本
D. 收集相关信息的费用
2. 企业通常采用"5C"评分法分析信用受评人（客户）信用质量，确定其风险等级，那么"5C"是指（　）。
A. 品德　　　　B. 能力
C. 资本　　　　D. 抵押品
3. 存货经济进货批量的基本模式的假设前提有（　）。
A. 存货的耗用或销售比较稳定
B. 企业一定时期内进货总量可以准确预测
C. 不允许出现缺货
D. 存货价格可以存在数量折扣，但不允许存在销售折让
4. 一般而言，与短期融资券和短期借款相比，商业信用融资的优点有（　）。
A. 融资数额较大
B. 融资条件宽松
C. 融资机动权大
D. 不需要提供担保
5. 在确定因放弃现金折扣而发生的信用成本时，需要考虑的因素有（　）。
A. 数量折扣百分比　　B. 现金折扣百分比
C. 折扣期　　　　　　D. 信用期

三、判断题

1. 营运资金越多，风险越大，但收益率越高，反之则相反。（　）
2. 永久性流动资产是指为了满足企业长期稳定的资金需要，在正常生产经营期间必须保留的流动资产。（　）
3. 如果销售额不稳定且难以预测，则企业应保持较高的流动资产水平。（　）
4. 公司必须对应收账款的总体水平加以监督，因为应收账款的增加会影响公司的流动性。（　）
5. 在应收账款的管理中，ABC分析法是现代经济管理中广泛应用的一种"抓重点、照顾一般"的管理方法，又称重点管理法。（　）

四、简答题

1. 简述企业持有现金的动机。
2. 企业的日常现金该如何管理？

项目 5　利润及利润分配管理

知识目标

◎ 了解成本的概念和种类；

◎ 掌握收入管理；

◎ 掌握分配管理。

技能目标

◎ 掌握成本性态及混合成本的分解；

◎ 掌握变动成本法；

◎ 掌握标准成本法；

◎ 掌握作业成本法。

案例导入

红运公司是一家大型钢铁公司，公司业绩一直很稳定，盈余的长期成长率为10%。2020年，公司税后利润为1 500万元，当年发放股利280万元。2021年，因公司面临一个投资机会，预计盈利可达到1 800万元，而该公司投资总额为1 200万元，预计2021年以后仍会恢复10%的增长率。公司目标资本结构负债／权益为4∶5。现在公司面临股利分配政策的选择，可供选择的股利分配政策有固定股利支付率政策、剩余股利政策以及固定股利政策。

案例思考

如果你是该公司的财务分析人员，请你计算2021年公司实行不同的股利政策时的股利水平，并比较不同的股利政策，做出你认为正确的选择。

导语

利润及利润分配管理作为现代企业财务管理重要内容之一，对于维护企业与各相关利益主体的财务管理、提升企业价值具有重要意义。财务工作者应熟知利润分配的理论和利润分配方法，提高企业的经济效益。

任务 5.1　成本管理

5.1.1　成本管理概述

1. 成本的概念和种类

（1）成本的概念。CCA中国成本协会发布的CCA2101：2005《成本管理体系术语》标准第2.1.2条中对成本术语的定义是：为过程增值和结果有效已付出或应付出的资源代价。成本是企业生产经营管理中的重要指标，其含义在不同的社会形态下是不同的，有狭义和广义之分。

狭义的成本通常是指产品成本。从会计核算角度看，产品成本是企业为生产和销售产品、提供劳务等发生的各种耗费。为了实现有效经营，尽可能提高经济效益，在计划、决策和日常控制的各环节，企业都必须对成本问题进行认真的分析研究。

广义的成本可以理解成管理成本或决策成本，通常包括差量成本、边际成本、机会成本、估算成本、付现成本、沉没成本、重置成本、可避免成本与不可避免成本、可递延成本与不可递延成本、专属成本与共同成本、相关成本与无关成本等。

> **提示**
> 相对狭义成本，广义成本增加的是决策成本，主要为判定方案取舍服务。

（2）成本的种类（从广义的角度划分）。

① 差量成本。差量成本，又称"差别成本"或"差额成本"，是指根据不同备选方案计算出的成本差异，是经营决策中广泛应用的重要的成本概念。

广义的差量成本是指两个备选方案的预期成本之间的差异数。不同方案的经济效益可以通过差量成本的计算反映出来。计算差量成本，有利于决策者进行决策分析，确定最优方案。

差量成本除反映企业现有生产能力的变动情况之外，还可以用于其他方面。如产品零部件自制或外购的决策，是否应接受某些特殊订货或增减某种产品的生产等。

【情景5-1】惠达股份有限公司需要平衡块，现有两个方案可选用，方案A是在不增加机器设备的条件下自制，其单位成本为16元；方案B是外购，零件的购进单价为20元且零件外购时机器闲置。

解析：相比之下，自制零件成本较外购零件成本少支出4元。同时，机器设备在这一特定的情况下，无论是否使用均应提取折旧，故而自制零件的方案较外购方案为优，得出这一结论是由于两方案出现了差量成本。

狭义的差量成本是指由于生产能力利用程度的不同而形成的成本差别。或者说，是同一方案中产品产量的增减变动所引起的总成本的差别。

② 边际成本。边际成本指在生产成本的相关范围内，每增加或减少一个单位生产量所引起的成本变动额，是生产者每多生产一单位产量的产品所支付的追加成本。换言之，边际成本是产品成本对产品产量无限小的一种变动分析。

> **提示**
> 在生产能量的相关范围内，边际成本等于变动成本，单位变动成本和差量成本是边际成本的具体表现形式。

在决策分析中，边际成本可以用来判断产量在经济上是否合算。当企业的生产能力没有得到充分利用时，任何增加产量的产品只要其销售单价高于单位边际成本，企业都会增加盈利或减少亏损。即使此时的销售单价低于总的平均单位成本，但因固定成本总额不发生变动，所以企业仍可保持盈利的态势。

③机会成本。机会成本是企业经营决策中时常使用的一个成本概念，它是指企业在决策分析中选取最优方案而放弃次优方案所丧失的潜在利益，也被称为"机会损失"。可以说，机会成本是选用某一方案所付出的代价，是用丧失价值的多少来评价的，其意义在于能够权衡对比方案的真正优劣。

由于各项资产一般都有多种用途，但在使用时不可能多功能兼用，有"所得"必有"所失"，而"所得"正是因"所失"放弃的"机会"得到的。企业的资金在短期内是一定的，选用某一方案时，不可避免地要放弃一些方案，但它们可能取得的收益，应从入选方案的"所得"中得到补偿，这样才能对备选方案可能取得的经济利益做出全面、合理的评价，此时被放弃方案可能取得的经济利益就成为已选定方案的机会成本。例如，某公司的资金可以用于设备投资，扩大企业生产经营规模，也可以将其存入银行取得利息收入。当公司将该项资金用于设备投资时，它就自动放弃了取得利息收入的机会，此时存款利息就成为设备投资方案的机会成本。当然，一项资产只能用于完成一项职能，如果没有其他选择余地时，则该项资产的机会成本等于零。

> **注意**
> 会计记录不能反映机会成本，它虽然不构成企业的实际支出，但毕竟是企业进行决策分析时必须认真考虑的因素。不考虑机会成本就有可能使决策出现失误，以致失去决策应有的效果。

④估算成本。估算成本指需要通过估计、推算才能确定的成本，是机会成本的特殊形态。在决策分析中，一般的机会成本比较容易计量，不需要进行特别计算，但在某些情况下，机会成本也并非一目了然，需要进行预计或估算才能确定。此时的成本虽然没有实际发生，却与企业的经营活动有直接的关联。因此，要将这一因素估算到成本中，所以这一成本也被称为"假计成本"或"视同成本"。在生产经营活动中，企业的利息就是最常见的需要估计的机会成本。比如，企业占用的资金，无论是借入资金还是自有资金，都必须把利息作为使用资金的机会成本进行估算，而不管其是否实际发生，否则就不能保证在同等条件下资金得以合理使用。

⑤付现成本。付现成本指那些由于某项决策引起的需要在未来动用现金支付的成本。在短期经营决策中，当资金筹措较为困难时，决策者不仅要考虑未来支出的"总成本"，更重要的是看"付现成本"的高低，并通过对比，选择付现成本最低的方案来取代总成本最低的方案。原因在于，当企业资金拮据、筹措不易时，付现成本比对总成本更低的考虑更加重要。

【情景5-2】惠达股份有限公司购入急需材料，如果采用一次付清货款的方式，需支付600 000元；如果采用分期付款的方式分3期支付货款，则需要支付650 000元，协议第一、第二个月各付250 000元，最后一个月付100 000元。现该公司资金紧张，一次性付款困难，决策者必须考虑公司有无现款，现款不足供货方是否允许赊购，是否能够接受对方提出的赊购条件；可否从银行借款，银行提供借款的利率能否接受，预计未来收入与包括借款利息在内的销售成本相比有无收入；还要考虑销货合同等其他客观因素。所以，公司应选择分期付款方式。

解析：从资金总量上看，采用分期付款方式虽然比采用一次性付款方式多付了50 000元，但近期的现金支出成本比一次性付款所支付的现金要少，而且这笔多付的款项可以从公司销售收入中尽快得到补偿。同时，如果出现违反合同不能及时交货的情况，就会出现更大的损失。所以，该公司宁愿多付款，也要采取分期付款的方式。

⑥沉没成本。沉没成本也称沉入成本或旁置成本，指由于过去的决策所引起，并已支付款项，且目前无法改变的成本。这类成本一般都是过去发生的，现在或将来的任何决策都无法改变其使用数量及金额，与企业当前决策无关。因此，企

业在进行经营决策时，不需要考虑这部分成本。但是这项成本如果为固定资产支出，则其残值或变现价值与企业的决策分析有关，应予以计入。

【情景5-3】惠达股份有限公司在设备更新决策中，涉及沉没成本问题：一台旧气压机的原值为400 000元，已提折旧200 000元，未提取固定资产减值准备，账面净值为200 000元。预计该设备可再使用5年，假定设备报废后无残值。现有一新设备，价格为300 000元，也可以使用5年。使用新设备后，每年产品的变动成本要比使用旧设备节约100 000元，决策者应判断更新设备对企业是否有利。

⑦重置成本。重置成本也称现时成本，是指目前从市场上购买同一资产所需支付的成本。实际上，重置成本是指企业在日常生产经营过程中，为得到具有同等经营条件或生产能力的新资产所需支付的最低金额。在市场价格不断变化的情况下，计算产品的生产成本，确定产品的销售价格等，都必须把重置成本作为考察的重点内容。

在企业会计核算中，各项资产虽都按照历史成本（实际成本）计价，但在决策分析中，各项资产却按照现行价格计算。计算方法的差异，使账面价格与实际价格出现了不一致。因此，需要重新对资产进行估价，以保证企业的各项资产都尽可能接近实际价格。

【情景5-4】惠达股份有限公司经销机电产品，产品的原单位进价为10 000元，按现行市场价格计算，这批产品的单位进价为13 000元。如果按历史成本计价，原进价10 000元再加10%的流转费用，销售单价为11 000元。按照11 000元出售产品后，公司再购入同样的单位产品就应支付13 000元。

解析：计算结果表明，公司不仅不能获利，反而需要多支付2 000（13 000-11 000）元，出现公司账面盈利、实际亏损的情况。由此可知，重置成本在定价决策中是不可忽视的重要因素。

⑧可避免成本与不可避免成本。在决策分析中，有些成本支出的发生取决于决策。比如，某一项成本开支与采用某一方案直接相关，若不采用这一方案，则该项成本也不会发生，这些与决策方案有直接关系的支出，或者说，通过管理当局的决策行动可以改变其数额的成本被称为可避免成本，如广告费、员工培训费支出等。再如，企业为生产某产品所支付的直接材料费、直接人工费等支出，若不生产该产品，则成本也不会发生，因此这些也属于可避免成本。反之，通过管理当局的决策行动不能改变其数额的成本被称为不可避免成本，如固定资产的折旧费、管理人员的薪酬等并不因某种产品的产量增减而变化，是目前已存在的成本。当考虑新方案时，其预计支出与不可避免成本无关。

⑨可递延成本与不可递延成本。可递延成本又称可延缓成本，也是和某一特定方案有直接关系的成本。它是指在企业财力负担有限的情况下，对已决定选用的某一方案虽推迟执行，但不致影响企业的大局，那么与这一方案有关的成本就称为可递延成本。比如，企业原预备上某项工程，现因资金紧张，决定延缓工程建设，与工程建设有关的材料费、人工费等都属于可递延成本。对已决定选用的某一方案，并且在企业财力负担有限的情况下，也不能推迟执行，否则就会影响企业大局，那么与该方案有关的成本被称为不可递延成本。对于成本的可递延与不可递延的划分，有利于正确区分资金使用上的轻重缓急，促使企业现有资金得到充分利用。

⑩专属成本与共同成本。专属成本也称特定成本，指可以明确归属某种、某批或某个部门的固定成本。共同成本指需由几种、几批或有关部门共同分担的固定成本。

⑪相关成本与无关成本。相关成本是指与决策有关联的各种形式的未来成本。无关成本指过去已经发生，或虽未发生，但对未来决策没有影响的成本。管理会计在为决策分析提供有关的成本资料时，必须先明确哪些是相关成本，哪些是无关成本，然后才能在此基础上进行正确的决策分析。例如，企业在接受订货的过程中，如果需要增加专属设备，那么这些设备的投资与决策相关，而在接受订货的决策中，设备的投资与产品的变动成本支出都是相关成本，应该进行计算分析。

决策的中心内容不同，相关成本的内容也不同。例如，企业接受客户订货时，如果该项订货是在企业的生产能力范围内，此时增加产品产量的决策问题一般与产品的变动成本有关，而与企业的固定成本无关，即变动成本为相关成本，固定成本为无关成本。由于企业实际要解决的问题千差万别，虽然不能简单地将成本划分为相关成本与无关成本，但大体上，变动成本、付现成本、机会成本、估算成本、可避免成本、可递延成本和专属成本都属于相关成本，而沉没成本、历史成本、不可避免成本、不可递延成本、共同成本及各备选方案中项目相同、金额相等的未来成本都属于无关成本。

2. 成本管理的概念

（1）成本管理的含义。成本管理，是对企业在营运过程中实施成本预测、成本决策、成本计划、成本控制、成本核算、成本分析和成本考核等一系列管理活动的总称。

（2）成本管理的原则。

①融合性原则。成本管理应以企业业务模式为基础，将成本管理嵌入业务的各领域、各层次、各环节，实现成本管理责任到人、控制到位、考核严格、目标落实。

②适应性原则。成本管理应与企业生产经营特点和目标相适应，尤其要与企业发展战略或竞争战略相适应。

③成本效益原则。成本管理应用相关工具方法时，应权衡其为企业带来的收益和付出的成本，避免获得的收益小于投入的成本。

④重要性原则。成本管理应重点关注对成本具有重大影响的项目，对于不具有重要性的项目可以适当简化处理。

成本管理领域应用的管理会计工具，一般包括目标成本法、标准成本法、变动成本法、作业成本法等。

企业应结合自身的成本管理目标和实际情况，在保证产品的功能和质量的前提下，选择应用适合企业的成本管理工具或综合应用不同成本管理工具，以更好地实现成本管理的目标。综合应用不同成本管理工具时，应以各成本管理工具具体目标的兼容性、资源的共享性、适用对象的差异性、方法的协调性和互补性为前提，通过综合运用成本管理的工具实现最大效益。

（3）成本管理目标。从成本管理活动所涉及的层面来看，成本管理的目标可以区分为总体目标和具体目标两个方面：

①总体目标。成本管理的总体目标服从于企业的整体经营目标。在竞争性经济环境中，成本管理的总体目标主要依据企业竞争战略制定：成本领先战略中，成本管理的总体目标是追求成本水平的绝对降低；差异化战略中，成本管理的总体目标则是在保证实现产品、服务等方面差异化的前提下，对产品全生命周期成本进行管理，实现成本的持续降低。

②具体目标。成本管理的具体目标是对总体目标的进一步细分，主要包括成本计算的目标和成本控制的目标。

成本计算的目标是为所有内、外部信息使用者提供成本信息。外部信息使用者关注的主要是资产价值和盈亏情况。因此，成本计算的目标之一是确定存货等资产价值和企业盈亏状况，即按照成本会计制度的规定计算成本，满足编制会计报表的需要。内部信息使用者使用成本信息，除了了解资产价值及盈亏情况外，重点是应用于经营管理。因此，成本计算的目标又包括：通过向管理人员提供成本信息，提高人们的成本意识；通过成本差异分析，评价管理人员的业绩，促进管理人员采取改善措施；通过盈亏平衡分析等方法，提供成本管理信息，有效地满足现代经营决策对成本信息的需求。

成本控制的目标是降低成本水平。在成本管理的发展过程中，成本控制目标经历了通过提高工作效率和减少浪费来降低成本，通过提高成本效益比来降低成本和通过保持竞争优势来降低成本等阶段。在竞争性经济环境中，成本控制目标因竞争战略的不同而有所差异。实施成本领先战略的企业中，成本控制的目标是在保证一定产品质量和服务的前提下，最大限度地降低企业内部成本，表现为对生产成本和经营费用的控制。实施差异化战略的企业中，成本控制的目标则是在保证企业实现差异化战略的前提下，降低产品全生命周期成本，实现持续性的成本节省，表现为对产品所处生命周期不同阶段进行成本的控制，如对研发成本、供应商成本和消费成本等的控制。

（4）企业应用成本管理一般按照事前管理、事中管理、事后管理程序进行。

①事前成本管理阶段，主要是对未来的成本水平及其发展趋势进行预测与规划，一般包括成本预测、成本决策和成本计划等步骤。

●成本预测是以现有条件为前提，在历史成本资料的基础上，根据未来可能发生的变化，利用科学的方法，对未来的成本水平及其发展趋势进行描述和判断的成本管理活动。

●成本决策是在成本预测及有关成本资料的基础上，综合经济效益、质量、效率和规模等指标，运用定性和定量的方法对各个成本方案进行分析并选择最优方案的成本管理活动。

●成本计划是以营运计划和有关成本数据、资料为基础，根据成本决策所确定的目标，通过一定的程序，运用一定的方法，针对计划期企业的生产耗费和成本水平进行具有约束力的成本筹划的管理活动。

②事中成本管理阶段，主要是对营运过程中发生的成本进行监督和控制，并根据实际情况对成本预算进行必要的修正，即成本控制。

成本控制是成本管理者根据预定的目标，对成本发生和形成过程以及影响成本的各种因素施加主动的影响或干预，把实际成本控制在预期目标内的成本管理活动。

③事后成本管理阶段，主要是在成本发生之后进行的核算、分析和考核，一般包括成本核算、成本分析和成本考核等步骤。

●成本核算是根据成本核算对象，按照国家统一的会计制度和企业管理要求，对营运过程中实际发生的各种耗费按照规定的成本项目进行归集、分配和结转，取得不同成本核算对象的总成本和单位成本，向有关使用者提供成本信息的成本管理活动。

●成本分析是利用成本核算提供的成本信息及其他有关资料，分析成本水平与构成的变动情况，查明影响成本变动的各种因素和产生的原因，并采取有效措施控制成本的成本管理活动。

●成本考核是对成本计划及其有关指标实际完成情况进行定期总结和评价，并根据考核结果和责任制的落实情况，进行相应的奖励和惩罚，以监督和促进企业加强成本管理责任制，提高成本管理水平的成本管理活动。

3. 成本性态及混合成本的分解

（1）成本性态。成本性态，又称成本习性，是指成本的变动与业务量（产量或销售量）之间的依存关系。成本性态分析就是对成本与业务量之间的依存关系进行分析，从而在数量上具体掌握成本与业务量之间的规律性关系，以便为企业正确地进行最优管理决策和改善经营管理提供有价值的资料。

按照成本性态，可以把成本分为固定成本、变动成本和混合成本。

①固定成本。

●固定成本的概念。固定成本是指在一定时期及一定产量范围内，其总额不直接受业务量变动的影响而保持固定不变的成本。例如，固定折旧费用、房屋租金、行政管理人员工资、财产保险费、广告费、职工培训费、办公费、产品研究开发费用等，均属于固定成本。

●固定成本的基本特征。在一定时期及一定产量范围内，固定成本总额不因业务量的变动而变动，如图5-1所示；但单位固定成本（单位业务量负担的固定成本）会与业务量的增减呈反向变动，如图5-2所示。

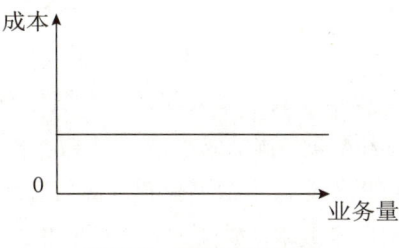

图5-1　固定成本总额

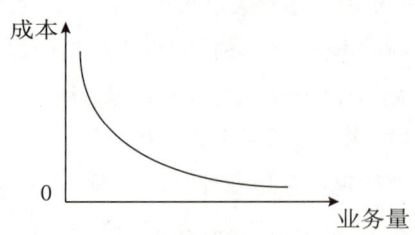

图 5-2 单位固定成本

【情景 5-5】惠达股份有限公司生产所用的钢模板是向租赁公司租用的,每月租金为 22 000 元,该机器每月最大的生产能力为 4 000 个,则企业每月的产量在 4 000 个以内,租金总成本不随产量的变动而变动,产量对固定成本的影响如表 5-1 所示。

表 5-1 产量对固定成本的影响

产量／个	固定成本总额（租金）／元	单位固定成本／元
2 000	22 000	11
2 200	22 000	10
2 500	22 000	8.8

从表 5-1 可以看出,企业每个月的产量由 2 000 个增加到 2 500 个,增加了 25%,但月租金仍然是固定成本总额 22 000 元,该租金并没有因为产量的增加而增加,这一关系可表示为 $y=22\,000$,如图 5-3 所示。

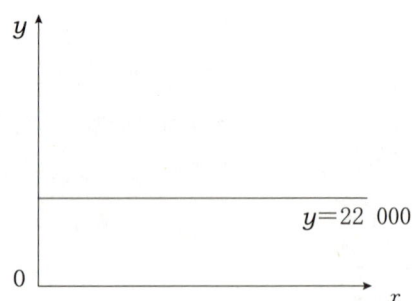

图 5-3 固定成本总额与业务量的关系图

固定成本按其性质可以进一步细分为约束性固定成本和酌量性固定成本。

约束性固定成本指不受管理部门短期决策行为影响的固定成本,如固定资产折旧费、保险费、公共费和不动产税。约束性固定成本受企业的战略规划和长期目标影响,短期内很难改变。

酌量性固定成本是受管理部门短期决策行为影响的固定成本,如广告费、职工培训费、法律咨询费、公关费、新产品研究开发费,这类固定成本取决于管理当局的短期预测。

②变动成本。

● 变动成本的概念。变动成本是指在特定的业务量范围内,其总额会随业务量的变动而成正比例变动的成本。如直接材料、直接人工,按销售量支付的推销员佣金、装运费、包装费,以及按产量计提的固定设备折旧等都是和单位产品的生产直接联系的,其总额会随着产量的增减成正比例增减。

● 变动成本的特征。变动成本总额因业务量的变动而呈正比例变动,如图 5-4 所示;但单位变动成本（单位业务量负担的变动成本）不变,如图 5-5 所示。

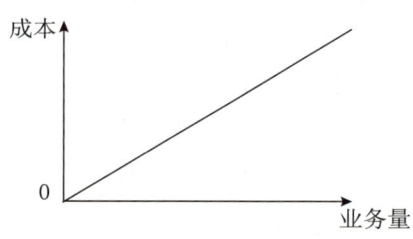

图 5-4 变动成本总额

图 5-5 单位变动成本

【情景 5-6】惠达股份有限公司生产蛋糕,其原材料费用和生产量之间的关系如表 5-2 所示。

表 5-2 产量对变动成本的影响

产量／件	变动成本总额／元	单位变动成本／元
1 000	20 000	20
2 000	40 000	20
3 000	60 000	20
4 000	80 000	20
5 000	100 000	20

可见，当产量从1 000件增加到5 000件时，产量增加5倍，变动成本总额随之从20 000元增加到100 000元，也以5倍相同的幅度增加，即无论产量如何变化，单位变动成本都是20元。说明产量与原材料之间存在正比例关系，原材料是产品的变动成本，这一正比例关系可以用函数 $y=20x$ 表示，也可以在坐标系中用图5-6表示。但无论产量如何变化，单位变动成本都是20元。

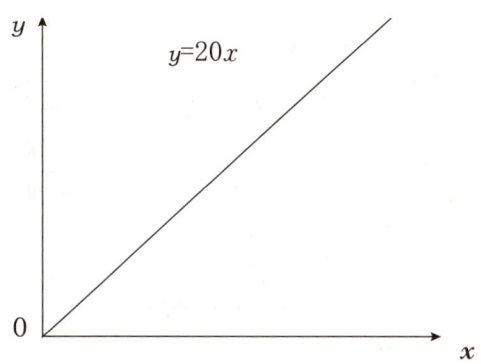

图5-6　变动成本总额与业务量的关系

变动成本可细分为设计性变动成本和酌量性变动成本。

设计性变动成本是由产品的工艺设计确定的，只要工艺技术及产品设计不改变，成本就不会变动，因此不受管理部门决策的影响。

酌量性变动成本受管理部门决策影响，有很大的选择性，在不影响设计程序和产品质量的前提下，企业如果可以在不同地区或不同供货单位采购到不同价格的原材料，那么原材料消耗就属于酌量性变动成本。

③混合成本。

● 混合成本的概念。混合成本就是"混合"了固定成本和变动成本两种不同性质的成本。

● 混合成本的分类。混合成本兼有固定与变动两种性质，可进一步将其细分为半变动成本、半固定成本、延期变动成本和曲线变动成本。

半变动成本是指在有一定初始量的基础上，随着产量的变化成正比例变动的成本。这些成本的特点是：通常有一个初始的固定基数，在此基数内与业务量的变化无关，这部分成本类似于固定成本；在此基数之上的其余部分，则随着业务量的增加成正比例增加，如固定电话座机费、水

费、煤气费等均属于半变动成本，其成本习性模型如图5-7所示。

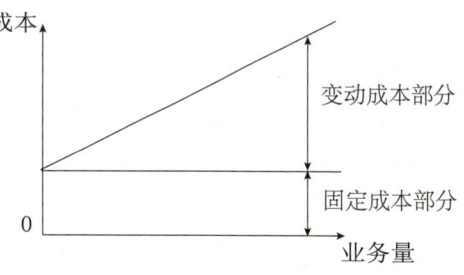

图5-7　半变动成本习性模型

半固定成本也称阶梯式变动成本，这类成本在一定业务量范围内的发生额是固定的，但当业务量增长到一定限度时，其发生额就跳跃到一个新的水平，然后在业务量增长的一定限度内，发生额又保持不变，直到另一个新的跳跃。例如，企业的管理员、运货员、检验员的工资等成本项目就属于这一类，其成本习性模型如图5-8所示。

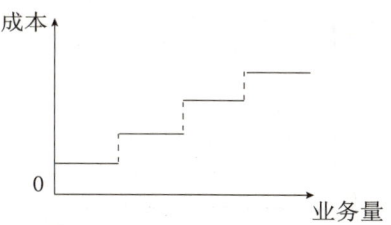

图5-8　半固定成本习性模型

延期变动成本在一定的业务量范围内有一个固定不变的基数，当业务量增长超出了这个范围时，它就与业务量的增长成正比例变动。例如，职工的基本工资，在正常工作时间情况下是不变的，但当工作时间超出正常标准时，则需按加班时间的长短成比例地支付加班薪金。其成本习性模型如图5-9所示。

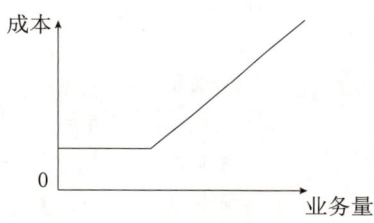

图5-9　延期变动成本习性模型

曲线变动成本通常有一个不变的初始量，相当于固定成本，在这个初始量的基础上，随着业

务量的增加，成本也逐步变化，但它与业务量的关系是非线性的。这种曲线成本又可以分为以下两种类型：一是递增曲线成本，如累进计件工资、违约金等，随着业务量的增加，成本逐步增加，并且增加幅度是递增的，其成本习性模型如图 5-10 所示；二是递减曲线成本，如有价格折扣或优惠条件下的水、电消费成本，"费用封顶"的通信服务费等，用量越大则总成本越高，但增长越来越慢，变化率是递减的，其成本习性模型如图 5-11 所示。

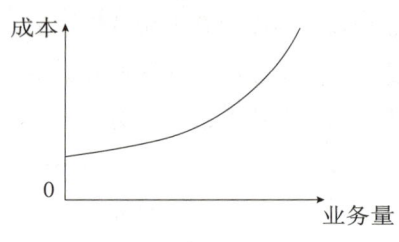

图 5-10　递增曲线成本

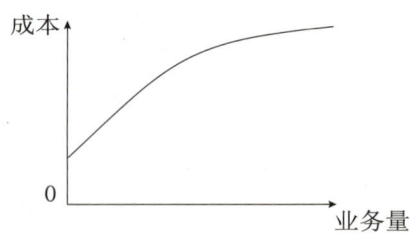

图 5-11　递减曲线成本

（2）混合成本的分解。在实际经济生活中，为了经营管理的需要，必须把混合成本分为固定与变动两个部分。混合成本的分解主要有以下几种方法：

①高低点法。它是以过去某一会计期间的总成本和业务量资料为依据，从中选取业务量最高点和业务量最低点，将总成本进行分解，得出成本性态的模型。其计算公式如下：

$$单位变动成本(b) = \frac{最高点总成本 - 最低点总成本}{最高点业务量 - 最低点业务量} = \frac{Y_H - Y_L}{X_H - X_L}$$

固定成本（a）= 最高（低）点业务量总成本 − 最高（低）点业务量 × 单位变动成本 = $Y_H - b \times X_H = Y_L - b \times X_L$

采用高低点法计算虽然较简单，但它只采用了历史成本资料中的高点和低点两组数据，故代表性较差。

【情景 5-7】惠达股份有限公司是一家大型的制造企业，最近连续 4 期的木地板成本及业务量的资料如表 5-3 所示。

表 5-3　成本与业务量

会计期间	生产量／张	全部成本／元
1	1 000	200 000
2	2 000	220 000
3	3 000	240 000
4	4 000	260 000

$$b = \frac{Y_H - Y_L}{X_H - X_L}$$

=（260 000−200 000）÷（4 000−1 000）

=20

$a = Y_H - bX_H = 260\,000 - 20 \times 4\,000 = 180\,000$（元）

或者

$a = Y_L - bX_L = 200\,000 - 20 \times 1\,000 = 180\,000$（元）

把 a 和 b 代入总成本公式，即得

$$Y = 180\,000 + 20x$$

这一公式显示总成本由以下两个部分组成：

$a = 180\,000$，说明该产品的固定成本为 180 000 元；$b = 20$，表示单位变动成本为 20 元。它与业务量 x 的乘积就是该产品的变动成本。

②回归分析法。这是一种较为精确的方法。它根据过去一定期间的业务量和混合成本的历史资料，应用最小二乘法原理，算出最能代表业务量与混合成本关系的回归直线，借以确定混合成本中固定成本和变动成本的方法。这种方法假设混合成本符合总成本模型，即

$$y = a + bx$$

式中，a——固定成本；

b——单位变动成本。

可见，只要求出 a 和 b，就可以将混合成本分解成变动成本和固定成本两个部分。在回归分析法下，a 和 b 可用回归直线方程求出，计算公式如下：

$$a = \frac{\sum x^2 \sum y - \sum x \sum xy}{n \sum x^2 - (\sum x)^2}$$

$$b = \frac{n \sum xy - \sum x \sum y}{n \sum x^2 - (\sum x)^2}$$

【情景5-8】沿用【情景5-7】中数据，说明回归分析法的应用。根据回归分析法的要求对数据进行加工，如表5-4所示。

表5-4 回归分析法的相关数据

n	x/张	y/元	xy	x^2	y^2
1	1 000	200 000	200 000 000	1 000 000	40 000 000 000
2	2 000	220 000	440 000 000	4 000 000	48 400 000 000
3	3 000	240 000	720 000 000	9 000 000	57 600 000 000
4	4 000	260 000	1 040 000 000	16 000 000	67 600 000 000
合计	10 000	920 000	2 400 000 000	30 000 000	213 600 000 000

计算 a 和 b 的值。

$$b = \frac{n \sum xy - \sum x \sum y}{n \sum x^2 - (\sum x)^2}$$

$$= \frac{4 \times 2\,400\,000\,000 - 9\,200\,000\,000}{4 \times 30\,000\,000 - (10\,000)^2}$$

$$= 400\,000\,000 \div 20\,000\,000$$

$$= 20$$

$$a = \frac{\sum x^2 \sum y - \sum x \sum xy}{n \sum x^2 - (\sum x)^2}$$

$$= \frac{3\,600\,000\,000\,000}{20\,000\,000}$$

$$= 180\,000$$

把 a 和 b 代入总成本公式，即：

$$y = 180\,000 + 20x$$

③账户分析法，又称会计分析法，它是根据有关成本账户及其明细账的内容，结合与产量的依存关系，判断比较接近哪一类成本，就视其为哪一类成本。这种方法虽简便易行，但比较粗糙且带有主观判断。

④技术测定法，又称工业工程法，它是根据生产过程中各种材料和人工成本消耗量的技术测定来划分固定成本和变动成本的方法。该方法通常只适用于投入成本与产出数量之间有规律性联系的成本分解。

⑤合同确认法。它是根据企业订立的经济合同或协议中关于支付费用的规定，确认并估算哪些项目属于变动成本，哪些项目属于固定成本的方法。合同确认法要配合账户分析法使用。

5.1.2 变动成本法

1. 变动成本法的概念及应用环境

（1）变动成本法的概念。变动成本法，是指企业以成本性态分析为前提条件，仅将生产过程中消耗的变动生产成本作为产品成本的构成内容，而将固定生产成本和非生产成本作为期间成本，直接由当期收益予以补偿的一种成本管理方法。成本性态，是指成本与业务量之间的相互依存关系。按照成本性态，成本可划分为固定成本、变动成本和混合成本，相关概念在前面的内容中已做详细介绍，这里不再赘述。

变动成本法通常用于分析各种产品的盈利能力，为正确制定经营决策，科学进行成本计划、成本控制和成本评价与考核等工作提供有用信息。

变动成本法一般适用于同时具备以下特征的企业：

①企业固定成本比重较大，当产品更新换代的速度较快时，分摊计入产品成本中的固定成本比重大，采用变动成本法可以正确反映产品的盈利状况。

②企业规模大，产品或服务的种类多，固定成本分摊存在较大困难。

③企业作业保持相对稳定。

（2）变动成本法的应用环境。变动成本法的应用环境包括外部环境和内部环境。

①外部环境。企业应用变动成本法所处的外部环境，一般应具备以下特点：

● 市场竞争环境激烈，需要频繁进行短期经营决策。

● 市场相对稳定，产品差异化程度不大，以利于企业进行价格等短期决策。

②内部环境。企业应用变动成本法所处的内部环境，一般应具备以下特点：

● 企业应保证成本基础信息记录完整，财务会计核算基础工作完善。

● 企业应建立较好的成本性态分析基础，具有划分固定成本与变动成本的科学标准，以及分标准的使用流程与规范。

● 企业能够及时、全面、准确地收集与提供有关产量、成本、利润及成本性态等方面的信息。

2. 贡献式损益表的编制

在变动成本法下，利润的计算通常采用贡献式损益表。该表一般应包括营业收入、变动成本、边际贡献、固定成本、利润等项目。其中，变动成本包括变动生产成本和变动非生产成本两个部分，固定成本包括固定生产成本和固定非生产成本两个部分。贡献式损益表中损益计算包括以下两个步骤。

（1）计算边际贡献总额。

边际贡献总额 = 营业收入总额 − 变动成本总额 = 销售单价 × 销售量 − 单位变动成本 × 销售量 = （销售单价 − 单位变动成本）× 销售量 = 单位边际贡献 × 销售量

（2）计算当期利润。

利润 = 边际贡献总额 − 固定成本总额

【情景5-9】惠达股份有限公司产销压缩饼干，连续3年的产销情况和成本资料如表5-5所示。

表5-5 连续3年的产销情况和成本资料

项 目	第一年	第二年	第三年
期初存货/箱	—	500	500
本期成本/箱	8 000	8 000	8 000
本期销售/箱	7 500	8 000	8 500
期末存货/箱	500	500	—
销售单价/元	120	120	120
制造成本：			
单位变动成本/元	31	31	31
固定成本总额/元	12 000	12 000	12 000
固定销售和管理费用/元	4 000	4 000	4 000

根据上述资料，按照变动成本法编制贡献式损益表，如表5-6所示。

表5-6 贡献式损益表

项 目	第一年	第二年	第三年
销售收入	900 000	960 000	1 020 000
变动成本	232 500	248 000	263 500
边际贡献	667 500	712 000	756 500
减：固定制造成本	12 000	12 000	12 000
固定销售和管理费用	4 000	4 000	4 000
期间成本总额	16 000	16 000	16 000
税前利润	651 500	696 000	740 500

3. 变动成本法的优点和缺点

（1）变动成本法的优点。

①区分固定成本与变动成本，有利于明确企业产品盈利能力和划分成本责任。

②保持利润与销售量增减一致，促进以销定产。

③揭示了销售量、成本和利润之间的依存关系，使当期利润真正反映企业经营状况，有利于企业经营预测和决策。

（2）变动成本法的缺点。

①计算的单位成本并不是完全成本，不能反映产品生产过程中发生的全部耗费。

②不能适应长期决策的需要。

5.1.3 标准成本法

1. 标准成本控制与分析的相关概念

（1）标准成本及其分类。标准成本，是指在正常的生产水平和有效的经营管理条件下，企业经过努力应达到的产品成本水平。企业在确定标准成本时，可以根据自身的技术条件和经营水平，在以下类型中进行选择：一是理想标准成本，这是一种理论标准，是指在现有条件下所能达到的最优成本水平，即在生产过程无浪费、机器无故障、人员无闲置、产品无废品等假设条件下制定的成本标准；二是正常标准成本，是指在正常情况下，企业经过努力可以达到的成本标准，这一标准考虑了生产过程中不可避免的损失、故障、偏差等。

通常来说，理想标准成本小于正常标准成本。由于理想标准成本的要求异常严格，一般很难达到，而正常标准成本具有客观性、现实性、激励性等特点，所以正常标准成本在实践中得到广泛应用。

标准成本法，是指企业以预先制定的标准成本为基础，通过比较标准成本与实际成本、核算和分析成本差异、揭示成本差异动因、实施成本控制、评价经济业绩的一种成本管理方法。

企业应用标准成本法的主要目标是，通过标准成本与实际成本的比较，揭示与分析标准成本与实际成本之间的差异，并按照例外管理的原则，对不利差异予以纠正，以提高工作效率，不断改善产品成本。

（2）标准成本控制与分析。标准成本控制与分析，又称标准成本管理，是以标准成本为基础，将实际成本与标准成本进行对比，揭示成本差异形成的原因和责任，进而采取措施，对成本进行有效控制的管理方法。标准成本法的流程一般应包括如下五个步骤：确定应用对象、制定标准成本、实施过程控制、成本差异计算与动因分析以及标准成本的修订与改进。标准成本控制与分析流程如图 5-12 所示。

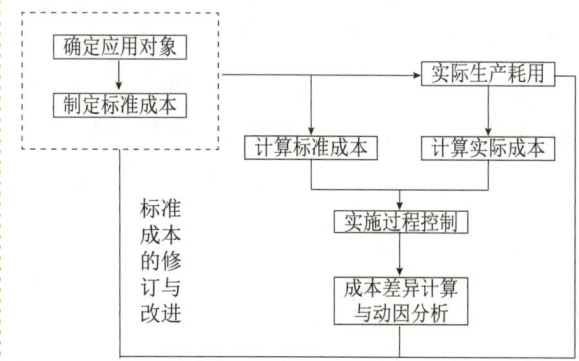

图 5-12　标准成本控制与分析流程

2. 标准成本的制定

制定标准成本时，企业需要设立由采购、生产、技术、营销、财务、人事、信息等有关部门组成的跨部门临时性组织，采用"自上而下，自下而上"的模式，经由企业管理层审批后，制定出产品的标准成本。企业一般应结合经验数据、行业标杆或实地测算的结果，运用统计分析、工程试验等方法。首先，就不同的成本或费用项目，分别确定消耗量标准和价格标准；其次，确定每一成本或费用项目的标准成本；最后，汇总不同成本项目的标准成本，确定产品的标准成本。

产品标准成本通常由直接材料标准成本、直接人工标准成本和制造费用标准成本构成。每一成本项目的标准成本应分为用量标准（包括单位产品消耗量、单位产品人工小时等）和价格标准（包括原材料单价、小时工资率、小时制造费用分配率等）。

$$\text{产品的标准成本} = \text{直接材料标准成本} + \text{直接人工标准成本} + \text{制造费用标准成本}$$

（1）直接材料标准成本的制定。直接材料标准成本，是指直接用于产品生产的材料标准成本，包括标准单价和标准用量两个方面。直接材料的标准单价通常采用企业编制的计划价格，通常是以订货合同的价格为基础，并考虑到未来物价、供求等各种变动因素后按材料种类分别计算的。直接材料的标准用量，一般由生产部门负责，会同技术、财务、信息等部门，按照以下步骤进行：

首先，根据产品的图纸等技术文件进行产品研究，列出所需的各种材料以及可能的待用材料，并说明这些材料的种类、质量以及库存情况；其次，通过对过去用料的经验记录进行分析，采用平均值，或最高值与最低值的平均数，或最节省数量，或实际测定数据，或技术分析数据等，科学地制定标准用量。将单位产品的材料标准用量与材料的标准单价汇总，得出直接材料标准成本。其计算公式是：

$$\text{直接材料标准成本} = \sum \left(\text{单位产品的材料标准用量} \times \text{材料的标准单价} \right)$$

【情景5-10】假定惠达股份有限公司A产品耗用甲材料、乙材料、丙材料三种直接材料，其直接材料标准成本的计算如表5-7所示。

表5-7 A产品直接材料标准成本

项目	标准		
	甲材料	乙材料	丙材料
价格标准①	50元/千克	20元/千克	35元/千克
用量标准②	4千克/件	7千克/件	8千克/件
标准成本③＝②×①	200元/件	140元/件	280元/件
单位产品直接材料标准成本④＝∑③	620元		

（2）直接人工标准成本的制定。直接人工标准成本，是指直接用于产品生产的人工标准工资率。制定直接人工的标准工时，一般由生产部门负责，会同技术、财务、信息等部门，在对产品生产所需作业、工序、流程工时进行技术测定的基础上，考虑正常的工作间歇，并适当考虑生产条件的变化、生产工序、操作技术的改善，以及相关工作人员主观能动性的充分发挥等因素，合理确定单位产品的工时标准。

在制定直接人工的标准工资率时，一般由人事部门负责，根据企业薪酬制度以及国家有关职工薪酬制度改革的相关规定等制定。直接人工标准成本的计算公式如下：

$$\text{直接人工标准成本} = \text{单位产品的标准工时} \times \text{小时标准工资率}$$

$$\text{小时标准工资率} = \frac{\text{标准工资总额}}{\text{标准总工时}}$$

【情景5-11】沿用【情景5-10】中的资料，A产品直接人工标准成本计算如表5-8所示。

表5-8 A产品直接人工标准成本

项目	标准
月标准总工时①	16 000 小时
月标准总工资②	168 000 元
标准工资率③＝②÷①	10.5 元/小时
单位产品工时用量标准④	1.5 小时/件
直接人工标准成本⑤＝④×③	15.75 元/件

（3）制造费用标准成本的制定。制造费用的用量标准，即工时用量标准，其含义与直接人工用量标准相同。制造费用价格标准，即制造费用的分配率标准。其计算公式为：

$$\text{标准制造费用分配率} = \frac{\text{标准制造费用总额}}{\text{标准总工时}}$$

制造费用标准成本＝工时用量标准×标准制造费用分配率

制造费用成本标准应区分变动制造费用项目和固定制造费用项目是分别进行的。前者随着产量的变动而变动；后者相对固定，不随产量变动。所以，制定制造费用标准时，也应分别制定变动制造费用和固定制造费用的标准成本。

变动制造费用，通常是指随产量变化成正比例变化的制造费用。变动制造费用项目的标准成本包括标准用量和标准价格。变动制造费用的标准用量可以是单位产量的燃料、动力、辅助材料等标准用量，也可以是产品的直接人工标准工时，或者是单位产品的标准机器工时。标准用量的选择需考虑用量与成本的相关性，制定方法与直接材料的标准用量以及直接人工的标准工时类似。

变动制造费用的标准价格可以是燃料、动力、辅助材料等标准价格，也可以是小时标准工资率等。制定方法与直接材料的价格标准以及直接人工的标准工资率类似。变动制造费用的计算公式如下：

$$\begin{matrix}\text{变动制造}\\\text{费用项目}\\\text{标准成本}\end{matrix} = \begin{matrix}\text{变动制造费}\\\text{用项目的标}\\\text{准用量}\end{matrix} \times \begin{matrix}\text{变动制造}\\\text{费用项目}\\\text{的标准价}\end{matrix}$$

固定制造费用，是指在一定产量范围内，其费用总额不会随产量的变化而变化，始终保持固定不变的制造费用。固定制造费用一般按照费用的构成项目实行总量控制；也可以根据需要，通过计算标准分配率，将固定制造费用分配至单位产品，形成固定制造费用的标准成本。在制定固定费用标准时，一般由财务部门负责，会同采购、生产、技术、营销、财务、人事、信息等有关部门，按照以下步骤进行：

①依据固定制造费用不同构成项目的特性，充分考虑产品的现有生产能力、管理部门的决策以及费用预算等，测算确定各固定制造费用构成项目的标准成本。

②通过汇总各固定制造费用项目的标准成本，得到固定制造费用的标准总成本。

③确定固定制造费用的标准分配率。标准分配率可根据产品的单位工时与预算总工时的比率来确定。

其中，预算总工时，是指由预算产量和单位工时标准确定的总工时，可以依据相关原则在直接人工工时或者机器工时之间做出选择。固定制造费用项目标准成本的计算顺序及计算公式如下：

$$\frac{\text{固定制造费用}}{\text{项目标准成本}} = \frac{\text{固定制造费}}{\text{用项目预算}}$$

$$\frac{\text{固定制造费}}{\text{用总成本}} = \sum \frac{\text{固定制造费用}}{\text{项目标准成本}}$$

$$\frac{\text{固定制造费用}}{\text{标准分配率}} = \frac{\text{单位产品的标准工时}}{\text{预算总工时}}$$

$$\begin{matrix}\text{固定制造}\\\text{费用标准}\\\text{成本}\end{matrix} = \begin{matrix}\text{固定制}\\\text{造费用}\\\text{总成本}\end{matrix} \times \begin{matrix}\text{固定制造}\\\text{费用标准}\\\text{分配率}\end{matrix}$$

【情景 5-12】 沿用【情景 5-10】中的资料，A产品制造费用的标准成本计算如表 5-9 所示。

表 5-9 A 产品制造费用标准成本

项目		标准
工时	月标准总工时①	16 000 小时
	单位产品工时标准②	1.5 小时 / 件

续表

项目		标准
变动制造费用	标准变动制造费用总额③	54 000 元
	标准变动制造费用分配率 ④＝③÷①	3.375 元 / 小时
	变动制造费用标准成本 ⑤＝②×④	5.0625 元 / 件
固定制造费用	标准固定制造费用总额⑥	180 000 元
	标准固定制造费用分配率 ⑦＝⑥÷①	11.25 元 / 小时
	固定制造费用标准成本 ⑧＝②×⑦	16.875 元 / 件
单位产品制造费用标准成本 ⑨＝⑤＋⑧		21.9375 元

3. 成本差异的计算及分析

成本差异是指一定时期生产一定数量的产品所发生的实际成本与相关的标准成本之间的差额。凡实际成本大于标准成本的称为超支差异；凡实际成本小于标准成本的称为节约差异。

从标准成本的制定过程可以看出，任何一项费用的标准成本都是由用量标准和价格标准两个因素决定的。因此，差异分析就应该从这两个方面进行。差异的计算公式为：

总差异＝实际产量下实际成本－实际产量下标准成本＝实际用量×实际价格－实际产量下标准用量×标准价格＝（实际用量－实际产量下标准用量）×标准价格＋实际用量×（实际价格－标准价格）＝用量差异＋价格差异

$$\frac{\text{用量}}{\text{差异}} = \frac{\text{标准}}{\text{价格}} \times \left(\frac{\text{实际}}{\text{用量}} - \frac{\text{实际产量下}}{\text{标准用量}} \right)$$

价格差异＝（实际价格－标准价格）×实际用量

（1）直接材料成本差异的计算分析。直接材料成本差异，是指直接材料实际成本与标准成本之间的差额，该项差异可分解为直接材料价格差异和直接材料数量差异。直接材料价格差异，是指在采购过程中，直接材料实际价格脱离标准价格所形成的差异；直接材料数量差异，是指在产品生产过程中，直接材料实际消耗量脱离标准消耗量所形成的差异。它可进一步分解为直接材料数量差异和直接材料价格差异两个部分。有关计算公式如下：

$$直接材料成本差异 = 实际成本 - 标准成本$$

$$= 实际用量 \times 实际单价 - 标准用量 \times 标准单价$$

$$= 直接材料数量差异 + 直接材料价格差异$$

$$直接材料成本差异 = (实际用量 - 标准用量) \times 标准单价直接材料价格差异$$

$$= 直接材料价格差异 \times (实际用量 - 标准用量)$$

直接材料的耗用量差异形成的原因是多方面的，有生产部门的原因，也有非生产部门的原因。如产品设计结构、原料质量、工人的技术熟练程度、废品率的高低等，都会导致材料耗用量的差异。材料耗用量差异的责任需要通过具体分析才能确定，但往往主要应由生产部门承担。

材料价格差异的形成受各种主客观因素的影响，较为复杂，如市场价格、供货厂商、运输方式、采购批量等的变动，都可以导致材料的价格差异。但由于它与采购部门的关系更为密切，所以价格差异应主要由采购部门承担责任。

【情景5-13】 沿用【情景5-10】中的资料，A产品甲材料的标准价格为50元/千克，用量标准为4千克/件。假定企业本月投产A产品6 000件，领用甲材料30 000千克。其实际价格为35元/千克。其直接材料成本差异计算如下：

直接材料成本差异 =30 000×35-6 000×4×50=-150 000（元）（超支）

其中：

材料用量差异 =（30 000-6 000×4）×50= 300 000（元）（超支）

材料价格差异 =30 000×（35-50）=-450 000（元）（节约）

通过以上计算可以看出，A产品本月耗用甲材料发生 -150000 元超支差异。由于生产部门耗用材料超过标准，导致超支 300 000 元，因此应该查明材料用量超标的具体原因，以便改进工作，节约材料。从材料价格而言，由于材料价格降低节约了 450 000 元，从而抵销了一部分由于材料超标耗用形成的成本超支。这是材料采购部门的工作成绩，也应查明原因，巩固和发扬成绩。

（2）直接人工成本差异的计算分析。直接人工成本差异，是指直接人工实际成本与标准成本之间的差额，该差异可分解为工资率差异和人工效率差异。

工资率差异，是指实际工资率脱离标准工资率形成的差异，计算时按实际工时计算确定；人工效率差异，是指实际工时脱离标准工时形成的差异，计算时按标准工资率计算确定。有关计算公式如下：

$$直接人工成本差异 = 实际成本 - 标准成本$$

$$= 实际工时 \times 实际工资率 - 标准工时 \times 标准工资率$$

$$= 直接人工工资率差异 + 直接人工效率差异$$

$$直接人工效率差异 = (实际工时 - 标准工时) \times 标准工资率$$

$$直接人工工资率差异 = 实际工时 \times (实际工资率 - 标准工资率)$$

直接人工效率差异是用量差异，其形成原因也是多方面的，工人技术状况、工作环境和设备条件的好坏等，都会影响效率的高低，但其主要责任还是在生产部门。

工资率差异是价格差异，形成原因比较复杂，工资制度的变动、工人的升降级、加班或临时工的增减等，都将导致工资率差异。一般地，这种差异的责任不在生产部门，劳动人事部门更应对其承担责任。

【情景5-14】 沿用【情景5-11】中的资料，A产品标准工资率为10.5元/小时，工时标准为1.5小时/件，工资标准为15.75元/件。假定企业本月实际生产A产品6 000件，用工8 800小时，实际应付直接人工工资96 800元。其直接人工差异计算如下：

直接人工成本差异 =96 800-6 000×15.75= 2 300（元）（节约）

其中：直接人工效率差异 =（8 800-6 000×1.5）× 10.5=-2 100（元）（节约）

直接人工工资率差异 =（96 800÷8 800-10.5）× 8 800=4 400（元）（超支）

通过以上计算可以看出，该产品的直接人工成本总体上节约2 300元。其中，人工效率差异节约2 100元，但工资差异超支4 400元。工资率超过标准，可能是为了提高产品质量，调用了一部分技术等级和工资级别较高的工人，使小时工资率增加了0.5（96 800÷8 800-10.5）元。但也因此在提高产品质量的同时提高了效率，使工时的耗用由标准9 000（6 000×1.5）小时降低为8 800小时，节约工时200小时，从而导致了最终的成本节约。可见，生产部门在生产组织上的成绩是值得肯定的。

（3）变动制造费用成本差异的计算和分析。变动制造费用项目的差异，是指变动制造费用项目的实际发生额与变动制造费用项目的标准成本之间的差额，该差异可分解为变动制造费用项目的价格差异和数量差异。变动制造费用项目的价格差异，是指燃料、动力、辅助材料等变动制造费用项目的实际价格脱离标准价格的差异；变动制造费用项目的数量差异，是指燃料、动力、辅助材料等变动制造费用项目的实际消耗量脱离标准用量的差异。变动制造费用项目成本差异的计算和分析原理与直接材料和直接人工成本差异的计算和分析原理相同。它可以分解为耗费差异和效率差异两个部分。其计算公式如下：

变动制造费用成本差异＝总变动制造费用－标准变动制造费用＝实际工时×实际变动制造费用分配率－标准工时×标准变动制造费用分配率＝变动制造费用效率差异＋变动制造费用耗费差异

变动制造费用耗费差异＝实际工时×（变动制造费用实际分配率－变动制造费用标准分配率）

其中，效率差异属于用量差异，耗费差异属于价格差异。变动制造费用效率差异的形成原因与直接人工效率差异的形成原因基本相同。

【情景5-15】沿用【情景5-12】中的资料，A产品标准变动制造费用分配率为3.375元/小时，工时标准为1.5小时/件。假定企业本月实际生产A产品6 000件，用工8 800小时，实际发生变动制造费用32 000元。其变动制造费用成本差异计算如下：

变动制造费用成本差异＝32 000-6 000×1.5×3.375=1625（元）（节约）

其中：

变动制造费用效率差异＝（8 800-6 000×1.5）×3.375=-675（元）（节约）

变动制造费用耗费差异＝（32 000÷8 800-3.375）×8 800≈2 300（元）（超支）

通过以上计算可以看出，A产品变动制造费用节约1 625元，这是提高工作效率，工时由9 000（6 000×1.5）小时降为8 800小时的结果。由于费用分配率由3.375元提高到3.64（32 000÷8 800）元，使变动制造费用发生超支，因而抵销了一部分变动制造费用的节约额。应该查明费用分配率提高的具体原因。

（4）固定制造费用成本差异的计算分析。固定制造费用项目成本差异，是指固定制造费用项目实际成本与其标准成本之间的差额。其计算公式为：

固定制造费用项目成本差异＝实际固定制造费用－实际产量标准制造费用＝实际工时×实际分配率－标准工时×标准分配率

$$标准分配率 = \frac{固定制造费用预算总额}{预算产量下标准总工时}$$

由于固定制造费用相对固定，实际产量与预算产量的差异会对单位产品所应承担的固定制造费用产生影响，所以，固定制造费用成本差异的分析有其特殊性，分为两差异分析法和三差异分析法。

①两差异分析法。两差异分析法是指将总差异分为耗费差异和能量差异两个部分。其中，耗费差异是指固定制造费用的实际金额与固定制造费用预算金额之间的差额；而能量差异则是指固定制造费用预算金额与固定制造费用标准成本之间的差额。其计算公式如下：

耗费差异＝实际固定制造费用－预算产量下标准固定制造费用＝实际固定制造费用－工时标准×预算产量×标准分配率＝实际固定制造费用－预算产量下标准工时×标准分配率

能量差异＝预算产量下标准固定制造费用－实际产量下标准固定制造费用＝预算产量下标准工时×标准分配率－实际产量下标准工时×标准分配率＝（预算产量下标准工时－实际产量下标准工时）×标准分配率

【情景5-16】沿用【情景5-12】中的资料，A产品固定制造费用标准分配率为11.25元/小时，工时标准为1.5小时/件。假定企业A产品预算产量为8 400件，实际生产A产品6 000件，用工8 800小时，实际发生固定制造费用160 000元。其固定制造费用的成本差异计算如下：

固定制造费用成本差异=160 000-6 000×1.5×11.25=58 750（元）（超支）

其中：

耗费差异=160 000-8 400×1.5×11.25=18 250（元）（超支）

能量差异=（8 400×1.5-6 000×1.5）×11.25=40 500（元）（超支）

通过以上计算可以看出，该企业A产品固定制造费用超支58 750元，主要是由于生产能力不足，实际产量小于预算产量所致。

②三差异分析法。三差异分析法是将两差异分析法下的能量差异进一步分解为产量差异和效率差异，即将固定制造费用成本差异分为耗费差异、产量差异和效率差异3个部分。其中，耗费差异的概念和计算与两差异法中一致。相关计算公式为：

耗费差异=实际固定制造费用-预算产量下标准固定制造费用=实际固定制造费用-预算产量×工时标准×标准分配率=实际固定制造费用-预算产量下标准工时×标准分配率

产量差异=（预算产量下标准工时-实际产量下实际工时）×标准价格

效率差异=（实际产量下实际工时-实际产量下标准工时）×标准分配率

【情景5-17】沿用【情景5-12】中的资料，计算其固定制造费用的成本差异如下：

固定制造费用成本差异=160 000-6 000×1.5×11.25=58 750（元）（超支）

其中：

耗费差异=160 000-8 400×1.5×11.25=18 250（元）（超支）

产量差异=（8 400×1.5-8 800）×11.25=42 750（元）（超支）

效率差异=（8 800-6 000×1.5）×11.25=-2 250（元）（节约）

通过上述计算可以看出，采用三差异分析法能够更好地说明生产能力利用程度和生产效率高低所导致的成本差异情况，便于分清责任。

（5）分析结果的反馈。标准成本差异分析是企业规划与控制的重要手段。在成本差异的分析过程中，企业应关注各项成本差异的规模、趋势及其可控性。对于反复发生的大额差异，企业应进行重点分析与处理。通过差异分析，企业管理人员可以进一步揭示实际执行结果与标准不同的深层次原因。企业可将生成的成本差异信息汇总，定期形成标准成本差异分析报告，并有针对性地提出成本改进措施。为保证标准成本的科学性、合理性与可行性，企业应定期或不定期地对标准成本进行修订与改进。一般情况下，标准成本的修订工作由标准成本的制定机构负责。企业应至少每年对标准成本进行一次定期测试，通过编制成本差异分析报表，确认是否存在因标准成本不准确而造成的成本差异。当该类差异较大时，企业应按照标准成本的制定程序，对标准成本进行修订。除定期测试外，当组织机构、外部市场、产品品种、生产工艺等内外部环境都发生较大变化时，企业也应该及时对标准成本进行修订与补充。

4. 标准成本法的优点和缺点

（1）标准成本法的优点：

①能及时反馈各成本项目不同性质的差异，有利于考核相关部门及人员的业绩。

②标准成本的制定及其差异和动因的信息可以使企业预算的编制更为科学和可行，有助于企业的经营决策。

（2）标准成本法的缺点：

①要求企业产品的成本标准比较准确、稳定，在使用条件上存在一定的局限性。

②对标准管理水平要求较高，系统维护成本较高。

③标准成本需要根据市场价格波动频繁更新，导致成本差异可能缺乏可靠性，降低成本控制效果。

5.1.4 作业成本法

1. 作业成本法的概念、应用目标及应用环境

（1）作业成本法的概念。

作业成本法，是指以"作业消耗资源、产出消耗作业"为原则，按照资源动因将资源费用追溯或分配至各项作业，计算出作业成本，然后根据作业动因，将作业成本追溯或分配至各成本对象，最终完成成本计算的成本管理方法。

（2）作业成本法的应用目标。

①通过追踪所有资源费用到作业，然后到流程、产品、分销渠道或客户等成本对象，提供全口径、多维度的、更加准确的成本信息。

②通过作业认定、成本动因分析以及对作业效率、质量和时间的计量，更真实地揭示资源、作业和成本之间的联动关系，为资源的合理配置以及作业、流程和作业链（或价值链）的持续优化提供依据。

③通过作业成本法提供的信息及对其的分析，为企业更有效地开展规划、决策、控制、评价等各种管理活动奠定坚实的基础。

（3）作业成本法的应用环境。

①作业成本法应用的外部环境。企业应用作业成本法所处的外部环境，一般应具备以下特点之一：一是客户个性化需求较高，市场竞争激烈；二是产品的需求弹性较大，价格敏感度高。

②作业成本法适用的企业。作业成本法一般适用于具备以下特征的企业：作业类型较多且作业链较长；同一生产线生产多种产品；企业规模较大且管理层对产品成本准确性要求较高；产品、客户和生产过程多样化程度较高；间接或辅助资源费用所占比重较大等。

③作业成本法应用范围。企业应用作业成本法应基于作业观，即企业作为一个为最终满足客户需要而设计的一系列作业的集合体，进行业务组织和管理。

企业应成立由生产、技术、销售、财务、信息等部门的相关人员构成的设计和实施小组，负责作业成本系统的开发设计与组织实施工作。

企业应能够清晰地识别作业、作业链、资源动因和成本动因，为资源费用以及作业成本的追溯或分配提供合理的依据。

企业应拥有先进的计算机及网络技术。配备完善的信息系统，能够及时、准确地提供各项资源、作业、成本动因等方面的信息。

2. 作业成本法的基础概念

（1）资源费用。

资源费用是指企业在一定期间内开展经济活动所发生的各项资源耗费。资源费用既包括房屋及建筑物、设备、材料、商品等有形资源的耗费，也包括信息、知识产权、土地使用权等各种无形资源的耗费，还包括人力资源耗费以及其他各种税费支出等。

（2）作业。

作业是指企业基于特定目的重复执行的任务或活动，是连接资源和成本对象的桥梁。一项作业既可以是一项非常具体的任务或活动，也可以泛指一类任务或活动。

作业贯穿企业经营活动的全过程，从产品设计到物料供应，从生产工艺流程的各个环节到质量检验直至发运销售。制造业中经常见到的作业有产品设计、订单处理、采购、储存、物料运输、机器调试、设备运行、质量检验、包装、销售、发货、装运、收账、售后服务和人员培训等。罗宾·库珀按作业水平不同将作业分为单位水平作业、批次水平作业、产品水平作业和维持水平作业四类。

①单位水平作业是生产单位产品时所从事的作业，如直接材料和直接人工成本等。单位水平作业成本与产量成比例变动。

②批次水平作业是生产每批产品所从事的作业，如对每批产品所做的机器准备、订单处理、原料处理、检验等。批次水平作业成本与产品批数成比例变动。

③产品水平作业是为各种产品的生产所从事的作业，如编制材料清单、数控规划、处理各项

工程变更、测试线路等,作业的目的是服务各项产品的生产和销售。产品水平作业成本与产量和批次无关,但与产品品种成比例变化。

④维持水平作业是为维持工厂生产所从事的作业,如工厂管理、厂房折旧等,是为全部产品的生产而发生的共同成本。

作业水平的分类为作业成本信息的使用者和核算者提供了帮助,因为作业水平与作业动因的选择有内在联系。

按照消耗对象不同,作业还可分为主要作业和次要作业。主要作业是被产品、服务或客户等最终成本对象消耗的作业。次要作业是被原材料、主要作业等介于中间地位的成本对象消耗的作业。成本对象,是指企业追溯或分配资源费用、计算成本的对象物。成本对象可以是工艺、流程、零部件、产品、服务、分销渠道、客户、作业、作业链等需要计量和分配成本的项目。

(3)成本动因。

成本动因是指诱导成本发生的原因,是成本对象与其直接关联的作业和最终关联的资源之间的中介。按其在资源流动中所处的位置和作用,成本动因可分为资源动因和作业动因。

①资源动因。作业成本法认为作业耗用资源,资源耗费与最终产品没有直接联系,这种资源耗用量与作业的关系称为资源动因。资源动因反映了资源耗费和作业的关系,可以利用资源动因评价作业对资源的利用效率。例如,假定一家企业的质检部门发了两项资源耗费:10 000 万元的工资和 20 000 元的材料,该部门设有"外购材料检验""在产品检验"和"产成品检验"3 项作业。会计人员可以通过估计各个作业消耗的人力把工资分配到各项作业中,假定人力的估计是由每一项作业的人数和每人在该项作业上所花费的时间来决定的。如果外购材料检验的人员是 10 人,每人工作 100 个小时,每小时工资是 1 元,则外购材料检验作业所耗费的工资费用就是 1 000 元。资源动因作为一种分配基础,反映了作业耗费的资源大小。

②作业动因。作业动因是将各项作业中归集的成本费用分配到产品的标准,反映每类产品消耗作业的数量。例如,当"检验外购材料"为一个作业时,检验小时或检验次数就可以称为一个作业动因。如果检验外购材料 A 所花费的时间占总数的 30%,则作业"检验外购材料"成本的 30% 应归集到 A 材料中。

作业动因与作业分类有关,单位水平作业的动因是产量,批次水平作业的动因是产品批量。当作业动因计量的耗费等于或接近产品对作业的实际耗费时,产品成本就能得到准确的核算。作业动因是产品和作业的纽带。

③资源动因和作业动因的区别和联系。资源动因是资源和作业的纽带,作业动因则是作业和产品的纽带。把资源分配到作业的是资源动因,把作业成本分配到产品的则是作业动因。比如,材料是企业的一种资源,把工资费用分配到"质量检验"的依据是质量检验部门的员工数,这个员工数就是资源动因。把作业"质量检验"的全部成本按产品检验的次数分配到产品,则检验次数就是作业动因。

当然,当作业和产品一致时,资源动因也就是作业动因。作业成本法模型如图 5-13 所示。

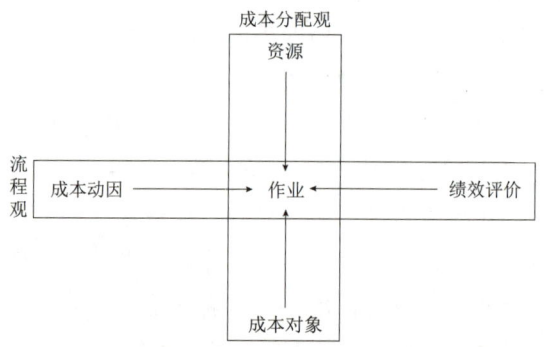

图 5-13 作业成本法模型

3. 作业成本法的应用程序

企业应用作业成本法,一般按照资源识别及资源费用的确认与计量、成本对象选择、作业认定、作业中心设计、资源动因选择与计量、作业成本汇集、作业动因选择与计量、作业成本分配、作业成本信息报告等程序进行。

(1)资源识别及资源费用的确认与计量。资源识别及资源费用的确认与计量,是指识别出由企业拥有或控制的所有资源,遵循国家统一的会计制度，合理选择会计政策，确认和计量全部资源费用，编制资源费用清单，为资源费用的追溯或分配奠定基础。资源费用清单一般应分部门列示当期发生的所有资源费用，其内容要素一般包括发生部门、费用性质、所属类别、受益对象等。

资源识别及资源费用的确认与计量应由企业的财务部门负责，在基础设施管理、人力资源管理、研究与开发、采购、生产、技术、营销、服务、信息等部门的配合下完成。

（2）成本对象选择。按作业设立同成本动因相关的同质成本库，归集同质成本。在作业成本法下，企业应将当期所有的资源费用，遵循因果关系和受益原则，根据资源动因和作业动因，分项目经由作业追溯或分配至相关的成本对象，确定成本对象的成本。企业应根据国家统一的会计制度，并考虑预算控制、成本管理、营运管理、业绩评价以及经济决策等方面的要求确定成本对象。

（3）作业认定。作业认定是指企业识别由间接或辅助资源执行的作业集，确认每一项作业完成的工作以及执行该作业所耗费的资源费用，并据以编制作业清单的过程。

作业认定的内容主要包括对企业每项消耗资源的作业进行识别、定义和划分，确定每项作业在生产经营活动中的作用、同其他作业的区别以及每项作业与耗用资源之间的关系。

作业认定一般包括以下两种形式：

①根据企业生产流程，自上而下进行分解。

②通过与企业每个部门负责人和一般员工进行交流，自下而上确定他们所做的工作，并逐一认定各项作业。企业一般应将两种方式相结合，以保证全面、准确地认定作业。

作业认定的具体方法一般包括调查表法和座谈法。调查表法，是指通过向企业全体员工发放调查表，并分析调查表来认定作业的方法。座谈法，是指通过与企业员工面对面的交谈来认定作业的方法。企业一般应将两种方法相结合，以保证全面、准确地认定全部作业。

企业对认定的作业应加以分析和归类，按顺序列出作业清单或编制出作业字典。作业清单或作业字典一般应当包括作业名称、作业内容、作业类别、所属作业中心等内容。

（4）作业中心设计。作业中心设计，是指企业将认定的所有作业按照一定的标准进行分类，形成不同的作业中心，作为资源费用追溯或分配对象的过程。作业中心可以是某一项具体的作业，也可以是由若干项相互联系的、能够实现某种特定功能的作业组成的集合。

企业可按照受益对象、层次和重要性，将作业分为以下五类，并分别设计相应的作业中心。

①产量级作业，是指明确地为个别产品（或服务）实施的、使单个产品（或服务）受益的作业。该类作业的数量与产品（或服务）的数量成正比例变动。该类作业包括产品加工、检验等。

②批别级作业，是指为一组（或一批）产品（或服务）实施的、使该组（或批）产品（或服务）受益的作业。该类作业的发生是由生产的批量数而不是单个产品（或服务）引起的，其数量与产品（或服务）的批量数成正比例变动。该类作业包括设备调试、生产准备等。

③品种级作业，是指为生产和销售某种产品（或服务）实施的、使该种产品（或服务）的每个单位都受益的作业。该类作业虽用于产品（或服务）的生产或销售，但独立于实际产量或批量，其数量与品种的多少成正比例变动。该类作业包括新产品设计、现有产品质量与功能改进、生产流程监控、工艺变换需要的流程设计、产品广告等。

④客户级作业，是指为服务特定客户所实施的作业。该类作业保证企业将产品（或服务）销售给个别客户，但作业本身与产品（或服务）数量独立。该类作业包括向个别客户提供的技术支持活动、咨询活动、独特包装等。

⑤设施级作业，是指为提供生产产品（或服务）的基本能力实施的作业。该类作业是开展业务的基本条件，使所有产品（或服务）都受益，但与产量或销量无关。该类作业包括管理作业、针对企业整体的广告活动等。

（5）资源动因选择与计量。资源动因是引起资源耗用的成本动因，反映了资源耗用与作业量之间的因果关系。资源动因选择为将各项资源费用归集到作业中心提供了依据。

企业应识别当期发生的每一项资源消耗，分析资源耗用与作业中心作业量之间的因果关系，选择并计量资源动因。企业一般应选择那些与资源费用总额成正比例关系变动的资源动因作为资源费用分配的依据。

（6）作业成本汇集。作业成本汇集，是指企业根据资源耗用与作业之间的因果关系，将所有的资源成本直接追溯或按资源动因分配至各作业中心，计算各作业总成本的过程。

作业成本汇集应遵循以下基本原则：

①对于为执行某种作业直接消耗的资源，应直接追溯至该作业中心。

②对于为执行两种或两种以上作业共同消耗的资源，应按照各作业中心的资源动因量比例分配至各作业中心。

为便于将资源费用直接追溯或分配至各作业中心，企业还可以按照资源与不同层次作业的关系将资源分为如下五类：

①产量级资源，包括为单个产品（或服务）所取得的原材料、零部件、人工、能源等。

②批别级资源，包括用于生产准备、机器调试的人工等。

③品种级资源，包括为生产某一种产品（或服务）所需要的专门化设备、软件和人力等。

④顾客级资源，包括为服务特定客户所需要的专门化设备、软件和人力等。

⑤设施级资源，包括土地使用权、房屋及建筑物，以及所保持的不受产量、批别、产品、服务和客户变化影响的人力资源等。

对于产量级资源费用，应直接追溯至各作业中心的产品等成本对象。对于其他级别的资源费用，应选择合理的资源动因，按照各作业中心的资源动因量比例分配至各作业中心。企业为执行每种作业所消耗的资源费用的总和，构成该种作业的总成本。

（7）作业动因选择与计量。作业动因是引起作业耗用的成本动因，反映了作业耗用与最终产出的因果关系，是将作业成本分配到流程、产品、分销渠道、客户等成本对象的依据。

在作业中心仅包含一项作业的情况下，所选择的作业动因应该是引起该作业耗用的成本动因；在作业中心由若干项作业集合而成的情况下，企业可采用回归分析法或分析判断法，分析比较各具体作业动因与该作业中心成本之间的相关关系，选择相关性最大的作业动因，即代表性作业动因，作为作业成本分配的基础。

作业动因需要在交易动因、持续时间动因和强度动因间进行选择。其中，交易动因是指用频率或次数计量的成本动因，包括接收或发出订单数、处理收据数等；持续时间动因是指用执行时间计量的成本动因，包括产品安装时间、检查小时数等；强度动因是指不容易按照频率、次数或执行时间进行分配而需要直接衡量每次执行所需资源的成本动因，包括特别复杂产品的安装、质量检验等。企业如果每次执行所需要的资源数量都相同或接近，则应选择交易动因；如果每次执行所需要的时间都存在显著不同，则应选择持续时间动因；如果作业的执行比较特殊或复杂，则应选择强度动因。对于选择的作业动因，企业应采用相应的方法和手段进行计量，以取得作业动因量的可靠数据。

（8）作业成本分配。作业成本分配，是指企业将各作业中心的作业成本按作业动因分配至产品等成本对象，并结合直接追溯的资源费用，计算出各成本对象的总成本和单位成本的过程。

作业成本分配一般按照以下两个程序进行：

①分配次要作业成本至主要作业，计算主要作业的总成本和单位成本。企业应按照各主要作业耗用每个次要作业的作业动因量，将次要作业的总成本分配至各主要作业，并结合直接追溯至次要作业的资源费用，计算各主要作业的总成本和单位成本。有关计算公式如下：

$$次要作业成本分配率 = \frac{次要作业总成本}{该作业动因总量} \times 100\%$$

某主要作业分配的次要作业成本 = 该主要作业耗用的次要作业动因量 × 该次要作业成本分配率

主要作业总成本 = 直接追溯至该作业的资源费用 + 分配至该主要作业的次要作业成本之和

$$主要作业单位成本 = \frac{主要作业总成本}{该主要作业动因总量}$$

②分配主要作业成本至成本对象,计算各成本对象的总成本和单位成本。企业应按照各主要作业耗用每个次要作业的作业动因量,将次要作业成本分配至各主要作业,并结合直接追溯至成本对象的单位水平资源费用,计算各成本对象的总成本和单位成本。有关计算公式如下:

$$\text{某成本对象分配的主要作业成本} = \text{该成本对象耗用的主要作业成本动因量} \times \text{主要作业单位}$$

$$\text{某成本对象总成本} = \text{直接追溯至该成本对象的资源费用} \times \text{分配至该成本对象的主要作业成本之和}$$

$$\text{某成本对象单位成本} = \frac{\text{该成本对象总成本}}{\text{该成本对象的产出量}}$$

(9)作业成本信息报告。作业成本信息报告的目的是通过设计、编制和报送具有特定内容和格式要求的作业成本报表,向企业内部各有关部门和人员提供其所需要的作业成本及其他相关信息。

作业成本报表的内容和格式应根据企业内部管理需要确定。作业成本报表提供的信息一般应包括以下内容:

①企业拥有的资源及其分布,以及当期发生的资源费用总额及其具体构成的信息。

②每一成本对象总成本、单位成本及其消耗的作业类型、数量及单位作业成本的信息,以及产品营利性分析的信息。

③每一作业或作业中心的资源消耗及其数量、成本及作业总成本与单位成本的信息。

④与资源成本分配所依据的资源动因及作业成本分配所依据的作业动因相关的信息。

⑤资源费用、作业成本及成本对象的成本预算完成情况及其原因分析的信息。

⑥有助于作业、流程、作业链(或价值链)持续优化的作业效率、时间和质量等方面的非财务信息。

⑦有助于促进客户价值创造的有关增值作业与非增值作业的成本信息及其他信息。

⑧有助于业绩评价与考核的作业成本信息及其他相关信息。

⑨上述各类信息的历史或同行比较信息。

【情景5-18】惠达股份有限公司生产A、B两种产品,两种产品的基本资料如表5-10所示。

表5-10　A、B产品基本资料

产品名称	年产量	单位产品机器工时	直接材料单位成本	直接人工单位成本
A	15 000	15	55	25
B	42 000	15	35	25

企业每年制造费用总额为1 990 000元。A、B两种产品的复杂程度不一样,所耗用的作业量也不一样。依据作业动因设置五个成本库,有关资料如表5-11所示。

要求:分别用作业成本计算法与传统成本计算法计算上述两种产品的单位成本。

表5-11　产品作业成本资料

作业名称	成本动因	作业成本	作业动因数 A	作业动因数 B	合计
机器调整	调整次数	550 000	2 400	2 600	5 000
质量检验	检验次数	450 000	4 500	4 500	9 000
生产订单	订单份数	140 000	280	420	700
机器维修	维修次数	600 000	400	600	1 000
材料验收	验收次数	250 000	180	320	500
合计		1 990 000			

（1）用作业成本法计算各项作业的成本动因分配率，计算结果如表 5-12 所示。

表 5-12　作业成本动因分配率

作业名称	成本动因	作业成本	作业动因数			分配率
			A	B	合计	
机器调整	调整次数	550 000	2 400	2 600	5 000	110
质量检验	检验次数	450 000	4 500	4 500	9 000	50
生产订单	订单份数	140 000	280	420	700	200
机器维修	维修次数	600 000	400	600	1 000	600
材料验收	验收次数	250 000	180	320	500	500
合计		1 990 000				

（2）按作业成本计算法下计算两种产品的制造费用。计算结果如表 5-13 所示。

表 5-13　按作业成本法计算的制造费用

作业名称	成本动因	作业成本	作业动因数		分配率	分配的制造费用	
			A	B		A	B
机器调整	调整次数	550 000	2 400	2 600	110	264 000	286 000
质量检验	检验次数	450 000	4 500	4 500	50	225 000	225 000
生产订单	订单份数	140 000	280	420	200	56 000	84 000
机器维修	维修次数	600 000	400	600	600	240 000	360 000
材料验收	验收次数	250 000	180	320	500	90 000	160 000
合计		1 990 000				875 000	1 115 000

（3）使用传统成本计算法分别计算两种产品的制造费用。

两种产品的机器工时分别为 225 000 小时（15 000×15）和 630 000（42 000×15），制造费用总额为 1 990 000 元。

制造费用分配率 =1 990 000÷（225 000+630 000）≈2.33（元／小时）

A 的制造费用 =225 000×2.33=524 250（元）

B 的制造费用 =1 990 000-524 250=1 465 750（元）

最后，比较两种成本计算法下制造费用分配的结果，如表 5-14 所示。

表 5-14　两种计算法下制造费用对照表

项目	A 产量 15 000 台				B 产量 42 000 台			
	总成本		单位成本		总成本		单位成本	
	传统	作业	传统	作业	传统	作业	传统	作业
直接材料	525 000	525 000	35	35	1 260 000	1 260 000	30	30
直接人工	225 000	225 000	15	15	840 000	840 000	20	20
制造费用	524 250	2 126 072.5	34.95	141.74	1 465 750	1 092 000	34.90	26
合计	1 274 250	2 876 072.5	84.95	191.74	3 565 750	3 192 000	84.90	76

从以上计算过程可以看出，作业成本法更能科学地分配成本费用，准确反映产品成本信息。

5.1.5 责任中心

1. 责任成本管理的概念

（1）责任中心的概念。责任中心是指具有一定的管理权限，并承担相应的经济责任的企业内部单位。在分权管理条件下，企业为了实行有效的内部协调与控制，通常按照统一领导、分级管理的原则，在其内部合理划分责任单位，明确各责任单位应承担的经济责任，并赋予相应的权限，给予相应的利益，促使各责任单位各尽其职并协同配合。

（2）责任中心的特征。责任中心具有以下特征：

①责任中心是一个责、权、利相统一的实体。每一个责任中心都要对某些财务指标的完成情况负责，责任中心也具有与其责任相适应的权利。

②责任中心具有承担经济责任的条件。责任中心必须具有履行经济责任的行为能力，一旦不能履行经济责任，就要有能力对由此产生的后果负责。

③责任中心所承担的责任和行使的权力都应是可控的。责任中心对其职责范围内的收入、成本、利润和投资都要负责，因此这些内容必须是该责任中心能够控制的内容，考核责任中心的业绩时，只能对该中心所能控制的项目进行考核。

④责任中心具有单独核算、业绩评价的能力。只有单独核算，责任中心的工作业绩才能得到正确评价。因此，既能分清责任，又能进行独立核算的企业内部单位，才是真正意义上的责任中心。

根据企业内部责任单位的权限范围及业务活动的特点不同，责任中心一般分为成本中心、利润中心和投资中心三大类。

2. 责任中心及其考核

（1）成本中心。

①成本中心概念。成本中心是对成本或费用承担责任的责任中心。它不形成用货币计量的收入，也不对其收入、利润、投资负责，着重考核其所发生的成本和费用。成本中心一般包括企业的产品生产部门、劳务提供部门、管理部门等。成本中心的职责是在完成规定任务的同时把成本控制在规定的范围内。

②成本中心的类型。成本中心有两种类型：标准成本中心和费用中心。

● 标准成本中心是指有稳定、明确的产品，可测算出单位产品成本的责任中心。标准成本中心的典型代表是制造业的工厂、车间、班组等，这类责任中心的每种产品都有明确的直接材料费用、直接人工费用和制造费用标准，可以实施标准成本制度和弹性预算控制成本。它是以实际产出量为基础，按照标准成本进行成本控制的成本中心。

● 费用中心是指投入与产出间没有密切关系的责任中心。它包括各种管理费用和一些间接成本项目，如广告费、保险费、修理费。这类费用与产出量之间一般不能产生直接关系，往往采用预算总额审批的控制方法。

③成本中心的特征。成本中心相对于利润中心和投资中心而言，具有如下特征：

● 成本中心只考核成本费用，不考核收益。成本中心往往没有经营权和销售权，不会形成用货币计量的收入。例如，某一个生产车间生产出的产品，是产成品的一个部件，如果无法单独出售，就不能计量其货币收入。有的成本中心可能有少量的收入，但这种收入是零星产生的收入，没有考核的必要。企业大多数生产单位只能提供成本费用的信息，因此只能以货币的形式衡量投入，不以货币衡量产出，这是成本中心的基本特征。

● 成本中心只对可控成本负责。凡是责任中心能够控制的耗费就称为可控成本；凡是责任中心不能控制的耗费就称为不可控成本。可控成本需要同时具备的条件是：可以预计将要发生的成本；对发生的成本能够计量；成本能够调节和控制。成本的可控性和不可控性是相对的，从企业的主体层次上看，几乎所有的成本都是可控成本，而对于企业内部各部门、各车间来说，既有可控成本也有不可控成本。较低层次责任中心的可控成本一定是其所属较高层次责任中心的可控成本，而较高层次责任中心的可控成本不一定是较低层次责任中心的可控成本，某一层次责任中心的有些成本是可控的，对于另一责任中心这些成本就可能是不可控的。如材料成本对采购部门是可控的，而对生产部门是不可控的。

● 成本中心控制和考核的对象是责任成本。责任成本是在具体的责任单位内以其承担的责任为范围进行成本归集，对成本中心的业绩考核也是将实际责任成本和预算责任成本进行比较，正确评价其工作业绩。

应当注意，责任成本不同于产品成本，这是由于成本的计算目的和用途不同造成的，责任成本是责任中心生产耗费的结果，它是以责任中心为对象进行归集的。产品成本是生产成品耗费的结果，它是以产品为对象进行归集的。

④成本中心的考核指标。因为成本中心只对责任成本负责，所以对成本中心只考核责任成本的完成情况，即通过对各成本中心的实际责任成本与预算成本进行比较，评价成本中心控制工作绩效。其考核指标主要包括成本（费用）降低额和降低率。其计算公式为

$$\text{成本（费用）降低额} = \text{预算责任成本（费用）} - \text{实际责任成本（费用）}$$

$$\text{成本（费用）降低率} = \frac{\text{成本（费用）降低额}}{\text{预算责任成本（费用）}}$$

在对成本中心进行考核时，如果实际产量与预算产量不一致，应先按弹性预算的方法对预算指标进行调整，再计算考核指标。调整时的计算公式为

$$\text{预算责任成本（费用）} = \text{实际产量} \times \text{单位预算责任成本}$$

【情景5-19】惠达股份有限公司内部一车间为成本中心，生产K1产品，预算产量3 000件，单位成本120元，实际产量4 000件，单位成本110元，那么该成本中心的考核指标计算过程为：

预算成本节约额=120×4 000-110×4 000=40 000（元）

预算成本节约率=40 000÷（120×4 000）×100%≈8.33%

结果表明，该成本中心的成本节约额为40 000元，节约率为8.33%。

(2) 利润中心。

①利润中心的概念。利润中心是对利润负责的责任中心，就是既要对成本费用负责，又要对收入和利润负责的责任中心。这类成本费用、收入对利润中心而言，都应是可控的。这类责任中心一般是指企业内部有产品经销权提供劳务服务的部门。例如，各个有一定独立经营权的分厂等。在同一企业，利润中心相对处于较高层次，与成本中心相比，利润中心的权力和责任要大一些。它一般具有稳定的、独立的收入来源。因此，它不仅要考虑收入的增长，同时还要考虑成本的降低。利润中心追求的是收入的增长超过成本的增长。

②利润中心的类型。利润中心按其收入特征，可分为自然利润中心与人为利润中心两种。

● 自然利润中心是能对外销售产品并取得实际收入的利润中心。它具有产品的销售权、价格决策权、材料采购权。它往往是企业内部的一个部门，但功能与独立企业类似，能独立地控制成本并取得收入。

● 人为利润中心是按照内部转移价格在企业内部销售产品，从而取得内部销售收入的利润中心。它往往具有独立经营权，与其他责任中心一起确定合理的内部转移价格，以实现利润中心的功能和责任。人为利润中心要具备的条件：向其他责任中心提供产品或劳务并能合理确定内部转移价格。

③利润中心的考核指标。利润中心必须进行成本计算，以便正确地计算利润，作为对利润中心业绩评价的依据。利润中心的成本计算通常有如下两种方式：

● 利润中心只计算可控成本。这种方式对于不可控成本和共同成本难以合理分摊部分都不进行计算，按这种方式计算得到的利润就是边际贡献总额，因为责任中心可控的主要是变动成本，利润中心的利润指标要经过调整才能得到，这时利润中心失去了本来的意义，变成了边际利润中心。人为利润中心适合采用这种方式，其考核指标的计算公式为：

$$\text{利润中心边际贡献总额} = \text{该中心销售收入} - \text{该中心可控成本}$$

● 利润中心不仅要计算可控成本，而且要计算其分配得来的共同成本或不可控成本。只有在共同成本易于分割时，自然利润中心才可以采用这种方

式。若采用变动成本法,考核指标的计算公式为

$$\text{利润中心边际贡献总额} = \text{该中心销售收入} - \text{该中心变动成本}$$

$$\text{部门可控边际贡献总额} = \text{该部门边际贡献} - \text{该部门可控固定成本}$$

$$\text{部门边际贡献} = \text{该部门可控边际贡献总额} - \text{该部门不可控固定成本}$$

$$\text{部门税前利润} = \text{各部门边际贡献之和} - \text{企业管理费用等期间费用}$$

【情景5-20】惠达股份有限公司内部三车间为利润中心,本期实现内部销售收入2 500 000元,变动成本为1 250 000元,该中心负责人可控固定成本为180 000元,虽不可控但应由该中心负担的固定成本110 000元。那么,该利润中心的考核指标计算过程为:

边际贡献=2 500 000-1 250 000=1 250 000(元)
可控边际贡献=1 250 000-180 000=1 070 000(元)
部门边际贡献=1 070 000-110 000=960 000(元)

(3)投资中心。

①投资中心的概念。投资中心是指既要对成本、收入和利润负责,又要对投入的全部投资的使用效果负责的责任中心。这类中心不仅能控制成本和收入,同时也要能控制其所占用的资金。

投资中心同时也是利润中心,它与利润中心的主要区别:利润中心没有投资决策权,投资中心能相对独立地运用所掌握的资金进行投资,扩大和缩小生产能力;投资中心处于责任中心的最高层次,具有的决策权最大,承担的责任也最大;投资中心一般是独立的法人,利润中心不一定是独立法人。

②投资中心的考核指标。投资中心的考核指标主要有:投资利润率和剩余收益。

● 用投资利润率指标衡量业绩。

投资利润率也称为投资报酬率,是投资中心所获得的利润与投资额的比例。其计算公式为

投资利润率=(利润÷投资额)×100%

用投资利润率评价投资中心业绩的优点:能反映出投资中心的综合盈利能力;可对不同投资额的投资中心业绩大小进行比较,横向可比性强;能够正确引导投资中心经营管理行为,促使其为长期获取利润而努力;只有减少不合理资产的占有量,同时提高利润,才能提高投资利润率,这会促使投资中心盘活闲置资产,加强对应收账款和固定资产的管理。

用投资利润率评价投资中心业绩的缺点:利润在计算时受到人为影响,使计算出来的投资利润率指标无法反映投资中心的实际盈利能力;投资利润率指标会促使各个投资中心只关心本中心的利益,而放弃对整个企业有利的投资项目,缺乏全局观念。

【情景5-21】惠达股份有限公司的投资利润率如表5-15所示。

表5-15 惠达股份有限公司的投资报酬率

投资中心	利润/元	投资额/元	投资利润率/%
A	500	3 500	14.29
B	200	2 500	8
全公司	700	6 000	11.67

假定B投资中心面临一个投资额为2 000元的投资机会,可获利润200元,投资利润率为10%,要求:评价B投资中心的这个投资机会。

解答:若B投资中心接受该投资,则两个投资中心的相关数据计算如表5-16所示。

表5-16 投资中心的相关数据计算

投资中心	利润/元	投资额/元	投资利润率/%
A	500	3 500	14.29
B	200+200	2 500+2 000	8.89
合计	900	8 000	11.25

从计算结果可以看出B投资中心投资利润率上升了0.89%,但就全公司而言,接受投资后,投资利润率下降了0.42%,所以不应接受这项投资。

● 用剩余收益指标来衡量业绩。

【情景5-22】接【情景5-21】假定公司整体的预期最低投资利润率为8%。

解答:惠达公司的剩余收益计算如下:

惠达公司接受投资前的剩余收益=700-6 000×8%=220(元)

惠达公司接受投资后的剩余收益=900-8 000×8%=260(元)

以剩余收益作为评价指标,实际上是分析该项投资是否给投资中心带来了更多的超额收入,所以如果用剩余收益指标来衡量投资中心的业绩,投资后,剩余收益提高了40(260-220)元,则投资中心可能接受这一投资。

3. 内部转移价格的制定

(1) 市场价格。市场价格简称市价,是责任中心在确定内部转移价格时,以产品或劳务的市场交易价格作为计价标准。能采用市场价格作为内部转移价格的责任中心往往都具有独立法人地位,能自主决定产品的生产数量、产品的出售数量、产品的购买数量及其相应价格。西方国家通常认为市场价格是制定内部转移价格的最好依据。因为公平、公开的市场竞争决定了市场价格,市场价格也会使各责任中心之间进行公平的竞争。

以市场价格作为转移价格,各责任中心进行内部转让时,应注意两个问题:第一,在中间产品有外部市场,可从外部单位购买或向外部单位销售时,以市场价格作为内部转移价格,但这并不表明应该以市场价格作为结算价格,因为纯粹的市场价格一般包括销售费用、广告费用等期间费用,而这些期间费用在企业内部产品转移时可以避免。所以,如果直接用市场价格作为结算价格,这部分费用就会直接变成制造方的利润,而使用方将很难实现成本节约。为使利益在各个责任中心的分配更趋于公平,应对市场价格作一些必要的调整,将可以避免的期间费用从市场价格中减去,然后确定内部转移价格。第二,以市场价格作为标准来制定内部转移价格时,往往要假设中间产品有完全竞争的市场或提供中间产品的部门没有闲置的生产能力。

(2) 协商价格。协商价格也称为议价,是企业内部责任中心的买卖双方以正常市场价格为基础,通过反复协商确定的双方都能够接受的价格。采用协商价格,要求各个责任中心转移的产品在非竞争性市场上买卖是可能的,并且在这种市场内买卖双方有权自行决定是否买卖该种中间产品。如果买卖双方发生矛盾后不能自行决定,或买卖双方发生矛盾不能自行解决,或买卖双方协商定价不能实现企业最优决策时,要由企业高一级的管理层进行必要的干预。这种干预要以有限、得体的谈判形式进行,不能使干预变成上级领导决定一切。

协商价格要以市价为上限,以单位变动成本为下限,具体价格应由各相关责任中心在这一范围内协商确定。当产品或劳务没有适当的市价时,可以采用协商作价方式来确定。通过各相关责任中心讨价还价,形成企业内部模拟"公允市价",作为计价的基础。

协商价格存在一定的缺陷:一是协商定价花费的人力、物力和时间较多。二是各个责任中心协商定价出现相持不下的情况时,需要企业高层领导裁定,这样会弱化分权管理的作用。

(3) 双重价格。双重价格是责任中心买卖双方采用不同的内部转移价格作为本中心的计价标准,如对产品或半产品的供应方,可以按照市场价格计价,而对于使用方则按照供应方的产品或半产品的单位变动成本计价,其差额最终由会计调整。采用双重价格的原因是内部转移价格主要是为了对企业的各责任中心业绩进行评价、考核,那么相关责任中心所采用的价格并不需要完全一致,可以分别选用对责任中心最有利的价格作为计价依据。

双重价格有两种形式:一是双重市场价格,即当某种产品或劳务在市场上出现几种不同的价格时,卖方采用最高市价,买方则采用最低市价。二是双重转移价格,即卖方以市场价格或议价作为计价基础,而买方则按照供应方的单位变动成本作为计价基础。

采用双重价格要求内部转移的产品或劳务有外部市场,供应方有剩余的生产力,而且其单位变动成本要低于市价。

(4) 以成本为基础的转移定价。成本转移价格是以产品或劳务的成本作为基础制定的内部转移价格。按照不同的成本概念,可以把成本转移价划分为多种不同形式,其中广泛使用的成本转移价格有三种:第一,标准成本,是以产品(半成品)或劳务的标准成本为内部转移价格。它主要适用于成本中心产品(半成品)的转移。第二,标准成本加成，是按照产品（半成品）或劳务的标准成本加上一定的合理利润作为计价基础。第三，标准变动成本，是以产品（半成品）或劳务的标准变动成本为内部转移价格，便于考核各责任中心业绩，也有利于经营决策。

任务 5.2　收入管理

5.2.1　销售预测

销售预测分析是指通过市场调查，以有关的历史资料和各种信息为基础，运用科学的预测方法或管理人员的实际经验，对企业产品在计划期间的销售量或销售额作出预计或估量的过程。企业在进行销售预测时，应充分研究和分析企业产品销售的相关资料，诸如产品价格、产品质量、售后服务、推销方法等；此外，对企业所处的市场环境、物价指数、市场占有率及经济发展趋势等情况也应进行研究分析。销售预测的方法有很多种，主要包括定性分析法和定量分析法。

1. 销售预测的定性分析法

定性分析法，即非数量分析法，是指由专业人员根据实际经验，对预测对象的未来情况及发展趋势作出预测的一种分析方法。它一般适用于预测对象的历史资料不完备或无法进行定量分析时，主要包括营销员判断法、专家判断法和产品寿命周期分析法。

（1）营销员判断法。营销员判断法又称意见汇集法，是由企业里熟悉市场情况及相关变化的营销人员对市场进行预测，再将各种判断意见加以综合分析、整理，并得出预测结论的方法。企业营销人员因为充分了解市场现状以及本企业的生产、销售情况，也就在一定程度上保证了预测的准确性。这种方法的优点在于用时短、成本低、比较实用。但是这种方法单纯靠营销人员的主观判断，具有较强的客观性和片面性。

（2）专家判断法。专家判断法是由专家根据经验和判断能力对特定产品的未来销售量进行判断和预测的方法。其主要有以下三种不同形式：

①个别专家意见汇集法，即分别向每位专家征求对本企业产品未来销售情况的个人意见，然后将这些意见加以综合分析，确定预测值。

②专家小组法，即将专家分成小组，运用专家的集体智慧进行判断预测的方法。此方法的缺陷是预测小组的专家意见可能受权威专家的影响，客观性较德尔菲法差。

③德尔菲法，又称函询调查法，它采用函询的方式，征求各方面专家的意见，各位专家在互不通气的情况下，根据自己的观点和方法进行预测，然后由企业把各个专家的意见汇集在一起，通过不记名方式反馈给各位专家，请他们参考别人的意见修正自己原来的判断。如此反复数次，最终确定预测结果。

（3）产品寿命周期分析法。产品寿命周期分析法是利用产品销售量在不同寿命周期阶段的变化趋势，进行销售预测的一种定性分析方法。它是对其他预测分析方法的补充。产品寿命周期是指产品从投入市场到退出市场所经历的时间，一般要经过推广期、成长期、成熟期和衰退期4个阶段。在这一发展过程中，产品销售量的变化呈一条曲线，称为产品寿命周期曲线。

判断产品所处的寿命周期阶段，可根据销售增长率指标进行。一般地，推广期增长率不稳定，成长期增长率最大，成熟期增长率稳定，衰退期增长率为负数。了解产品所处的寿命周期阶段，有助于正确选择预测方法。例如，推广期历史资料缺乏，可以运用定性分析法进行预测；成长期可运用回归分析法进行预测；成熟期销售量比较稳定，适用趋势预测分析法。

2. 销售预测的定量分析法

定量分析法，也称数量分析法，是指在预测对象有关资料完备的基础上，运用一定的数学方法，建立预测模型，作出预测。一般包括趋势预测分析法和因果预测分析法两大类。

（1）趋势预测分析法。趋势预测分析法主要包括算术平均法、加权平均法、移动平均法、指数平滑法等。

①算术平均法。算术平均法是指将若干历史时期的实际销售量或销售额作为样本值，求出其算术平均数，并将该平均数作为下期销售量的预测值。其计算公式为：

$$Y = \frac{\sum X_i}{n}$$

式中，Y——预测值；

X_i——第i期的实际销售量；

n——期数。

算术平均法适用于每期销售量波动不大的产品的销售预测。

【情景5-23】惠达股份有限公司2013—2020年的产品销售量资料如表5-17所示。

表5-17　惠达股份有限公司2013—2020年的产品销售量资料

年份	2013	2014	2015	2016	2017	2018	2019	2020
销售量/吨	3 000	3 250	3 100	3 150	3 250	3 350	3 400	3 450

要求：根据以上资料，用算术平均法预测公司2021年的销售量。

根据算术平均法的计算公式，公司2021年的预测销售量为

$$\text{预测销售量}(Y) = \frac{\sum X_i}{n} = \frac{3\,000+3\,250+\cdots+3\,400+3\,450}{8} = 3\,243.75\,(\text{吨})$$

②加权平均法。加权平均法是指将若干历史时期的实际销售量或销售额作为样本值，将各个样本值按照一定的权数计算得出加权平均数，并将该平均数作为下期销售量的预测值。一般地，由于市场变化较快，距离预测期越近的样本值对其影响越大，而距离预测期越远的则影响越小，所以权数的选取应遵循"近大远小"的原则。其计算公式为：

$$Y = \sum_{i=1}^{n} W_i X_i$$

式中，Y——预测值；

W_i——第i期的权数（$0 < W_i \leqslant W_{(i+1)} < 1$，且$\sum W_i = 1$）；

X_i——第i期的实际销售量；

n——期数。

加权平均法较算术平均法更为合理，计算也较方便，因而在实践中应用较多。

【情景5-24】沿用【情景5-22】中的资料，假设2013—2020年各数据的权数如表5-18所示。

表 5-18　2013—2020 年各数据的权数

年份	2013	2014	2015	2016	2017	2018	2019	2020
销售量/吨	3 000	3 250	3 100	3 150	3 250	3 350	3 400	3 450
权数	0.04	0.06	0.08	0.12	0.14	0.16	0.18	0.22

要求：根据上述资料，用加权平均法预测公司 2021 年的销售量。

根据加权平均法的计算公式，公司 2021 年的预测销售量为：

预测销售量 $(Y) = \sum W_i X_i = 3\,000 \times 0.04 + \cdots + 3\,450 \times 0.22 = 3\,303$（吨）

③移动平均法。移动平均法是指从 n 期的时间数列销售量中选取 m 期（m 数值固定，且 $m<n/2$）数据作为样本值，求其 m 期的算术平均数，并不断向后移动计算观测其平均值，以最后一个 m 期的平均数作为未来第 $n+1$ 期销售预测值的一种方法。这种方法假设预测值主要受最近 m 期销售量的影响。其计算公式为

$$Y_{n+1} = \frac{X_{n-(m-1)} + X_{n-(m-2)} + \cdots + X_{n-1} + X_n}{m}$$

为了使预测值更能反映销售量变化的趋势，可以对上述结果按趋势值进行修正，其计算公式为

$$\overline{Y}_{n+1} = Y_{n+1} + (Y_{n+1} - Y_n)$$

由于移动平均法只选用了 n 期数据中的最后 m 期作为计算依据，故而代表性较差。此法适用于销售量略有波动的产品预测。

【情景 5-25】沿用【情景 5-23】中的资料，假定公司预测前期（即 2020 年）预测销售 3 650 吨，要求分别用移动平均法和修正的移动平均法预测公司 2021 年的销售量（假设样本期为 3 期）。

第一，根据移动平均法的计算公式，公司 2021 年的预测销售量为

预测销售量 $(Y_{n+1}) = \dfrac{X_{n-(m-1)} + X_{n-(m-2)} + \cdots + X_{n-1} + X_n}{m}$

$= \dfrac{3\,350 + 3\,400 + 3\,450}{3}$

$= 3\,400$（吨）

第二，根据修正的移动平均法计算公式，公司 2021 年的预测销售量为

修正后的预测销售量 $\overline{Y}_{n+1} = Y_{n+1} + (Y_{n+1} - Y_n) = 3\,400 + (3\,400 - 3\,650) = 3\,150$（吨）

④指数平滑法。指数平滑法实质上是一种加权平均法，是以事先确定的平滑指数 a 及 $(1-a)$ 作为权数进行加权计算，预测销售量的一种方法。其计算公式为

$$Y_{n+1} = aX_n + (1-a)Y_n$$

式中，Y_{n+1}——未来第 $n+1$ 年的预测值；

Y_n——第 n 期的预测值，即预测前期的预测值；

X_n——第 n 期的实际销售量，即预测前期的实际销售量；

a——平滑指数；

n——期数。

一般地，平滑指数的取值通常在 0.3～0.7，其取值大小决定了前期实际值与预测值对本期预测值的影响。采用较大的平滑指数，预测值可以反映样本值新近的变化趋势；采用较小的平滑指数，预测值则反映了样本值变动的长期趋势。因此，在销售量波动较大或进行短期预测时，可选择较大的平滑指数；在销售量波动较小或进行长期预测时，可选择较小的平滑指数。

【情景 5-26】沿用【情景 5-23】中的资料，2020 年实际销售量为 3 450 吨，假设原预测销售量为 3 650 吨，平滑指数 $a=0.5$。要求用平滑指数法预测公司 2021 年的销售量。

根据指数平滑法的计算公式，公司 2021 年的预测销售量为：

预测销售量 $= 0.5 \times 3\,450 + (1-0.5) \times 3\,650 = 3\,550$（吨）

（2）因果预测分析法。因果预测分析法是指分析影响产品销售量（因变量）的相关因素（自变量）以及它们之间的函数关系，并利用这种函数关系进行产品销售预测的方法。因果预测分析法最

常用的是回归分析法，这里主要介绍回归直线法。

回归直线法，也称一元回归分析法。它假定影响预测对象销售量的因素只有一个，根据直线方程式 $y=a+bx$，按照最小二乘法原理，确定一条误差最小的、能正确反映自变量 x 和因变量 y 之间关系的直线，其常数项 b 和系数 a 的计算公式为

$$b=\frac{n\sum xy-\sum x\sum y}{n\sum x^2-(\sum x)^2}$$

$$a=\frac{\sum y-b\sum x}{n}$$

待求出 a、b 的值后，代入 $y=a+bx$，结合自变量 x 的取值，即可求得预测对象 y 的预测销售量或销售额。

【情景5-27】沿用【情景5-23】中的资料，假定产品销售量只受广告费支出大小的影响，2021年预计广告费支出为92万元，以往年度的广告费支出资料如表5-19所示。

表5-19　以往年度的广告费支出资料

年份	2013	2014	2015	2016	2017	2018	2019	2020
销售量/吨	3 000	3 250	3 100	3 150	3 250	3 350	3 400	3 450
广告费/万元	50	55	48	60	76	80	80	85

要求：用回归直线法预测公司2021年的产品年销售量。

根据公式，有：

$$b=\frac{n\sum xy-\sum x\sum y}{n\sum x^2-(\sum x)^2}$$

$$=\frac{117\,100}{12\,684}$$

$$\approx 9.23$$

$$a=\frac{\sum y-b\sum x}{n}$$

$$=\frac{21\,021.2}{8}$$

$$\approx 2\,627.65$$

将 a、b 代入公式，得出结果，如表5-20所示。

表5-20　2021年的产品预测销售量

年份	广告费支出 x/万元	销售量 y/吨	xy	x^2	y^2
2013	50	3 000	150 000	2 500	9 000 000
2014	55	3 250	178 750	3 025	10 562 500
2015	48	3 100	148 800	2 304	9 610 000
2016	60	3 150	189 000	3 600	9 922 500
2017	76	3 250	247 000	5 776	10 562 500
2018	80	3 350	268 000	6 400	11 222 500
2019	80	3 400	272 000	6 400	11 560 000
2020	85	3 450	293 250	7 225	11 902 500
$n=8$	534	25 950	1 746 800	37 230	84 342 500

$$Y=a+bx=2\,627.65+9.23x\approx 2\,627.65+9.23\times 92=3\,476.81\text{（吨）}$$

5.2.2 定价管理

1. 销售定价管理的概念

销售定价管理是指在调查分析的基础上，选用合适的产品定价方法，为销售的产品制定最为恰当的售价，并根据具体情况运用不同的价格策略，以实现经济效益最大化的过程。

企业销售各种产品都必须确定合理的产品销售价格。产品价格的高低直接影响到销售量的大小，进而作用于企业的盈利水平。单价水平过高，导致销售量降低，如果达不到保本点，企业就会亏损；单价水平过低，虽然会起到促销作用，但单位毛利降低，使企业的盈利水平下降。因此，产品销售价格的高低，价格策略运用得恰当与否，都会影响到企业正常的生产经营活动，甚至影响到企业的生存和发展。进行良好的销售定价管理，可以使企业的产品更富有吸引力、扩大市场占有率、改善企业的相对竞争地位。

2. 影响产品价格的因素

（1）价值因素。价格是价值的货币表现，价值的大小决定着价格的高低，而价值量的大小又是由生产产品的社会必要劳动时间决定的。因此，提高社会劳动生产率，缩短生产产品的社会必要劳动时间，可以相对地降低产品价格。

（2）成本因素。成本是影响定价的基本因素。企业必须获得可以弥补已发生成本费用的足够多的收入，才能长期生存发展下去。虽然短期内的产品价格有可能低于其成本，但从长期来看，产品价格应等于总成本加上合理的利润，即产品售价必须足以补偿全部的生产、管理、营销成本，并为企业提供合理的利润，否则企业无利可图，难以长久生存。

（3）市场供求因素。市场供求变动对价格的变动具有重大影响。当一种产品的市场供应大于需求时，就会对其价格产生向下的压力；而当其供应小于需求时，则会推动价格的提升。市场供求关系是永远矛盾的两个方面，因此产品价格也会不断地波动。

（4）竞争因素。市场竞争程度不同，对定价的影响也不同。竞争越激烈，对价格的影响也越大。在完全竞争的市场上，企业几乎没有定价的主动权，只能接受市场价格，其定价管理的核心问题是在产品价格既定的条件下，依据"边际收入与边际成本相等时，企业的利润最大化"的原则，决定预期实现最大化利润的产销水平；在不完全竞争的市场上，竞争的强度主要取决于产品生产的难易和供求形势。为了做好定价决策，企业必须充分了解竞争者的情况，最重要的是竞争对手的定价策略。

（5）政策法规因素。各个国家对市场物价的高低和变动都有限制和法律规定，同时国家会通过生产市场、货币金融等手段间接调节价格。企业在制定定价策略时，一定要很好地了解本国及所在国有关方面的政策和法规。

3. 企业的定价目标

定价目标是指企业在一定的经营环境中，制定产品价格，通过价格效用实现企业预期的经营目标。要使销售定价管理卓有成效，企业必须制定与战略目标相匹配、切实可行的定价目标，以明确定价管理的方向，并用于指导选择适合的定价方法和价格运用策略。企业自身的实际情况及所面临的外部环境不同，企业的定价目标也多种多样，主要有以下几种：

（1）实现利润最大化。这种目标通常是通过为产品制定一个较高的价格，从而提高产品单位利润率，最终实现企业利润最大化。它适用于在市场中处于领先或垄断地位的企业，或者在行业中具有很强的竞争优势，并能长时间保持这种优势的企业。

（2）保持或提高市场占有率。市场占有率是指企业产品销售额在同类产品市场销售总额中所占的比重，其大小在一定程度上反映了企业的经营状况和竞争实力。以保持或提高市场占有率为定价目标，其目的是使产品价格有利于销售收入的提高，企业利润得到有效保障，并且可以有效打击竞争对手，这是一种注重企业长期经营利润的做法。企业为了实现这一目标，其产品价格往往需要低于同类产品价格，以较低的价格吸引客户，逐步扩大市场份额，但在短期内可能要牺牲一定的利润空间。因此，这种定价目标要求企业具有潜在的生产经营能力，总成本的增长速度低于总销量的增长速度，商品的需求价格弹性较大，即适用于能够薄利多销的企业。

（3）稳定价格。为了长期稳定地占领市场，行业中能左右市场价格的一些大企业，往往希望价格稳定，在稳定的价格中获取稳定的利润。通常做法是由行业中的领导企业制定一个价格，其他企业的价格则与之保持一定的比例关系，无论是大企业，还是中小企业都不会随便降价。其优点是创造了一个相对稳定的市场环境，避免过度竞争产生两败俱伤的负面效应，减少风险，使企业能够以稳定的价格获得比较稳定的利润。这种定价通常适用于产品标准化的行业，如钢铁制造业等。

（4）应付和避免竞争。企业参照对市场有决定性影响的竞争对手的产品价格变动情况，随时调整本企业产品价格。当竞争对手维持原价时，企业也保持原价；竞争对手改变价格时，企业也相应地调整价格，但是企业不会主动调整价格。这种定价方法主要适用于中小型企业。在激烈的价格竞争中，中小型企业没有足够实力对价格进行干预，为了避免在竞争中被淘汰，必须与市场行情保持一致。

（5）树立企业形象及产品品牌。企业形象及产品品牌是企业在经营中创造的重要的无形资产。而价格是企业竞争的一种手段，表达了企业产品的定位，在一定程度上反映着企业形象和产品形象。以树立企业形象及产品品牌为定价目标的主要有两种情况：一是树立优质高价形象。某些品牌产品具有较高的质量认知价值，会被某一客户群所认同和接受。企业在定价时，可以不拘泥于实际成本，而是制定一个较高的价格，产生一种品牌的增值效应。采用这种策略，不但可以使企业获得高额利润，而且能够满足消费者的心理需求。二是树立大众化平价形象。通过大众化的平价定位树立企业形象，吸引大量的普通消费者，以扩大销量，获得利润。

4. 产品定价方法

产品定价方法主要包括以成本为基础的定价方法和以市场需求为基础的定价方法两大类。

（1）以成本为基础的定价方法。在企业成本范畴中，基本上有三种成本可以作为定价基础，即变动成本、制造成本和全部成本费用。

变动成本是指在特定的业务量范围内，其总额会随业务量的变动而变动的成本。变动成本虽可以作为增量产量的定价依据，但不能作为一般产品的定价依据。

制造成本是指企业为生产产品或提供劳务等发生的直接费用支出，一般包括直接材料、直接人工和制造费用。它不包括各种期间费用，因此不能正确反映企业产品的真实价值消耗和转移。利用制造成本定价不利于企业简单再生产的继续进行。

全部成本费用是指企业为生产、销售一定种类和数量的产品所发生的所有成本和费用总额，包括制造成本和管理费用、销售费用及财务费用等各种期间费用。在全部成本费用基础上制定价格，既可以保证企业简单再生产的正常进行，又可以使劳动者为社会劳动所创造的价值得以全部实现。

①全部成本费用加成定价法。全部成本费用加成定价法就是在全部成本费用的基础上，加上合理利润来定价。合理利润的确定，在工业企业一般根据成本利润率，而在商业企业一般根据销售利润率。在考虑税金的情况下，有关计算公式如下：

$$成本利润率 = \frac{预测利润总额}{预测成本总额} \times 100\%$$

$$单位产品价格 = \frac{单位成本 \times (1+成本利润率)}{1-适用税率}$$

销售利润率定价：

$$销售利润率 = \frac{预测利润总额}{预测销售总额} \times 100\%$$

$$单位产品价格 = \frac{单位成本}{1-销售利润率-适用税率}$$

上述公式中，单位成本是指单位全部成本费用，可以用单位制造成本加上单位产品负担的期间费用来确定。

【情景5-28】 惠达股份有限公司生产高密度板，预计单位产品的制造成本为150元，计划销售15 000张，计划期的期间费用总额为1 000 000元，该产品适用的消费税税率为8%。成本费用率必须达到25%。根据上述资料，运用全部成本费用加成定价法测算的单位高密度板的价格应为

单位高密度板价格=（150+1 000 000÷15 000）×（1+25%）÷（1-8%）≈294（元）

全部成本费用加成定价法虽可以保证全部生产耗费得到补偿，但它很难适应市场需求的变化，往往导致定价过高或过低。并且，当企业生产多种产品时，间接费用难以准确分摊，从而会导致定价不准确。

②保本点定价法。保本点定价法是按照刚好能够保本的原理来制定产品销售价格，即能够保持既不盈利也不亏损的销售价格水平，采用这一方法确定的价格是最低销售价格。其计算公式为

$$\text{单位产品价格} = \frac{\text{单位固定成本} + \text{单位变动成本}}{1 - \text{适用税率}}$$

$$= \frac{\text{单位完全成本}}{1 - \text{适用税率}}$$

【情景5-29】 惠达股份有限公司生产书桌，本期计划销售量为12 000组，应负担的固定成本总额为3 000 000元，单位变动成本为1 320元，适用的消费税税率为5%。根据上述材料，运用保本点定价法测算的单位书桌的价格应为：

单位书桌价格=（3 000 000÷12 000+1 320）÷（1-5%）≈1 653（元）

③目标利润法。目标利润是指企业在预定时期内应实现的利润水平。目标利润定价法是根据预期目标利润和产品销售量、产品成本、适用税率等因素来确定产品销售价格的方法。其计算公式为：

$$\text{单位产品价格} = \frac{\text{目标利润总额} + \text{完全成本总额}}{\text{产品销量} \times (1 - \text{适用税率})}$$

$$\text{单位产品价格} = \frac{\text{单位目标利润} + \text{单位完全成本}}{1 - \text{适用税率}}$$

【情景5-30】 惠达股份有限公司生产餐桌，本期计划销售量为12 500张，目标利润总额为250 000元，完全成本总额为550 000元，适用的消费税税率为5%。根据上述资料，运用目标利润法测算的单位餐桌的价格应为：

单位餐桌价格=（250 000+550 000）÷12 500×（1-5%）=60.8（元）

④变动成本定价法。变动成本定价法是指企业在生产能力有剩余的情况下增加生产一定数量的产品，这些增加的产品可以不负担企业的固定成本，只负担变动成本，在确定价格时产品成本仅以变动成本计算。此处的变动成本是指完全变动成本，包括变动制造成本和变动期间费用。其计算公式为：

$$\text{单位产品价格} = \frac{\text{单位变动成本} \times (1 + \text{成本利润率})}{1 - \text{适用税率}}$$

【情景5-31】 惠达股份有限公司生产办公桌，设计生产能力为14 000张，计划生产10 000张，预计单位变动成本为900元，计划期的固定成本费用总额为960 000元，该产品适用的消费税税率为5%，成本利润率必须达到20%。假定本年度接到一份额外订单，订购1 100张办公桌，单价1 500元。请问：该企业计划内产品单位价格是多少？是否接受这一额外订单？

根据上述资料，企业计划内生产的产品价格为

计划内单位办公桌价格=（960 000÷10 000+900）×（1+20%）÷（1-5%）=996×（1+20%）÷（1-5%）≈1 258（元）

1 100张办公桌的单位变动成本为900元，则：

计划外订单办公桌价格=900×（1+20%）÷（1-5%）≈1 137（元）

因为额外订单单价高于按变动成本计算的价格，故应接受这一额外订单。

（2）以市场需求为基础的定价方法。以成本为基础的定价方法，主要关注企业的成本状况而

不考虑市场需求状况,因而运用这种方法制定的产品价格不一定满足企业销售收入或利润最大化的要求。最优价格应是企业取得最大销售收入或利润时的价格。以市场需求为基础的定价方法可以契合这一要求,主要有需求价格弹性系数定价法和边际分析定价法等。

①需求价格弹性系数定价法。产品在市场上的供求变动关系,实质上体现在价格的刺激和制约作用上。需求增大导致价格上升,刺激企业生产;而需求减小,则会引起价格下降,从而制约了企业的生产规模。从另一个角度看,企业也可以根据这种关系,通过价格的升降来作用于市场需求。在其他条件不变的情况下,某种产品的需求量随价格的升降而变动的程度,就是需求价格弹性系数。其计算公式为

$$E = \frac{\triangle Q/Q_0}{\triangle P/P_0}$$

式中,E——某种产品的需求价格弹性系数;

$\triangle P$——价格变动量;

$\triangle Q$——需求变动量;

P_0——基数期单位产品价格;

Q_0——基数需求量。

运用需求价格弹性系数确定产品的销售价格时,其基本计算公式为

$$P = \frac{P_0 Q_0^{(1/|E|)}}{Q^{(1/|E|)}}$$

式中,P——单位产品价格;

Q——预计销售数量。

【情景5-32】惠达股份有限公司生产销售甲产品,2020年前三个季度中,实际销售价格和销售数量如表5-21所示。若企业在第四季度要完成5 000件的销售任务,如表5-21所示,那么销售价格应为多少?

表5-21 实际销售价格和销售数量

项目	第一季度	第二季度	第三季度
销售价格/元	750	800	780
销售数量/件	3 800	3 400	3 600

$E_1 = [(3\ 400 - 3\ 800) \div 3\ 800] \div [(800 - 750) \div 750] \approx -1.58$

$E_2 = [(3\ 600 - 3\ 400) \div 3\ 400] \div [(780 - 800) \div 800] \approx -2.35$

$E = (E_1 + E_2) \div 2 = (-1.58 + -2.35) \div 2 = -1.965 \approx -2$

$|E| = 2$

$$P = \frac{P_0 Q_0^{(1/|E|)}}{Q^{(1/|E|)}}$$

$= (780 \times 3\ 600^{(1/2)}) \div 5\ 000^{(1/2)}$

≈ 661.85(元)

即第四季度要完成5 000件的销售任务,其单位产品的销售价格为661.85元。

②边际分析定价法。边际分析定价法,是指基于微分极值原理,通过分析不同价格与销售量组合下的产品边际收入、边际成本和边际利润之间的关系,进行定价决策的一种定量分析方法。

边际是指每增加或减少一个单位所带来的差异。那么,产品边际收入、边际成本和边际利润就是指销售量每增加或减少一个单位所形成的收入、成本和利润的差额。按照微分极值原理,如果利润函数的一阶导数等于零,即边际利润等于零,边际收入等于边际成本,那么利润将达到最大值。此时的价格就是最优销售价格。

当收入函数和成本函数均可微时,直接对利润函数求一阶导数,即可得到最优售价;当收入函数或成本函数为离散型函数时,可以通过列表法,分别计算各种价格与销售量组合下的边际利润。那么,在边际利润大于或等于零的组合中,边际利润最小时的价格就是最优售价。

5. 价格运用策略

企业之间的竞争在很大程度上表现为企业产品在市场上的竞争。市场占有率的大小是衡量产品市场竞争能力的主要指标。除了提升产品质量之外,根据具体情况合理运用不同的价格策略,可以有效地提高产品的市场占有率和企业的竞争能力。其中,主要的价格运用策略有以下几种:

(1)折让定价策略。折让定价策略是指在一定条件下,以降低产品的销售价格来刺激购买者,从而达到扩大产品销售量的目的。价格折让的主要表现是价格折扣,包括:

①现金折扣。现金折扣是企业为了提高结算

保障，对在一定期限内付款的购买者给予的折扣，即购买方如果在企业规定的期限内付款，企业就给予购买方一定的折扣。目的是鼓励购买方提前付款，以尽快回笼资金，加速资金周转。

②数量折扣。数量折扣是企业对大量购买或集中购买本企业产品的购买方给予的一种折扣优惠。一般购买量越多、金额越大，折扣也越大。数量折扣可分为一次性数量折扣和累计数量折扣。一次性数量折扣是企业对一次性购买达到及超过一定数量或购买多种产品达到一定的金额的客户所给予的价格折扣。采用这种折扣政策能刺激顾客大量购买，促使产品多销、快销，同时减少交易次数、时间，节省一定的销售、储存成本。累计数量折扣是指企业对一定时期内累计购买超过规定数量或金额的客户给予的价格优惠，目的在于鼓励企业与购买方建立长期稳定的关系，培养购买方的忠诚度。

③功能折扣。功能折扣是企业针对经销商在整个营销过程中所担负的特殊功能（如承担了相应的推销功能、储存功能、售后服务功能）而给予不同的价格折扣，从而使经销商大批量进货。使用功能折扣的目的在于激励各类承担功能的主体。

④专营折扣。专营是一种排他性行为。为了鼓励经销商专营本企业产品，给出力度很大的价格优惠行为。如果专营，就享受该折扣；不专营，就不享受该折扣。专营折扣的目的在于培养经销商的忠诚度。

⑤季节折扣。季节折扣是企业为季节性热销商品的购买者提供的一种价格优惠。这种折扣方式有利于减少存货成本和资金成本，加速资金回收，缓解供需在时间上的矛盾。季节折扣与购买数量、购买方无关，只是鼓励在旺季之前订货。

⑥品种折扣。品种折扣是企业针对特定品种产品给出的价格优惠。优惠产品可以是过时产品，存在缺陷产品（不影响产品质量，存在细微破损、带有污渍等产品），本身已处于滞销状态；也可以是特定的某一种或几种产品，通过折扣吸引顾客入场消费，进而提高其他产品销售量。

⑦网上折扣。网上折扣是企业针对网络下单购买者实行的价格优惠。网上折扣方式鼓励购买者进行网络交易，减少或者取消代理商，在时间和空间上都可以节约资源，从而降低促销成本、交易成本、运作成本。

⑧购买限制折扣。购买限制折扣是针对特定时间上的制约、特定数量上的制约及购买条件上的制约所做的价格优惠，如限时抢购，限购200件等。购买限制折扣使消费者产生紧迫感，从而考虑如何在该制约条件下产生购买行为。

⑨团购折扣。团购是一种基于网络的商业模式，买家通过团购网站集合足够人数，便可以以优惠价格购买或使用企业的商品或服务，企业薄利多销，买家得到优惠，节省金钱，而运行团购网站的公司则从企业收取佣金。

⑩预购折扣。预购折扣是指对预先向企业订购或购买产品给予折扣。例如，提前预订机票、旅游产品等。企业可以根据预订情况做出生产、销售计划，加快资金周转，进而降低产品库存，避免产品积压。对服务业可以提前做好服务计划安排，降低服务成本。

⑪众筹折扣。众筹是指用"团购+预购"的形式，向网友募集项目资金的模式。通过对公众展示自己的创意，争取大家的关注和支持，进而获得所需要的资金援助，生产产品价格相对于同类产品价格较为优惠。

⑫会员折扣。会员折扣是企业针对加入会员的主体给予的一种折扣优惠。

（2）心理定价策略。心理定价策略是指针对购买者的心理特点而采取的一种定价策略，主要有声望定价、尾数定价、双位定价和高位定价等。声望定价，是指企业按照其产品在市场上的知名度和在消费者中的信任程度来制定产品价格的一种方法。一般地，声望越高，价格越高，这就是产品的"名牌效应"。尾数定价，即在制定产品价格时，价格的尾数取接近整数的小数（如199.9元）或带有一定谐音的数（158元）等。它一般只适用于价值较小的中低档日用消费品定价。双位定价，是指在向市场以挂牌价格销售时，采用两种不同的标价来促销的一种定价方法。例如，某产品标明"原价158元，现促销价99元"。这种策略适用于市场接受程度较低或销路不太好的产品。高位定价,即根据消费者"价高质优"的心理特点实行高标价促销的方法。但高位定价必须是优质产品,不能弄虚作假。

(3) 组合定价策略。组合定价策略是针对相关产品组合所采取的一种方法。它根据相关产品在市场竞争中的不同情况,使互补产品价格有高有低,或使组合售价优惠。对于具有互补关系的相关产品,可以降低部分产品价格而提高互补产品价格,以促进销售,提高整体利润,如便宜的整车与高价的配件等。对于具有配套关系的相关产品,可以对组合购买予以优惠,如西服套装中的上衣和裤子等。组合定价策略可以扩大销售量、节约流通费用,有利于企业整体效益的提高。

(4) 寿命周期定价策略。寿命周期定价策略是根据产品从进入市场到退出市场的生命周期,分阶段确定不同价格的定价策略。产品在市场中的寿命周期一般分为推广期、成长期、成熟期和衰退期。推广期的产品需要获得消费者的认同,进一步占有市场,应采用低价促销策略;成长期的产品有了一定的知名度,销售量稳步上升,可以采用中等价格;成熟期的产品市场知名度处于最佳状态,可以采用高价促销,但由于市场需求接近饱和,竞争激烈,定价时必须考虑竞争者的情况,以保持现有市场销售量;衰退期的产品市场竞争力下降,销售量下滑,应该降价促销或维持现价并辅之以折扣等其他手段,同时积极开发新产品,保持企业的市场竞争优势。

任务 5.3　分配管理

5.3.1　分配顺序和影响股利支付的因素

企业开展经营活动取得收入后,要按照补偿成本、缴纳所得税、提取公积金、向投资者分配利润等顺序进行收益分配。

收益与分配管理是财务管理的重要内容之一,对于维护企业与各相关利益主体的财务管理、提升企业价值具有重要意义。

1. 收益分配集中体现了企业所有者、债权人与职工之间的利益关系

企业所有者是企业权益资金的提供者,其应得的投资收益须通过企业的收益分配来实现,而获得投资收益的多少取决于企业盈利状况及利润分配政策。通过收益分配,投资者实现预期的收益,能够提高企业的信誉程度,有利于增强企业未来融通资金的能力。

企业债权人在向企业投入资金的同时也承担一定的风险,企业的收益分配应体现出对债权人利益的充分保护。在进行收益分配时,除了按时支付到期本金、利息外,企业也要考虑债权人未获偿付本金的保障程度,否则将在一定程度上削弱企业的偿债能力,从而降低企业的财务弹性。

职工是价值的创造者,是企业收入和利润的源泉。通过薪资的支付以及各种福利的提供,可以提高职工的工作热情,为企业创造更多价值。

为了正确、合理地处理好企业各方利益相关者的需求,就必须对企业所实现的收益进行合理分配。

2. 收益分配是企业再生产的条件以及优化资本结构的重要措施

企业在生产经营过程中所投入的资金,不断地发生消耗和转移,形成成本费用,最终构成商品价值的一部分。企业取得销售收入，为成本费用的补偿提供了前提，为企业简单再生产的正常进行创造了条件。通过收益分配，企业形成一部分自有资金，有利于进行扩大再生产。

3. 收益分配是企业优化资本结构的重要措施

留存收益是企业重要的权益资金来源，收益分配政策影响企业积累，从而影响权益与负债的比例，即资本结构。企业价值最大化的目标，要求企业的资本结构最优，因而收益分配成为优化资本结构、降低资本成本的重要措施。

收益分配一般应当遵循以下原则：

（1）依法分配原则。为了规范企业的收益分配行为，维护各利益相关者的合法权益，《公司法》等相关法律、法规规定了企业收益分配的基本要求、一般程序和重要比例，企业应当认真执行，不得违反。

（2）分配与积累并重原则。企业获得收益后，既要保证简单再生产的持续进行，又要不断积累扩大再生产所需财力。恰当处理分配与积累之间的关系，积累合理的留存收益，能够在增强企业抵抗风险能力的同时，筹集企业扩大再生产所需资金。

（3）兼顾各方利益原则。企业是经济社会的基本单元，收益分配涉及国家、投资人、债权人、职工等多方面的利益。企业在进行收益分配时，应当统筹兼顾，维护各利益相关者的合法权益。

（4）投资与收益对等原则。企业在向投资者分配收益时，应按照法律、合同协议规定，本着平等一致的原则进行分配，不允许任何一方随意多分多占，以从根本上实现收益分配中的公开、公平和公正，保护投资者的利益。

5.3.2 股利分配理论

1. 股利政策与企业价值

企业的股利分配方案既取决于企业的股利政策，又取决于决策者对股利分配的理解与认识，即股利分配理论。股利分配理论是指人们对股利分配的客观规律的科学认识与总结，其核心问题是股利政策与公司价值的关系问题。在市场经济条件下，股利分配要符合财务管理目标。人们对股利分配与财务目标之间关系的认识存在不同的流派与观念，还没有一种被大多数人所接受的权威观点和结论，但主要有以下两种较流行的观点：

（1）股利无关理论。股利无关理论认为，在一定的假设条件限制下，股利政策不会对公司的价值或股票的价格产生任何影响，投资者不关心公司股利的分配。公司市场价值的高低，是由公司所选择的投资决策的获利能力和风险组合所决定的，而与公司的利润分配政策无关。

公司对股东的分红只能采取派现或股票回购等方式，因此在完全有效的资本市场上，股利政策的改变就仅仅意味着股东的收益在现金股利与资本利得之间分配上的变化。如果投资者理性行事的话，这种改变不会影响公司的市场价值以及股东的财富。该理论是建立在完全资本市场理论之上的，假定条件包括：第一，市场具有强式效率，没有交易成本，没有任何一个股东的实力足以影响股票价格；第二，不存在任何公司或个人所得税；第三，不存在任何筹资费用；第四，公司的投资决策与股利决策彼此独立，即投资决策不受股利分配的影响；第五，股东对股利收入和资本增值并无偏好。

（2）股利相关理论。与股利无关理论相反，股利相关理论认为，企业的股利政策会影响股票价格和公司价值。主要观点有以下几种：

①"手中鸟"理论。"手中鸟"理论认为，用留存收益再投资给投资者带来的收益具有较大的不确定性，并且投资的风险随着时间的推移会进一步加大。因此，厌恶风险的投资者会偏好确定的股利收益，而不愿将收益留存在公司内部去承担未来的投资风险。该理论认为公司的股利政策与公司的股票价格是密切相关的，即当公司支付较高的股利时，公司的股票价格会随之上升，公司价值将得到提升。

②信号传递理论。信号传递理论认为，在信

息不对称的情况下，公司可以通过股利政策向市场传递有关公司未来获利能力的信息，从而影响公司的股价。一般来讲，预期未来获利能力强的公司，往往愿意通过相对较高的股利支付水平把自己同预期获利能力差的公司区别开来，以吸引更多的投资者。对于市场上的投资者来讲，股利政策的差异或许是反映公司预期获利能力的有价值的信号。如果公司连续保持较为稳定的股利支付水平，那么投资者就可能对公司未来的盈利能力与现金流量抱有乐观的预期。另外，如果公司的股利支付水平在过去一个较长的时期内相对稳定，而现在却有所变动，投资者将会把这种现象看作公司管理当局将改变公司未来收益率的信号，股票市价将会对股利的变动做出反应。

③所得税差异理论。所得税差异理论认为，由于普遍存在的税率以及纳税时间的差异，资本利得收益比股利收益更有助于实现收益最大化目标，公司应当采用低股利政策。一般来说，对资本利得收益征收的税率低于对股利收益征收的税率；再者，即使两者没有税率上的差异，由于投资者对资本利得收益的纳税时间选择更具有弹性，投资者仍可以享受延迟纳税带来的收益差异。

④代理理论。该理论认为，股利政策有助于减缓管理者与股东之间的代理冲突，即股利政策是协调股东与管理者之间代理关系的一种约束机制。该理论认为，股利的支付能够有效地降低代理成本。首先，股利的支付减少了管理者对自由现金流量的支配权，这在一定程度上可以抑制公司管理者的过度投资或在职消费行为，从而保护外部投资者的利益；其次，较多的现金股利发放，减少了内部融资，导致公司进入资本市场寻求外部融资，从而使公司将接受资本市场上更多的、更严格的监督，这样便通过资本市场的监督减少了代理成本。因此，高水平的股利政策虽降低了企业的代理成本，但同时增加了外部融资成本，理想的股利政策应当使两种成本之和最小。

2. 股利政策

股利政策是指在法律允许的范围内，企业是否发放股利、发放多少股利以及何时发放股利的方针政策。企业的净收益可以支付给股东，也可以留存在企业内部，股利政策的关键问题是确定分配和留存的比例。股利政策不仅会影响股东的财富，而且会影响企业在资本市场上的形象及企业股票的价格，更会影响企业的长短期利益，因此合理的股利政策对企业及股东来讲是非常重要的。企业应当确定适当的股利政策，并使其保持连续性，以便股东据以判断其发展的趋势。在实际工作中，通常有下列几种股利发放政策可供选择：

（1）剩余股利政策。剩余股利政策是指公司生产经营所获得的净收益首先满足公司的资金需求，如果还有剩余，则派发股利；如果没有剩余，则不派发股利。剩余股利政策的理论依据是MM股利无关理论（1961年，由美国芝加哥大学教授默顿·米勒提出）。根据MM股利无关理论，在完全理想状态下的资本市场中，上市公司的股利政策与公司普通股每股市价无关，公司派发股利的高低不会给股东的财富带来实质性的影响，投资者对于盈利的留存或发放毫无偏好，公司决策者不必考虑公司分红模式，公司的股利政策只需随着公司的投资、融资方案的制定而自然确定。另外，很多公司有自己的最佳目标资本结构，公司的股利政策不应当破坏最佳资本结构。因此，根据这一政策，公司按如下步骤确定其股利分配额：

①根据公司的投资计划确定公司的最佳资本预算。

②根据公司的目标资本结构及最佳资本预算，预计公司资金需求中所需的权益资本数额。

③尽可能用留存收益来满足资金需求中所需增加的股东权益数额。

④留存收益在满足公司股东权益增加需求后，如果有剩余再用来发放股利。

【情景5-33】惠达股份有限公司2020年税后净利润为10 000 000元，2021年投资计划需要资金10 000 000元，公司的目标资本结构为权益资本占75%，债务资本占25%。按照目标资本结构的要求，公司投资方案所需的权益资本数额为

10 000 000×75%=7 500 000（元）

公司当年全部可用于分派的盈利为10 000 000

元,除了满足上述投资方案所需的权益资本外,还有剩余可用于发放的股利。2021年,公司可以发放的股利额为

10 000 000-7 500 000=2 500 000(元)

假设该公司当年流通在外的普通股为20 000 000股,那么,每股股利

2 500 000÷20 000 000=0.125(元/股)

剩余股利政策的优点:留存收益优先满足再投资需要的权益资金,有助于降低再投资的资金成本,保持最佳的资本结构,实现企业价值的长期最大化。

剩余股利政策的缺点:若完全遵照执行剩余股利政策,每年的股利发放额就会随着投资机会和盈利水平的波动而波动。在盈利水平不变的前提下,股利发放额与投资机会的多寡呈反方向变动;而在投资机会维持不变的情况下,股利发放额将与公司盈利呈同方向波动。剩余股利政策不利于投资者安排收入与支出,也不利于公司树立良好的形象,一般适用于公司初创阶段。

(2)固定或稳定增长的股利政策。固定或稳定增长的股利政策是指公司将每年派发的股利额固定在某一特定水平或是在此基础上维持某一固定比率逐年稳定增长。公司只有在确信未来盈余不会发生逆转时才会宣布实施固定或稳定增长的股利政策。在这一政策下,应首先确定股利分配额,而且该分配额一般不随资金需求的波动而波动。

固定或稳定增长的股利政策的优点有以下三个:

①稳定的股利向市场传递着公司正常发展的信息,有利于树立公司的良好形象,增强投资者对公司的信心,稳定股票的价格。

②稳定的股利额有助于投资者安排股利收入和支出,有利于吸引那些打算进行长期投资并对股利有很高依赖性的股东。

③固定或稳定增长的股利政策可能虽不符合剩余股利理论,但考虑到股票市场会受多种因素影响(包括股东的心理状态和其他要求),为了将股利或股利增长率维持在稳定的水平上,即使推迟某些投资方案或暂时偏离目标资本结构,也可能比降低股利或股利增长率更为有利。

固定或稳定增长股利政策的缺点是股利的支付与企业的盈利相脱节,即不论公司盈利多少,均要支付固定的或按固定比率增长的股利,这可能导致企业资金紧缺,财务状况恶化。此外,在企业无利可分的情况下,若依然实施固定或稳定增长的股利政策,是违反《公司法》的行为。

提示

采用固定或稳定增长的股利政策,要求公司对未来的盈利和支付能力能做出准确的判断。一般情况下,公司确定的固定股利额不宜太高,以免陷入无力支付的被动局面。固定或稳定增长的股利政策通常适用于经营比较稳定或正处于成长期的企业,且很难被长期采用。

(3)固定股利支付率政策。固定股利支付率政策是指公司将每年净利润的某一固定百分比作为股利分派给股东。这一百分比通常称为股利支付率,股利支付率一经确定,一般不得随意变更。在这一股利政策下,只要公司的税后利润一经计算确定,所派发的股利也就相应确定了。固定股利支付率越高,公司留存的净利润越少。

固定股利支付率政策的优点如下:

①采用固定股利支付率政策,股利与公司盈余紧密地配合,体现了"多盈多分、少盈少分、无盈不分"的股利分配原则。

②公司的获利能力在年度间是经常变动的,因此每年的股利也应当随着公司收益的变动而变动。采用固定股利支付率政策,公司每年按固定的比例从税后利润中支付现金股利,从企业的支付能力的角度看,这是一种稳定的股利政策。

固定股利支付率政策的缺点如下:

①大多数公司每年的收益都很难保持稳定不变,导致年度间的股利额波动较大,由于股利的信号传递作用,波动的股利很容易给投资者带来经营状况不稳定、投资风险较大的不良印象,成为影响股价的不利因素。

②容易使公司面临较大的财务压力。这是因为公司实现的盈利多,并不代表公司有足够的现金流用来支付较多的股利额。

③合适的固定股利支付率的确定难度比较大。

由于公司每年面临的投资机会、筹资渠道都不同，而且这些都可以影响公司的股利分派，所以一成不变地奉行固定股利支付率政策的公司在现实中并不多见，固定股利支付率政策只是较适用。

> **提示**
> 固定股利支付率政策只是比较适用于那些处于稳定发展状态且财务状况也较稳定的公司。

【情景5-34】惠达股份有限公司长期以来用固定股利支付率政策进行股利分配，确定的股利支付率为30%，2020年税后净利润为20 000 000元，如果仍然继续执行固定股利支付率政策，公司2020年将要支付的股利为

20 000 000×30%=6 000 000（元）

但公司2021年有较大的投资需求，因此准备2020年采用剩余股利政策。如果公司2021年的投资预算为16 000 000元，目标资本结构为权益资本占60%，按照目标资本结构的要求，公司投资方案所需的权益资本额为

16 000 000×60%=9 600 000（元）

公司2020年可以发放的股利为

20 000 000-9 600 000=10 400 000（元）

（4）低正常股利加额外股利政策。低正常股利加额外股利政策，是指公司事先设定一个较低的正常股利额，每年除了按正常股利额向股东发放股利外，还在公司盈余较多、资金较为充裕的年份向股东发放额外股利。但是，额外股利并不固定化，不意味着公司永久地提高了股利支付额。可以用以下公式表示：

$$y=a+bx$$

式中，y——每股股利；
x——每股收益；
a——低正常股利；
b——额外股利支付政策。

低正常股利加额外股利政策的优点有以下两个：

①赋予公司较大的灵活性，使公司在股利发放上留有余地，并具有较大的财务弹性。公司可根据每年的具体情况，选择不同的股利发放水平，以稳定和提高股价，进而实现公司价值的最大化。

②使那些依靠股利度日的股东每年至少可以得到虽然较低但比较稳定的股利收入，从而留住这部分股东。

低正常股利加额外股利政策的缺点有以下两个：

①由于各年度之间公司盈利的波动使得额外股利不断变化，造成分派的股利不同，容易给投资者造成收益不稳定的感觉。

②当公司在较长时间持续发放额外股利后，可能被股东误认为"正常股利"，一旦取消，传递出的信号就可能使股东认为这是公司财务状况恶化的表现，进而导致股价下跌。

> **提示**
> 相对来说，对于那些盈利随着经济周期波动较大或者盈利与现金流量很不稳定的公司，低正常股利加额外股利政策也许是一种不错的选择。

3. 利润分配制约因素

利润分配牵涉到公司、股东、债权人等各方的切身利益，在确定分配政策时，应当考虑各种相关因素的影响，主要包括法律因素、公司因素、股东因素等。

（1）法律因素。为了保护债权人和股东的利益，法律就公司的利润分配作出如下规定：

①资本保全。规定公司不能用资本（包括实收资本或股本和资本公积）发放股利。

②资本积累。规定公司必须按照净利润一定的比例提取法定盈余公积金。

③无利不分。股利只能从企业的可供分配利润中支付。此处可供分配利润包含公司当期的净利润和以前累积的未分配利润。当企业出现年度亏损时，一般不进行利润分配。

④超额累积利润。由于资本利得与股利收入的税率不一致，公司为了避税而使盈余的保留大大超过了公司目前及未来的投资需要时，将被加征额外的税款。我国法律目前对公司累计积累利

润尚未做出限制。

（2）公司因素。公司基于短期经营和长期发展的考虑，在确定利润分配政策时，需要关注以下因素。

①现金流量。公司盈余与现金流量并非完全同步，净收益的增加不一定意味着现金流量的增加。公司在进行利润分配时，要保证正常的经营活动对现金的需求，以维持资金的正常周转，使生产经营得以有序进行。

②盈余的稳定性。一般来讲，公司的盈余越稳定，其股利支付水平就越高。

③投资机会与资本成本。与发行新股相比，保留盈余不需要花费筹资费用，是一种比较经济的筹资渠道。如果公司的投资机会多，对资金的需求量大，那么它就很可能考虑采用低股利支付水平的分配政策；相反，如果公司的投资机会少，对资金的需求量小，那么它就很可能倾向于采用较高的股利支付水平。

④筹资能力。如果公司具有较强的筹资能力，随时能筹集到所需资金，那么它会具有较强的股利支付能力。另外，留存收益是企业内部筹资的一种重要方式，它同发行新股或举债相比，不需花费筹资费用，同时增加了公司权益资本的比重，降低了财务风险，便于以低成本取得债务资本。

⑤其他因素。由于股利的信号传递作用，公司不宜经常改变其利润分配政策，应保持一定的连续性和稳定性。利润分配政策还会受到其他公司的影响，比如不同发展阶段、不同行业的公司股利支付比例会有差异，这就要求公司在进行政策选择时要考虑发展阶段以及所处行业状况。如果公司将留存收益用于再投资所得的报酬低于股东个人单独将股利收入投资于其他投资机会所得的报酬时，那么公司就不应多留存收益，而应多发股利，这样有利于股东价值的最大化。

（3）股东因素。股利分配方案的最终决定权在股东，股东在控制权、稳定收入等方面的考虑会对公司的利润分配政策产生重要影响。

①控制权。现有股东往往将股利政策作为维持其控制地位的工具。企业支付较高的股利导致留存收益的减少，当企业为有利可图的投资机会筹集所需资金时，发行新股的可能性增大，新股东的加入必然稀释公司的控制权。所以，股东会倾向于较低的股利支付水平，以便从内部的留存收益中取得所需资金。

②稳定的收入。如果股东以来现金股利维持生活，他们往往要求企业支付稳定的股利，而反对过多的留存。

（4）其他因素。

①债务契约。一般来说，股利支付水平越高，留存收益越少，公司的破产风险越大，就越有可能损害债权人的利益。因此，为了保证自己的利益不受侵害，债权人通常都会在债务契约、租赁合同中加入关于借款公司股利政策的限制条款。

②通货膨胀。通货膨胀会带来货币购买力水平下降，导致固定资产重置资金不足。此时，企业往往不得不考虑留下一定的利润，以便弥补由于购买力下降而造成的固定资产重置资金缺口。因此，在通货膨胀时期，企业一般会采取偏紧的利润分配政策。

5.3.3 股利支付形式与程序

1. 股利支付形式

（1）现金股利。现金股利是以现金支付的股利，它是股利支付最常见的方式。公司选择发放现金股利除了要有足够的留存收益外，还要有足够的现金，而现金充足与否往往会成为公司发放现金股利的主要制约因素。

（2）财产股利。财产股利是以现金以外的其他资产支付的股利，主要是以公司所拥有的其他公司的有价证券，如债券、股票等，作为股利支付给股东。

（3）负债股利。负债股利是以负债方式支付的股利，通常以公司的应付票据支付给股东，有时也以发放公司债券的方式支付股利。财产股利和负债股利实际上是现金股利的替代，但这两种股利支付形式在我国公司实务中很少使用。

（4）股票股利。股票股利是公司以增发股票的方式支付的股利，在我国实务中通常也称为"红股"。发放股票股利对公司来说，并没有现金流出企业，也不会导致公司的财产减少，只是将公司的未分配利润转化为股本和资本公积。但股票股利会增加流通在外的股票数量，同时降低股票的每股价值。它虽不改变公司股东权益总额，但会改变股东权益的构成。

【情景5-35】 惠达股份有限公司在2021年发放现金股利前，其资产负债表上的股东权益账户情况如表5-22所示。

表5-22　股东权益账户情况

单位：元

股本（面值1元，发行在外20 000 000股）	20 000 000
资本公积	25 000 000
盈余公积	30 000 000
未分配利润	400 000 000
股东权益合计	475 000 000

假设该公司宣布发放20%的股票股利，现有股东每持有10股即可获赠1股普通股。若该股票当时的市价为8元，那么随着股票股利的发放，需从"未分配利润"项目划转出的资金为

20 000 000×20%×8=32 000 000（元）

由于股票面值（1元）不变，发放20 000 000股，股本项目应增加20 000 000元，其余的12 000 000（32 000 000−20 000 000）元应作为股票溢价转至"资本公积"项目，而公司的股东权益总额并未发生改变，仍是475 000 000元，股票股利发放后资产负债表上的股东权益账户情况如表5-23所示。

表5-23　股东权益账户情况

单位：元

股本（面值1元，发行在外22 000 000股）	22 000 000
资本公积	55 000 000
盈余公积	30 000 000
未分配利润	368 000 000
股东权益合计	475 000 000

假设一位股东派发股票股利之前持有公司的普通股100 000股，那么他所拥有的股权比例为

100 000÷20 000 000×100%=0.5%

派发股利后，他所拥有的股票数量和股份比例为

100 000×（1+20%）=120 000（股）

120 000÷22 000 000×100%≈0.55%

对股东来讲，股票股利的优点主要有以下两个：

①理论上，派发股票股利后，每股市价会成反比例下降，但实务中这并非必然结果。因为市场和投资者普遍认为，发放股票股利往往预示着公司会有较大的发展和成长，这样的信息传递会稳定股价或使股价下降比例减小甚至不降反升，股东便可以获得股票价值相对上升的好处。

②由于股利收入和资本利得税率的差异，如果股东出售股票股利出售，还会带来资本利得纳税上的好处。

对公司来讲，股票股利的优点主要有以下几个：

①发放股票股利不需要向股东支付现金，在再投资机会较多的情况下，公司可以为再投资提供成本较低的资金，从而有利于公司的发展。

②发放股票股利可以降低公司股票的市场价格，既有利于促进股票的交易和流通，又有利于吸引更多的投资者成为公司股东，进而使股权更为分散，有效地防止公司被恶意控制。

③股票股利的发放可以传递公司未来发展前景良好的信息，从而增强投资者的信心，在一定程度上稳定股票价格。

2. 股利支付程序

公司股利的发放必须遵守相关的要求，按照日程安排进行。一般情况下，先由董事会提出分配预案，然后提交股东大会决议，股东大会决议通过才能进行分配。股东大会决议通过分配预案后，要向股东宣布发放股利的方案，并确定股利宣告日、股权登记日、除息日和股利发放日，如图5-14所示。

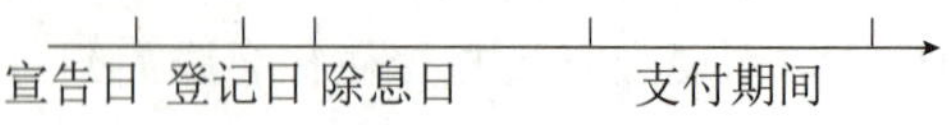

宣告日　登记日　除息日　　　支付期间

图5-14　股利支付程序

（1）股利宣告日，即股东大会决议通过并由

董事会将股利支付情况予以公告的日期。公告中将宣布每股应支付的股利、股权登记日、除息日以及股利发放日。

（2）股权登记日，即有权领取本期股利的股东资格登记截止日期。凡是在此指定日期收盘之前取得公司股票，并成为公司在册股东的投资者都可以作为股东享受公司本期分派的股利。在这一天之后取得股票的股东则无权领取本次分派的股利。

（3）除息日，即领取股利的权利与股票分离的日期。只有在除息日之前购买股票的股东才能领取本次股利，而在除息日当天或是以后购买股票的股东，则不能领取本次股利。由于失去了"收息"的权利，除息日的股票价格会下跌。除息日是股权登记的下一个交易日。

（4）股利发放日，即公司按照公布的分红方案向股权登记日在册的股东实际支付股利的日期。

【情景5-36】惠达股份有限公司于2021年4月15日公布2020年的最后分红方案，其公告如下："2020年4月9日召开股东大会，通过了董事会关于每股分派0.20元的2020年股息分配方案。股权登记日为4月25日，除息日为4月26日，股东可在5月12日至28日之间通过深圳交易所按交易方式领取股息。特此公告。

那么，该公司的股利支付程序如图5-15所示。

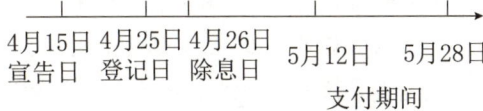

图 5-15　股利支付程序

项目小结

本项目介绍了成本管理概述、变动成本法、标准成本法、作业成本法、责任中心、销售预测、定价管理、分配顺序和影响股利支付的因素、股利分配理论和股利支付形式与程序。

思考与练习

一、单项选择题

1. 在成本概念中，狭义的成本主要是指（　　）。
   A. 管理成本　　B. 产品成本
   C. 销售成本　　D. 采购成本

2. 与增量成本对应的成本概念是（　　）。
   A. 长期增量成本　B. 沉没成本
   C. 边际成本　　D. 可避免成本

3. 标准成本法的特点不正确的是（　　）。
   A. 计算产品的标准成本
   B. 实际生产费用脱离标准的差异计入当期损益
   C. 不计算产品的实际成本
   D. 计算产品的实际成本

4. 下列关于提取任意盈余公积的表述中，不正确的有（   ）。

A. 应从税后利润中提取
B. 应经股东大会决议
C. 满足公司经营管理的需要
D. 达到注册资本的 50% 时不再计提

5. 下列净利润分配事项中，根据相关法律、法规和制度，应当最后进行的是（   ）。

A. 向股东分配股利
B. 提取任意公积金
C. 提取法定公积金
D. 弥补以前年度亏损

二、多项选择题

1. 在变动成本法下，期间成本包括（   ）。

A. 变动制造费用　　B. 固定制造费用
C. 变动销售费用　　D. 固定销售费用

2. 完全成本法与变动成本法对（   ）费用的处理方法相同，只是在计入利润表的位置和补偿途径方面有形式上的区别。

A. 销售　　　　　　B. 管理
C. 财务　　　　　　D. 制造

3. 下列各种股利分配政策，企业普遍使用，并被广大投资者认可的基本政策有（   ）。

A. 正常股利加额外股利政策
B. 固定股利政策
C. 剩余股利政策
D. 固定股利比率政策

4. 下列比例与法定盈余公积金有关的有（   ）。

A. 5%　　　　　　　B. 10%
C. 50%　　　　　　 D. 25%

5. 下列各项收入属于主营业务收入的是（   ）。

A. 销售产成品的收入
B. 销售自制半成品的收入
C. 出租固定资产的收入
D. 对外提供工业性劳务收入

三、判断题

1. 变动成本法计算的产品成本包括直接材料、直接人工、变动制造费用和变动销售及管理费用，不包括固定制造费用。（   ）

2. 本期生产量小于本期销售量，且期初期末均有存货，则变动成本法下的营业利润小于完全成本法下的营业利润。（   ）

3. 在变动成本法下，其营业利润是和销售量直接相关的，呈正比例关系。（   ）

4. 销售收入是由边际利润和变动成本构成的。（   ）

5. 根据《公司法》的规定，法定盈余公积的提取比例为当年税后利润的 10%。（   ）

四、简答题

1. 简述剩余股利政策的优、缺点？
2. 根据剩余股利政策，公司按照什么步骤分配股利？

项目 6　预算管理

知识目标

◎ 了解预算的分类和体系；

◎ 掌握预算的方法与预算的程序。

技能目标

◎ 掌握业务预算的编制；

◎ 掌握财务预算的编制。

案例导入

正大有限公司按省财政厅要求执行中央级行政单位部门预算管理、政府采购等有关规定。2021年3月，正大有限公司内部审计部门对该单位2020年度财政项目预算管理情况进行审计，重点关注了以下事项：

"架空线路改造"项目经费预算160万元，项目资金于2020年3月全额下达至正大有限公司零余额账户。该项目于2020年10月执行完毕通过验收，并按合同完成结算，形成财政项目支出结余资金3万元。2020年12月，正大有限公司直接将项目结余资金全部用于"架空线路改造"项目管理人员培训支出。

案例思考

根据案例分析正大有限公司的处理是否正确。

导语

预算管理是指利用预算对企业内部各部门、各单位的各种财务及非财务资源进行分配、考核、控制，以便有效地组织和协调企业的生产经营活动，完成既定目标。财务人员应熟悉预算的方法，掌握业务预算编制与财务预算编制方法，分析实施预算管理中应注意的问题。

任务 6.1 预算管理概述

6.1.1 概念和特征

1. 概念

预算是企业在预测、决策的基础上,用数量和金额以表格的形式反映企业未来一定时期内经营、投资、筹资等活动的具体计划,是为实现企业目标而对各种资源和企业活动所做的详细安排。预算是一种可据以执行和控制经济活动的、最为具体的计划,是对目标的具体化,是企业战略导向预定目标的有力工具。

2. 特征

预算具有以下两个特征:

(1) 预算与企业的战略目标保持一致,因为预算是为实现企业目标而对各种资源和企业活动所做的详细安排。

(2) 预算是数量化的并具有可执行性,因为预算作为一种数量化的详细计划,是对未来活动的细致、周密安排,是未来经营活动的依据。数量化和可执行性是预算最主要的特征。

3. 预算管理的概念

预算管理,是指企业以战略目标为导向,通过对未来一定期间内的经营活动和相应的财务结果进行全面预测和筹划,科学、合理配置企业各项财务和非财务资源,并对执行过程进行监督和分析,对执行结果进行评价和反馈,指导经营活动的改善和调整,进而推动实现企业战略目标的管理活动。

预算管理的内容主要包括经营预算、专门决策预算和财务预算。

6.1.2 预算的分类和体系

1. 预算的分类

(1) 根据内容不同,企业预算可以分为业务预算(即经营预算)、专门决策预算和财务预算。

① 业务预算是指与企业日常经营活动直接相关的经营业务的各种预算,主要包括销售预算、生产预算、直接材料预算、直接人工预算、制造费用预算、产品成本预算、销售费用预算和管理费用预算等。

② 专门决策预算是指企业不经常发生的、一次性的重要决策预算。专门决策预算直接反映相关决策的结果,是对实际中选方案的进一步规划,如资本支出预算,其编制依据可以追溯到决策之前搜集到的有关资料,只不过预算比决策估算更细致、更精确一些。例如,企业对一切固定资产的购置都必须是在事先做好可行性分析的基础上编制预算,具体反映投资额需要多少、何时进行投资、资金从何筹得、投资期限多长、何时可以投产、未来每年的现金流量是多少。

③ 财务预算是指企业在计划期内反映有关预计现金收支、财务状况和经营成果的预算,主要包括现金预算和预计财务报表。财务预算作为全面预算体系的最后环节,从价值方面总括地反映企业业务预算与专门决策预算的结果,故称为总预算,其他预算则相应地称为辅助预算或分预算。显然,财务预算在全面预算中占有举足轻重的地位。

(2) 按预算指标覆盖的时间长短,企业预算可分为短期预算和长期预算。通常将预算期在 1 年以内(含 1 年)的预算称为短期预算,预算期在 1 年以上的预算称为长期预算。预算的编制时间可以视预算的内容和实际需要而定,可以是 1 周、1

月、1季、1年或若干年等。在预算编制过程中，往往应结合各项预算的特点，将长期预算和短期预算结合使用。一般情况下，企业的业务预算和财务预算多为1年期的短期预算，年内再按季或月细分，而且预算期间往往与会计期间保持一致。

2. 预算的体系

各种预算是一个有机联系的整体。一般将由业务预算、专门决策预算和财务预算组成的预算体系，称为全面预算体系。其结构如图6-1所示。

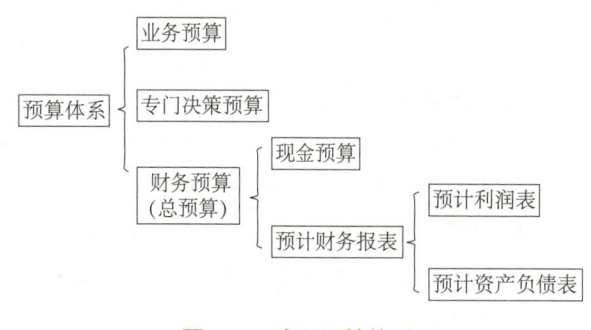

图6-1 全面预算体系

6.1.3 预算的方法

企业全面预算的构成内容比较复杂，编制预算需要采用适当的方法。常见的预算方法主要包括增量预算法与零基预算法、固定预算法与弹性预算法、定期预算法与滚动预算法，这些方法被广泛应用于与营业活动有关的预算编制。

1. 增量预算法与零基预算法

按其出发点的特征不同，编制预算的方法可分为增量预算法和零基预算法两大类。

（1）增量预算法。增量预算法，是指以历史期实际经济活动及其预算为基础，结合预算期经济活动及相关影响因素的变动情况，通过调整历史期经济活动项目及金额形成预算的预算编制方法。增量预算法以过去的费用发生水平为基础，主张不需要在预算内容上作较大的调整，它的编制遵循如下假定：

①企业现有业务活动是合理的，不需要进行调整。

②企业现有各项业务的开支水平是合理的，在预算期予以保持。

③以现有业务活动和各项活动的开支水平，确定预算期各项活动的预算数。

（2）零基预算法。零基预算法，是指企业不以历史期经济活动及其预算为基础，以零为起点，从实际需要出发分析预算期经济活动的合理性，经综合平衡，形成预算的预算编制方法。零基预算法适用于企业各项预算的编制，特别是不经常发生的预算项目或预算编制基础变化较大的预算项目。零基预算法的应用程序如下：

①明确预算编制标准。企业应搜集和分析对标单位、行业等外部信息，结合内部管理需要形成企业各预算项目的编制标准，并在预算管理过程中根据实际情况不断分析评价、修订完善预算编制标准。

②制订业务计划。预算编制责任部门应依据企业战略、年度经营目标和内外环境变化等安排预算期经济活动，在分析预算期各项经济活动合理性的基础上制订详细、具体的业务计划，作为预算编制的基础。

③编制预算草案。预算编制责任部门应以相关业务计划为基础，根据预算编制标准编制本部门相关预算项目，并报预算管理责任部门审核。

④审定预算方案。预算管理责任部门应在审核相关业务计划合理性的基础上，逐项评价各预算项目的目标、作用、标准和金额等，按战略相关性、资源限额和效益性等进行综合分析和平衡，汇总形成企业预算草案，上报企业预算管理委员会等专门机构审议后报董事会等机构审批。

零基预算法的优点表现在：一是以零为起点编制预算，不受历史期经济活动中的不合理因素影响，能够灵活应对内外环境的变化，预算编制更贴近预算期企业经济活动需要；二是有助于增加预算编制透明度，有利于进行预算控制。

其缺点主要体现在：一是预算编制工作量较大、成本较高；二是预算编制的准确性受企业管理水平和相关数据标准准确性影响较大。

【情景 6-1】 惠达股份有限公司用零基预算方法编制管理费用预算。该企业管理部门经过分析讨论,确定预算期内管理费用项目有:办公室租金、员工培训费、差旅费、研究开发费用以及办公费用。经充分论证,确定其中的办公室租金、差旅费、办公费用属于不可避免的费用开支,必须得到全额保证。而员工培训费和研究开发费用则是可避免项目,需要根据历史资料进行成本—效益分析,经过适当调整来确定预算期的金额。

要求:确定该企业管理费用项目预算(成本—效益分析如表 6-1 所示)。

表 6-1　费用项目(可避免项目)的成本—效益分析表

项目	成本	收益
员工培训费	100	500
研究开发费用	100	600

假设该企业在预算期内可用于管理费用的资金总额为 30 000 元,满足不可避免的费用支出后尚余 15 000 元(其中办公室租金为 4 000 元,差旅费 8 000 元,办公费用 3 000 元),将这 15 000 元分配于员工培训费、研究开发费用。

员工培训费分配额 =500÷(500+600)×15 000 ≈ 6 818.18(元)

研究开发费用分配额 =600÷(500+600)×15 000 ≈ 8 181.82(元)

所以,该企业最后确定的管理费用预算为:办公室租金 4 000 元;差旅费 8 000 元;办公费用 3 000 元;研究开发费用 8 181.82 元;员工培训费 6 818.18 元。

2. 固定预算法与弹性预算法

(1)固定预算法。固定预算法又称静态预算法,是指以预算期内正常的、最可实现的某一业务量(是指企业产量、销售量、作业量等与预算项目相关的弹性变量)水平为固定基础,不考虑可能发生变动的预算编制方法。

固定预算法的缺点表现在以下两个方面:

① 适应性差。因为编制预算的业务量基础是事先假定的某个业务量。在这种方法下,不论预算期内业务量水平实际可能发生哪些变动,都只按事先确定的某一个业务量水平作为编制预算的基础。

② 可比性差。当实际的业务量与编制预算所依据的业务量发生较大差异时,有关预算指标的实际数与预算数就会因业务量基础不同而失去可比性。例如,某企业预计业务量为销售 100 000 件产品,按此业务量给销售部门的预算费用为 5 000 元。如果该销售部门的实际销售量达到 120 000 件,超出了预算业务量,但固定预算下的费用预算仍为 5 000 元。

(2)弹性预算法。弹性预算法又称动态预算法,是指企业在分析业务量与预算项目之间数量依存关系的基础上,分别确定不同业务量及其相应预算项目所消耗资源的预算编制方法。

理论上,弹性预算法适用于编制全面预算中所有与业务量有关的预算,但实务中主要用于编制成本费用预算和利润预算,尤其是成本费用预算。

编制弹性预算,要选用一个最能代表生产经营活动水平的业务量计量单位。例如,以手工操作为主的车间,就应选用人工工时;制造单一产品或零件的部门,可以选用实物数量;修理部门可以选用直接修理工时等。

弹性预算法所采用的业务量范围,视企业或部门的业务量变化情况而定,务必使实际业务量不超出相关的业务量范围。一般来说,可定在正常生产能力的 70%～110%,或以历史上最高业务量和最低业务量为其上下限。弹性预算法编制预算的准确性,在很大程度上取决于成本性态分析的可靠性。

与按特定业务量水平编制的固定预算法相比,弹性预算法的主要优点是考虑了预算期可能的不同业务量水平,更贴近企业经营管理实际情况。弹性预算法的主要缺点有:一是编制工作量大;二是市场及其变动趋势预测的准确性、预算项目与业务量之间依存关系的判断水平等会对弹性预算的合理性造成较大影响。

企业应用弹性预算工具方法,一般按照以下程序进行:

第一步,确定弹性预算适用项目,识别相关

的业务量并预测业务量在预算期内可能存在的不同水平和弹性幅度。

第二步，分析预算项目与业务量之间的数量依存关系，确定弹性定额。

第三步，构建弹性预算模型，形成预算方案。

第四步，审定预算方案并上报企业预算管理委员会等专门机构审议后，报董事会等机构审批。

弹性预算法又分为公式法和列表法两种具体方法：

①公式法。公式法是运用总成本性态模型，测算预算期的成本费用数额，并编制成本费用预算的方法。根据成本性态，成本与业务量之间的数量关系可用公式表示为：

$$y=a+bx$$

式中，y——某项预算成本总额；

a——该项成本中的固定基数；

b——与业务量相关的弹性定额；

x——预计业务量。

【情景6-2】惠达股份有限公司制造费用中的修理费用与修理工时密切相关。经测算，预算期修理费用中的固定修理费用为4 500元，单位工时的变动修理费用为3元；预计预算期的修理工时为3 300小时。运用公式法，测算预算期的修理费用总额为：

$$4\ 500+3\times3\ 300=14\ 400（元）$$

因为任何成本都可用公式"$y=a+bx$"近似地表示，所以只要在预算中列示 a（固定成本）和 b（单位变动成本），便可随时利用公式计算任一业务量（x）的预算成本（y）。

【情景6-3】惠达股份有限公司经过分析得出某种产品的制造费用与人工工时密切相关，采用公式法编制的制造费用预算如表6-2所示。

表6-2 制造费用预算（公式法）

业务量范围	350～550（人工工时）	
费用项目	固定费用（元/月）	变动费用（元/人工工时）
运输费用		0.24
电力费用		0.2
材料费用		0.12

续表

业务量范围	350～550（人工工时）	
费用项目	固定费用（元/月）	变动费用（元/人工工时）
修理费用	100	0.55
油料费用	125	0.29
折旧费用	425	
人工费用	250	
合计	900	1.4
备注	当业务量超过500工时后，修理费用中的固定费用将由100元上升为180元	

本例中，针对制造费用而言，在业务量为350～500人工工时的情况下，$y=900+1.4x$；在业务量为500～550人工工时的情况下，$y=980+1.4x$；如果业务量为400人工工时，则制造费用预算为1 460（900+1.4×400）元；如果业务量为550人工工时，则制造费用预算为1 750（980+1.4×550）元。

公式法的优点是便于在一定范围内计算任何业务量的预算成本，可比性和适应性强，编制预算的工作量相对较小。缺点是按公式进行成本分解比较麻烦，对每个费用的子项目甚至细目需逐一进行成本分解，工作量很大。

另外，对于阶梯成本和曲线成本，只能先用数学方法修正为直线，才能应用公式法。必要时，还需在"备注"中说明适用不同业务量范围的固定费用和单位变动费用。

②列表法。列表法是指企业通过列表的方式，在业务量范围内依据已划分出的若干个不同等级，分别计算并列示该预算项目与业务量相关的不同可能预算方案的方法。

应用列表法编制预算，首先要在确定的业务量范围内，划分出若干个不同水平，然后分别计算各项预算值，汇总列入一个预算表格。

列表法的优点是：不管实际业务量有多少，都不必经过计算即可找到与业务量相近的预算成本；混合成本中的阶梯成本和曲线成本，可按总成本性态模型计算填列，不必用数学方法修正为近似的直线成本。但是，运用列表法编制预算，在评价和考核实际成本时，往往需要使用差值法来计算"实际业务量的预算成本",这样比较麻烦。

【情景6-4】沿用【情景6-3】的资料,采用列表法编制的2020年6月制造费用预算如表6-3所示。

表6-3 制造费用预算(列表法)

业务量(直接人工工时)	350	400	450	500	550
占正常生产能力百分比	70%	80%	90%	100%	110%
变动成本					
运输费用($b=0.24$)	84	96	108	120	132
电力费用($b=0.2$)	70	80	90	100	110
材料费用($b=0.12$)	42	48	54	60	66
合计	196	224	252	280	308
混合成本:					
修理费用	292.5	320	347.5	375	402.5
油料费用	226.5	241	255.5	270	284.5
合计	519	561	603	645	687
固定成本					
折旧费用	425	425	425	425	425
人工费用	250	250	250	250	250
合计	675	675	675	675	675
总计	1 390	1 460	1 530	1 600	1 670

在表6-3中,分别列示了5种业务量水平的成本预算数据(根据企业情况,也可以按更多的业务量水平来列示)。这样,无论实际业务量达到何种水平,都有适用的一套成本数据来发挥控制作用。

如果固定预算法是按500小时编制的,成本总额为1 600元。在实际业务量为420小时的情况下,不能用1 600元评价实际成本的高低,也不能按业务量变动的比例调整后的预算成本1 450(1 600×420÷500)元考核实际成本,因为并不是所有的成本都一定同业务量呈同比例关系。

如果采用弹性预算法,就可以根据各项成本与业务量的不同关系,采用不同方法确定"实际业务量的预算成本",评价和考核实际成本。实际业务量为420小时,运输费等各项变动成本可用实际工时数乘以单位业务量变动成本计算,即变动总成本为235.2(420×0.24+420×0.2+420×0.12)元。固定总成本不随业务量变动,仍为675元。混合成本可用插值法逐项计算:420小时处在400~450小时,修理费用应该在320~347.5元,设实际业务的预算修理费为x,则:

(420-400)÷(450-400)=(x-320)÷(347.5-320)

x=331(元)

油料费用在400小时和450小时分别为241元和255.5元,用插值法计算420小时应为246.8元。可见:

420小时的预算成本=(0.24+0.2+0.12)×420+331+246.8+675=1 488(元)

这样计算出的预算成本比较符合成本的变动规律,可以用来评价和考核实际成本,比较确切并容易为被考核人所接受。

3.定期预算法与滚动预算法

编制预算的方法按其预算期的时间特征不同,可分为定期预算法与滚动预算法。

(1)定期预算法。

①定期预算法的含义。定期预算法,又称静态预算,是指在编制预算时以不变的会计期间(如日历年度)作为预算期的一种编制预算的方法。

②定期预算法的编制方法。采用定期预算法编制预算时,一般以一个会计年度作为固定的预

算期，首先反映年度预算，其次细分为季度预算、月度预算，即预算应按年分季度、分月编制。

③定期预算法的优点。能够使预算期间与会计年度相配合，便于考核和评价预算的执行结果。

④定期预算法的缺点。

●远期指导性差。由于静态预算往往是在年初甚至提前两三个月编制，对于整个预算年度的生产经营活动很难做出准确的预算，尤其是对预算后期的预算只能笼统地计算，数据笼统含糊，缺乏远期指导性，给预算的执行带来很大困难，不利于对生产经营活动进行考核与评价。

●适应性差。由于静态预算不能随情况的变化及时调整，当预算中所规划的各种经营活动在预算期内发生重大变化时（如预算期内临时中途转产），就会造成预算滞后过时，使之成为虚假预算。

●连续性差。由于受预算期间的限制，致使经营管理者的决策局限于本期规划的经营活动，不能适应连续不断的经营活动，从而不利于企业的长远发展。

⑤定期预算法的适用范围。定期预算法适合于各年的经营业务几乎相同，且年内的经营活动没有变化的企业。

（2）滚动预算法。

①滚动预算法的含义和特征。滚动预算法，又称动态预算或连续预算，是指在编制预算时，将预算期与会计年度脱离，随着预算的执行不断延伸并补充预算，逐期向后滚动，使预算期永远保持为一个固定期间的一种预算编制方法。其基本特征是预算期是连续不断的，始终保持一定期限，在某期预算执行后，根据前期的实际执行情况和预算指标进行对比分析，找出实际和预算的偏差及其原因，并结合执行中发生的新情况重新修订预算，然后续增一期预算，逐期向后滚动，使预算连续不断地规划企业未来的生产经营活动。

②滚动预算的基本编制方式。按其预算编制和滚动的时间单位不同可分为逐月滚动、逐季滚动和混合滚动三种方式。

●逐月滚动方式。逐月滚动方式是指在预算编制过程中，以月份为预算的编制和滚动单位，每个月调整一次预算的方法。

例如，在2020年1月至12月的预算执行过程中，需要在1月末根据当月预算执行的情况，修订2月至12月的预算，同时补充2021年1月的预算；到2月末可根据当月预算的执行情况，修订3月至2021年1月的预算，同时补充2021年2月的预算，以此类推。

按照逐月滚动方式编制的预算精确度较高，但工作量太大。

●逐季滚动方式。逐季滚动方式是指在预算编制过程中，以季度为预算的编制和滚动单位，每个季度调整一次预算的方法。

逐季滚动编制的预算虽比逐月滚动编制的工作量小，但预算精确度较差。

●混合滚动方式。混合滚动方式是指在预算编制过程中，同时使用月份和季度作为预算的编制和滚动单位的方法。它是滚动预算的一种变通方式。

这种预算方法的理论依据是：人们对未来的把握程度不同，对近期的预计把握较大，对远期的预计把握较小。为了做到长计划短安排、远略近详，在预算编制的过程中，可以对近期预算提出较高的精度要求，使预算的内容相对详细；对远期预算提出较低的精度要求，使预算的内容相对简单，这样可以减少预算工作量。

例如，对2020年1月至3月的前3个月逐月编制详细预算，其余4月至12月分别按季度编制粗略预算；3月末根据第一季度预算执行情况，编制4月至6月的详细预算，并修订第三至第四季度的预算，同时补充2021年第一季度的预算，以此类推。

在实际工作中，采用哪一种滚动预算方式应视企业的实际需要而定。

③滚动预算法的优点。

●透明度高。由于编制预算不再是预算年度开始之前几个月的事情，可以使管理人员始终能够从动态的角度把握企业近期的规划目标和远期的战略布局，使预算具有较高的透明度。

●及时性强。由于滚动预算能根据前期预算的执行情况，结合各种因素的变动影响，及时调整和修订近期预算，从而使预算更加切合实际，能充分发挥预算的指导和控制作用。

● 连续性好。由于滚动预算在时间上不再受日历年度的限制，能够连续不断地规划未来的经营活动，不会造成预算的人为间断。

● 完整性和稳定性突出。可以使企业管理人员了解未来预算期内企业的总体规划与近期预算目标，能够确保企业管理工作的完整性与稳定性。

④滚动预算法的缺点。采用滚动预算法编制预算的主要缺点是预算工作量较大。

⑤滚动预算法的适用范围。由于动态预算不以固定的日历年度为预算期，预算跨年度延伸，运用时必须有一个与之相适应的条件和环境，如生产指标，材料供应时间必须打破以自然年度一年一度安排的常规管理方式的限制，才能使动态预算得以广泛运用。可以说，只要条件和环境能够满足，动态预算法的适用范围是很广泛的。

6.1.4　预算的程序

1. 预算编制

（1）企业应建立和完善预算编制的工作制度，明确预算编制依据、编制内容、编制程序和编制方法，确保预算编制依据合理、内容全面、程序规范、方法科学，确保形成各层级广泛接受的、符合业务假设的、可实现的预算控制目标。

（2）企业一般按照分级编制、逐级汇总的方式，采用自上而下、自下而上、上下结合或多维度相协调的流程编制预算。预算编制流程与编制方法的选择应与企业现有管理模式相适应。

（3）预算编制完成后，应按照相关法律、法规及企业章程的规定报经企业预算管理决策机构审议批准，以正式文件形式下达执行。

（4）预算审批包括预算内审批、超预算审批、预算外审批等。预算内审批事项，应简化流程，提高效率；超预算审批事项，应执行额外的审批流程；预算外审批事项，应严格控制，防范风险。

2. 预算执行

（1）预算执行一般按照预算控制、预算调整等程序进行。

（2）预算控制，是指企业以预算为标准，通过预算分解、过程监督、差异分析等促使日常经营不偏离预算标准的管理活动。

（3）企业应建立预算授权控制制度，强化预算责任，严格预算控制。

（4）企业应建立预算执行的监督、分析制度，提高预算管理对业务的控制能力。

（5）企业应将预算目标层层分解至各预算责任中心。预算分解应按各责任中心权、责、利相匹配的原则进行，既公平合理，又有利于企业实现预算目标。

（6）企业应通过信息系统展示、会议、报告、调研等多种途径及形式，及时监督、分析预算执行情况，分析预算执行差异出现的原因，提出对策和建议。

（7）年度预算经批准后，原则上不作调整。企业应在制度中严格明确预算调整的条件、主体、权限和程序等事宜，当内外战略环境发生重大变化或突发重大事件等，导致预算编制的基本假设发生重大变化时，可进行预算调整。

3. 预算考核

（1）预算考核主要针对定量指标进行考核，是企业绩效考核的重要组成部分。

（2）企业应按照公开、公平、公正的原则实施预算考核。

（3）企业应建立健全预算考核制度，并将预算考核结果纳入绩效考核体系，切实做到有奖有惩、奖惩分明。

（4）预算考核主体和考核对象的界定应坚持上级考核下级、逐级考核、预算执行与预算考核职务相分离的原则。

（5）预算考核以预算完成情况为考核核心，通过预算执行情况与预算目标的比较，确定差异并查明产生差异的原因，进而据以评价各责任中心的工作业绩，并通过与相应的激励制度挂钩，促进其与预算目标相一致。

任务 6.2 业务预算的编制

1. 业务预算的编制

（1）销售预算。销售预算是指通过对上年销售情况的分析并结合预期相关因素变化，根据企业预计年度的目标利润确定预计的销售量、销售单价和销售收入等编制的一种业务预算。销售预算的主要内容不仅是预计销售量、预计销售单价和预计销售收入，还要有预计现金收入，以便为编制现金收支预算提供必要的信息。销售预测是整个预算的出发点，其他预算都应以销售预算为基础。

【情景6-5】惠达股份有限公司第一季度的现金收入包括两个部分，即上年应收账款在本年第一季度收到的货款以及本季度销售中可能收到的货款。本例中，假设每季度销售收入中，本季度收到现金80%，另外的20%现金要到下季度才能收到。上年应收账款200 000元。销售预算如表6-4所示。

表6-4 销售预算

单位：元

季度	1	2	3	4	全年
预计销售量/张	1 000	3 000	3 800	2 500	10 300
预计单位售价	110	110	110	110	110
销售收入	110 000	330 000	418 000	275 000	1 133 000
预计现金收入					
上年应收账款	200 000				200 000
第一季度	88 000	22 000			110 000
第二季度		264 000	66 000		330 000
第三季度			334 400	83 600	418 000
第四季度				220 000	220 000
现金收入合计	288 000	286 000	400 400	303 600	1 278 000

（2）生产预算。生产预算是为规划预算期生产数量而编制的一种业务预算，它是在销售预算的基础上编制的，并可以作为编制材料采购预算和生产成本预算的依据。编制生产预算的主要依据是预算期各种产品的预计销售量及存货期初、期末资料，计算公式为

$$\text{预计生产量} = \text{预计销售量} + \text{预计期末结存量} - \text{预计期初结存量}$$

生产预算的要点是确定预算期的产品生产量和期末结存产品数量，前者为编制材料预算、人工预算和制造费用预算提供基础，后者是编制期末存货预算和预计资产负债表的基础。

【情景6-6】期末产成品存货数量通常按下期销售量的一定百分比确定，按15%安排期末产成品存货。假设年初有产成品存货100张，年末存货300张。生产预算如表6-5所示。

表 6-5 生产预算

单位：张

季度	1	2	3	4	全年
预计销售量	1 000	3 000	3 800	2 500	10 300
加：预计期末产成品存货	450	570	375	300	300
合计	1 450	3 570	4 175	2 800	10 600
减：预计期初产成品存货	100	450	570	375	100
预计生产量	1 350	3 120	3 605	2 425	10 500

（3）直接材料预算。材料采购预算是为了规划预算期材料消耗情况及采购活动而编制的，用于反映预算期各种材料消耗量、采购量、材料消耗成本和材料采购成本等计划信息的一种业务预算。依据预计产品生产量和材料单位耗用量，确定生产需要耗用量，再根据材料的期初、期末结存情况，确定材料采购量，最后根据采购材料的付款，确定现金支出情况，计算公式为：

$$\text{某种材料耗用量} = \text{产品预计生产量} \times \text{单位产品定额耗用量}$$

$$\text{某种材料采购量} = \text{某种材料耗用量} + \text{该种材料期末结存量} - \text{该种材料期初结存量}$$

材料采购预算的要点是反映预算期材料消耗量、采购量和期末结存数量，并确定各预算期材料采购现金支出。材料期末结存量的确定可以为编制期末存货预算提供依据，现金支出的确定可以为编制现金预算提供依据。

【情景 6-7】各季度期末材料存量根据下季度生产需用量的一定百分比确定，按 25% 计算。每个季度的现金支出包括偿还上期应付账款和本期应支付的采购货款。假设材料采购的货款有 55% 在本季度内付清，另外 45% 在下季度付清。直接材料预算如表 6-6 所示。

表 6-6 直接材料预算

单位：元

季度	1	2	3	4	全年
预计生产量 / 张	1 350	3 120	3 605	2 425	10 500
单位产品材料用量 /（立方米/张）	2	2	2	2	2
生产需要量 / 立方米	2 700	6 240	7 210	4 850	21 000
加：预计期末存量 / 立方米	1 560	1 803	1 213	2 300	2 300
减：预计期初存量 / 立方米	1 000	1 560	1 803	1 213	1 000
预计材料采购量 / 立方米	3 260	6 483	6 620	5 938	22 300
单价 /（元/立方米）	10	10	10	10	10
预计采购金额 / 元	32 600	64 830	66 200	59 380	223 000
预计现金支出					
上年应付账款	200 000				200 000
第一季度	17 930	14 670			32 600
第二季度		35 654	29 171		64 825
第三季度			36 410	29 790	66 200
第四季度				32 656	32 656
合计	217 930	50 324	65 581	62 446	396 281

（4）直接人工预算。直接人工预算是反映预算期内人工工时消耗水平，同时又规划人工成本开支的业务预算。这项预算是根据生产预算中的预计生产量以及单位产品所需的直接人工小时和

单位小时工资率进行编制的。

在正常情况下,企业往往要雇用不同工种的人工,所以必须按工种类别分别计算不同工种的直接人工小时总数。然后将算得的直接人工小时总数分别乘以各工种的工资率,再予以合计,即可求得预计直接人工成本的总数。

有关数据计算公式如下:

①预计产品生产直接人工工时总数。

$$\text{某种产品直接人工总工时} = \text{单位产品定额工时} \times \text{该产品预计生产量}$$

产品定额工时是由产品生产工艺和技术水平决定的,由产品技术和生产部门提供定额标准;产品预计生产量来自生产预算。

②预计直接人工总成本。

$$\text{某种产品直接人工总成本} = \text{单位工时工资率} \times \text{该种产品直接人工工时总量}$$

单位工时工资率来自企业人事部门工资标准和工资总额。

直接人工预算的要点是确定直接人工总成本。直接人工预算如表6-7所示。

表6-7 直接人工预算

季度	1	2	3	4	全年
预计产量 / 张	1 350	3 120	3 605	2 425	10 500
单位产品工时 /(小时 / 张)	3	3	3	3	3
人工总工时 / 小时	4 050	9 360	10 815	7 275	31 500
每小时人工 / 元	6	6	6	6	6
人工总成本 / 元	24 300	56 160	64 890	43 650	189 000

(5)制造费用预算。制造费用预算是反映生产成本中除直接材料和直接人工以外的一切不能直接计入产品制造成本的间接制造费用预算。这些费用按成本习性划分为固定费用和变动费用,分别编制变动制造费用预算和固定制造费用预算。变动制造费用预算部分应区分不同费用项目,逐一根据单位变动制造费用分配率和业务量(一般是直接人工总工时或机器工时)确定各项目的变动制造费用预算数,计算公式为:

$$\text{制造费用小时分配率} = \frac{\text{该项目变动制造费用预算总额}}{\text{业务量预算总数}}$$

固定制造费用预算部分,也应区分不同费用项目,逐一确定预算期的固定费用预算。

在编制制造费用预算时,为方便现金预算编制,还需要确定预算期的制造费用预算的现金支出部分。为了方便,企业一般将制造费用中扣除折旧费后的余额,作为预算期内的制造费用现金支出。

制造费用预算的要点是确定各个变动和固定制造费用项目的预算金额,并确定预计制造费用的现金支出。制造费用预算如表6-8所示。

表6-8 制造费用预算

单位:元

季度	1	2	3	4	全年
变动制造费用					
间接人工(1元 / 张)	1 350	3 120	3 605	2 425	10 500
间接材料(1元 / 张)	1 350	3 120	3 605	2 425	10 500
修理费(2元 / 张)	2 700	6 240	7 210	4 850	21 000
水电费(1元 / 张)	1 350	3 120	3 605	2 425	10 500
小计	6 750	15 600	18 025	12 125	52 500
固定制造费用					
修理费	15 000	15 500	16 500	18 000	65 000

续表

季度	1	2	3	4	全年
折旧	10 000	10 000	10 000	10 000	40 000
管理人员工资	20 000	20 000	20 000	20 000	80 000
保险费	12 000	11 000	10 500	9 000	42 500
财产税	8 000	8 000	8 000	8 000	32 000
小计	65 000	64 500	65 000	65 000	259 500
合计	71 750	80 100	83 025	77 125	312 000
减：折旧	10 000	10 000	10 000	10 000	40 000
现金支出的费用	61 750	70 100	73 025	67 125	272 000

变动制造费用小时费用率 =52 500÷31 500 ≈ 1.67（元/小时）

固定制造费用小时费用率 =259 500÷31 500 ≈ 8.24（元/小时）

（6）产品成本预算。单位生产成本预算是反映预算期内各种产品生产成本水平的一种业务预算，是在生产预算、直接材料消耗及采购预算、直接人工预算和制造费用预算的基础上编制的，一般应反映单位产品生产成本。

$$\text{单位产品预计生产成本} = \text{单位产品直接材料成本} + \text{单位产品直接人工成本} + \text{单位产品制造费用}$$

产品成本预算如表 6-9 所示。

表 6-9　产品成本预算

单位：元

项目	单位成本			生产成本	期末存货	销货成本
	每立方米或每小时	投入量（每立方米或每小时）	成本/元			
直接材料	10	2.00	20	210 000	6 000	206 000
直接人工	6	3	18	189 000	5 400	185 400
变动制造费用	1.67	3	5.01	52 605	1 503	51 603
固定制造费用	8.24	3	24.72	259 560	7 416	254 616
合计			67.73	711 165	20 319	697 619

（7）销售及管理费用预算。销售及管理费用预算是整个预算期内含销售产品和维持一般行政管理工作而发生的各项目费用的支出预算。该预算与制造费用预算一样，需要划分固定费用和变动费用列示，其编制方法也与制造费用预算相同。在该预算表下也应附列计划期间预计销售和管理费用的现金支出计算表，以便编制现金预算。

销售及管理费用预算的要点是确定各个变动及固定费用项目的预算数，并确定预计的现金支出。销售及管理费用预算如表 6-10 所示。

表 6-10　销售及管理费用预算

单位：元

项目	金额
销售费用：	

续表

项目	金额
销售人员工资	15 000
广告费	12 000
包装、运输费	3 500
保管费	5 000
折旧	6 500
管理费用：	
管理人员薪金	15 500
福利费	5 500
保险费	4 300
办公费	10 500
折旧	7 050
合计	84 850
减：折旧	13 550
每季度支付现金（71 300/4）	17 825

2. 专门决策预算的编制

专门决策预算主要是长期投资预算，又称资本支出预算，一般指与项目投资决策相关的专门预算，它往往涉及长期建设项目的资金投放与筹集，并经常跨越多个年度。编制专门决策预算的依据，是项目财务可行性分析资料，以及企业筹资决策资料。

专门决策预算的要点是准确反映项目资金投资支出与筹资计划，它同时也是编制现金预算和预计资产负债表的依据。专门决策预算如表6-11所示。

表 6-11 专门决策预算

单位：元

项目	第一季度	第二季度	第三季度	第四季度	全年
投资支出预算	550 000	85 000	0	120 000	755 000
借入长期借款	540 000	0	0	180 000	720 000

任务 6.3　财务预算的编制

6.3.1　财务预算的编制

1. 现金预算

现金预算是以业务预算和专门决策预算为依据编制的，专门反映预算期内预计现金收入与现金支出，以及为满足理想现金余额而进行现金投融资的预算。

现金预算由现金收入、现金支出、现金余缺、现金投放与筹措四个部分构成，计算公式为

现金收入 - 现金支出 = 现金余缺

财务管理部门应根据现金余缺与期末现金余额的比较，确定预算期现金投放或筹措。当现金余缺大于期末现金余额时，应将超过期末余额的多余现金进行投资；当现金余缺小于现金余额时，应筹措现金，直到现金总额达到要求的期末现金余额。

四个部分之间应该满足如下关系：

现金收入 - 现金支出 + 现金筹措（现金不足时）= 期末现金余额

或

现金收入 - 现金支出 - 现金投放（现金多余时）= 期末现金余额

【情景6-8】惠达股份有限公司上年末的长期借款余额为500 000元。所以，第一季度、第二季度、第三季度的长期借款利息均为（500 000+540 000）×12%÷4=31 200（元），第四季度的长期借款利息为（500 000+540 000+180 000）×12%÷4=36 600（元），其中理想中的现金余额是300 000元，如果资金不足，可以取得短期借款，银行的要求是借款额必须是100 000的整数倍，如表6-12所示。

表中：

可供使用现金 = 期初现金余额 + 现金收入

可供使用现金 - 现金支出 = 现金余缺

现金余缺 + 现金筹措 - 现金运用 = 期末现金余额

表6-12 现金预算

单位：元

季度	1	2	3	4	全年
期初现金余额	400 000	337 620	310 636	441 140	400 000
加：现金收入（表6-4）	288 000	286 000	400 400	303 600	1 278 000
可供使用现金	688 000	623 620	711 036	744 740	1 678 000
减：现金支出					
直接材料（表6-6）	217 930	50 324	65 581	62 446	396 281
直接人工（表6-7）	24 300	56 160	64 890	43 650	189 000
制造费用（表6-8）	61 750	70 100	73 025	67 125	272 000
销售及管理费用（表6-10）	17 825	17 825	17 825	17 825	71 300
所得税费用	2 000	2 000	2 000	2 000	8 000
购买设备（表6-11）	550 000	85 000		120 000	755 000
股利				3 000	3 000
现金支出合计	873 805	281 409	223 321	316 046	1 694 581
现金余缺	-185 805	342 211	487 715	428 694	-16 581
现金筹措与运用					
借入长期借款（表6-11）	540 000			180 000	720 000
取得短期借款	15 000				15 000
归还短期借款			15 000		15 000
短期借款利息（年利10%）	375	375	375		1 125
长期借款利息（年利12%）	31 200	31 200	31 200	36 600	130 200
期末现金余额	337 620	310 636	441 140	572 094	572 094

2. 利润表预算的编制

预计利润表用来综合反映企业在计划期的预计经营成果，是企业最主要的财务预算表之一。编制预计利润表的依据是各业务预算、专门决策预算和现金预算。利润表预算如表6-13所示。

表6-13 利润表预算

单位：元

项目	金额
销售收入	1 133 000
销售成本	697 619
毛利	435 381
销售及管理费用	84 850
利息	131 325
利润总额	219 206
所得税费用（估计）	8 000
净利润	211 206

3. 资产负债表的编制

预计资产负债表用来反映企业在计划期末预计的财务状况。编制预计资产负债表的目的，在于判断预算反映的财务状况的稳定性和流动性。如果通过预计资产负债表的分析，发现某些财务比率不佳，必要时可修改有关预算，以改善财务状况。预计资产负债表的编制需要以计划期开始日的资产负债表为基础，结合计划期间各项业务预算、专门决策预算、现金预算和预计利润表进行编制。它是编制全面预算的终点，如表6-14所示。

①应收账款年初余额200 000元来自销售预算表的上年应收账款，年末余额为275 000×（1-80%）= 55 000（元）。

②存货包括直接材料和产成品，直接材料年初余额（数据来源于直接材料预算和成本预算表）1 000×10=10 000（元）。

表 6-14 资产负债表预算

单位:元

资产	年初余额	年末余额	负债和股东权益	年初余额	年末余额
流动资产			流动负债:		
货币资金	400 000	572 094	短期借款		
应收账款	200 000	55 000	应付账款	200 000	26 719
存货	16 773	43 154	流动负债合计	200 000	26 719
流动资产合计	616 773	670 248	非流动负债:		
非流动资产			长期借款	500 000	1 220 000
固定资产	120 000	66 450	非流动负债合计	500 000	1 220 000
在建工程	100 000	855 000	负债合计	700 000	1 246 719
非流动总产合计	220 000	921 450	股东权益		
			股本	20 000	20 000
			资本公积	5 000	5 000
			盈余公积	8 000	29 121
			未分配利润	103 773	290 858
			股东权益合计	136 773	344 979
资产总计	836 773	1 591 698	负债和股东权益合计	836 773	1 591 698

产成品成本年初余额为(300+10 300-10 500)×67.73=6 773(元)

存货的年初余额为 10 000+6 773=16 773(元)

存货的年末余额为 233 000+20 319522 165+312 000=43 154(元)

③固定资产的年末余额为 120 000-(40 000+13 550)=66 450(元)(数据来自制造费用预算表和销售及管理费用预算表)。

④在建工程的年末余额为 100 000+755 000=855 000(元)

(固定资产和在建工程的年初余额来自于上年末的资产负债表)

⑤应付账款的年初余额 200 000(数据来自直接材料预算表)。

年末余额 59 375×(1-55%)≈26 719(元)

⑥长期借款本年增加额 720 000(数据来自专门决策预算表)。

⑦未分配利润的年末余额为利润分配的期末余额 100 773+211 206×90%=290 858(元)(数据来自现金预算表和利润预算表)。

任务 6.4　预算的考核

企业应当建立预算分析制度，由预算管理委员会定期召开预算执行分析会议，全面掌握预算的执行情况，研究、解决预算执行中存在的问题，纠正预算的执行偏差。

开展预算执行分析，企业管理部门及各预算执行单位应当充分收集有关财务、业务、市场、技术、政策、法律等方面的信息资料，根据不同情况分别采用比率分析、比较分析、因素分析、平衡分析等方法，从定量与定性两个层面充分反映预算执行单位的现状、发展趋势及其存在的潜力。

针对预算的执行偏差，企业财务管理部门及各预算执行单位应当充分、客观地分析其产生的原因，提出相应的解决措施或建议，提交董事会或经理办公会研究决定。

企业预算管理委员会应当定期组织预算审计，纠正预算执行中存在的问题，充分发挥内部审计的监督作用，维护预算管理的严肃性。

预算审计可以采用全面审计或者抽样审计。在特殊情况下，企业也可组织不定期的专项审计。审计工作结束后，企业内部审计机构应当形成审计报告，直接提交预算管理委员会及至董事会或经理办公会，作为预算调整、改进内部经营管理和财务考核的一项重要参考。

预算年度终了，预算管理委员会应当向董事会或者经理办公会报告预算执行情况，并依据预算完成情况和预算审计情况对预算执行单位进行考核。

企业内部预算执行单位上报的预算执行报告，应经本部门、本单位负责人按照内部议事规范审议通过，作为企业进行财务考核的基本依据。企业预算按调整后的预算执行，预算完成情况以企业年度财务会计报告为准。

企业预算执行考核是企业绩效评价的主要内容，应当结合年度内部经济责任制进行考核，与预算执行单位负责人的奖惩挂钩，并作为企业内部人力资源管理的参考。

项目小结

本项目介绍了预算管理的概念和特征、预算的分类和体系、预算的方法、预算的程序、业务预算的编制和财务预算的编制。

思考与练习

一、单项选择题

1. 下列一般不属于短期预算的是（　　）。

A. 销售预算　　B. 直接人工预算

C. 专门决策预算　　D. 财务预算

2. 下列各项中，对企业预算管理工作负总责的组织是（　　）。

A. 财务部　　　　B. 董事会
C. 监事会　　　　D. 股东会

3. 下列各项中，综合性较强的预算是（　　）。

A. 销售预算　　　B. 材料采购预算
C. 现金预算　　　D. 资本支出预算

4. 下列关于生产预算的表述中，错误的是（　　）。

A. 生产预算是一种业务预算
B. 生产预算不涉及实物量指标
C. 生产预算以销售预算为基础编制
D. 生产预算是直接材料预算的编制依据

5. 下列预算中，不直接涉及现金收支的是（　　）。

A. 销售预算
B. 产品成本预算
C. 直接材料预算
D. 销售与管理费用预算

二、多项选择题

1. 下列关于预算特征的表述中，正确的有（　　）。

A. 预算必须与企业的战略目标保持一致
B. 数量化和可执行性是预算最主要的特征
C. 预算是未来经营活动的依据
D. 预算是考核和控制的依据

2. 下列属于分预算的是（　　）。

A. 直接人工预算　　B. 预计利润表
C. 预计资产负债表　D. 制造费用预算

3. 在编制弹性预算选择业务量计量单位时，生产单一产品的部门，可以选用（　　）作为计量单位。

A. 产品实物　　　B. 人工工时
C. 机器工时　　　D. 修理工时

4. 下列各项中通常属于短期预算的有（　　）。

A. 销售预算　　　B. 资产负债表预算
C. 现金预算　　　D. 资本支出预算

5. 在编制生产预算时，计算某种产品预计生产量应考虑的因素有（　　）。

A. 预计材料采购量
B. 预计产品销售量
C. 预计期初产品存货量
D. 预计期末产品存货量

三、判断题

1. 产品生产成本预算通常反映各产品、各单位生产成本，有时还要反映年初、年末存货水平。（　　）

2. 直接材料预算的主要编制依据是销售预算、材料单耗和材料采购单价等资料。（　　）

3. 产品成本预算与资产负债表预算无关。（　　）

4. 能在直接材料预算中找到的项目包括产品销量、产品产量、期末材料存货、期初材料存货。（　　）

5. 在产品成本预算中，产品成本总预算金额是将直接材料、直接人工、制造费用以及销售与管理费用的预算全额汇总相加得到的。（　　）

四、简答题

1. 简述预算管理的概念。

2. 预算管理的内容主要包括哪些？

项目 7　财务分析与评价

知识目标

◎ 掌握财务分析的内容与步骤；

◎ 了解财务分析的局限性与基础资料。

技能目标

◎ 掌握财务分析的方法；

◎ 掌握综合分析。

◎ 掌握比率分析；

案例导入

某企业拟投资建设一个生产市场急需产品的工业项目。该项目建设期1年，运营期6年。项目投产第一年可获得当地政府扶持该产品生产的补贴收入100万元。项目建设的其他基本数据如下：

（1）项目建设投资估算1 000万元，预计全部形成固定资产（包含可抵扣固定资产进项税额100万元），固定资产使用年限10年，按直线法折旧，期末净残值率4%，固定资产余值在项目运营期末收回。投产当年需要投入运营期流动资金200万元。

（2）正常年份年营业收入为702万元（其中销项税额为102万元），经营成本为380万元（其中进项税额为50万元）；税金附加按应纳增值税的10%计算，所得税税率为25%；行业所得税后基准收益率为10%，基准投资回收期为6年，企业投资者期望的最低可接受所得税后收益率为15%。

（3）投产第一年仅达到设计生产能力的80%，预计这一年的营业收入及其所含销项税额、经营成本及其所含进项税额均为正常年份的80%；以后各年均达到设计生产能力。

（4）运营第4年，需要花费50万元（无可抵扣进项税额）更新新型自动控制设备配件，维持以后的正常运营需要，该维持运营投资按当期费用计入年度总成本。

案例思考

（1）编制拟建项目投资现金流量表。

（2）计算项目的静态投资回收期、财务净现值和财务内部收益率。

（3）评价项目的财务可行性。

导语

财务分析可以评价和考核企业的经营业绩，揭示财务活动存在的问题。财务工作者根据财务报表等信息资料，采用专门方法，系统分析和评价企业财务状况、经营成果以及未来发展的过程。

任务 7.1 财务分析与评价概述

7.1.1 财务分析的概述

1. 财务分析的概念

财务分析是以财务报告资料及其他相关资料为依据，采用专门的分析技术和方法，对企业等经济组织过去和现在的有关筹资活动、投资活动、经营活动、分配活动的盈利能力、营运能力、偿债能力和增长能力状况等进行分析与评价的经济管理活动。

财务分析的主要依据是企业的财务报告。财务报告主要包括资产负债表、利润表、现金流量表、所有者权益变动表、会计报表附注及其他资料。

财务分析有两个不同的内容，一是进行企业之间的横向比较，它是用某一企业的财务指标与同行业的平均指标进行比较，以分析和对比该企业与同行业平均水平差异；二是进行企业的内部纵向比较，它是对企业不同时期的财务指标进行比较，对企业不同时期的发展变化作出分析和判断。

2. 财务分析的意义

财务分析对不同的信息使用者具有不同的意义。具体来说，财务分析的意义主要体现在如下几个方面：

（1）可以判断企业的财务实力。通过对资产负债表和利润表有关资料进行分析，计算相关指标，可以了解企业的资产结构和负债水平是否合理，从而判断企业的偿债能力、营运能力及盈利能力等财务实力，揭示企业在财务状况方面可能存在的问题。

（2）可以评价和考核企业的经营业绩，揭示财务活动存在的问题。通过指标的计算、分析和比较，能够评价和考核企业的盈利能力和资产周转状况，揭示其经营管理的各个方面和各个环节问题，找出差距，得出分析结论。

（3）可以挖掘企业潜力，寻求提高企业经营管理水平和经济效益的途径。企业进行财务分析的目的不仅是发现问题，更重要的是分析问题和解决问题。通过财务分析，应保持和进一步发挥生产经营管理中成功的经验，对存在的问题应提出解决的策略和措施，以达到扬长避短、提高经营管理水平和经济效益的目的。

（4）可以评价企业的发展趋势。通过各种财务分析，可以判断企业的发展趋势，预测其生产经营的前景及偿债能力，从而为企业领导层进行生产经营决策、投资者进行投资决策和债权人进行信贷决策提供重要的依据，避免因决策错误给其带来重大的损失。

7.1.2 财务分析的方法

财务分析的主要方法有比较分析法、比率分析法、因素分析法、趋势分析法等。

1. 比较分析法

在财务分析方法中，比较分析法是最基本的分析方法。

比较分析法是通过对比两期或连续数期财务报告中的相同指标，确定其增减变动的方向、数额和幅度，从而说明企业财务状况或经营成果变动趋势的一种方法。采用这种方法，可以分析引起变化的主要原因、变动的性质，并预测企业未来的发展趋势。

在运用比较分析法进行分析时，必须注意经济指标的可比性。在选择比较指标时，要求在内容、计算方法、计价标准、时间跨度上保持口径一致。但在实践中，由于各种原因，资料可比性往往很难保证，这就要求分析者必须对比指标进行必要的调整。

利用比较分析法对财务报表进行分析时，一般进行以下几个方面的比较：

（1）重要财务指标的比较。这是指将不同时期财务报告中的相同指标或比率进行纵向比较，直接观察其增减变动情况及变动幅度，考察其发展趋势，预测其发展前景。根据进行比较的基期不同，分为定基动态比率和环比动态比率。

①定基动态比率。定基动态比率是以某一时期的数额为固定的基期数额计算出的动态比率。定基动态比率反映指标的长期趋势。其计算公式为

$$定基动态比率 = \frac{分析期数据}{固定基数数据} \times 100\%$$

②环比动态比率。环比动态比率是以每个分析期的数据与上期数据相比较计算出的动态比率。环比动态比率反映指标的短期趋势。其计算公式为

$$环比动态比率 = \frac{分析期数据}{前期数据} \times 100\%$$

（2）会计报表的比较。会计报表比较是指将连续数期的会计报表的金额并列起来，比较各指标不同期间的增减变动金额和幅度，据以判断企业财务状况和经营成果的变化。包括资产负债表比较、利润表比较和现金流量表比较等。

（3）会计报表项目构成的比较。这是在会计报表比较的基础上发展而来的，是以会计报表中的某个总体指标作为100%，计算出各组成项目占该总体指标的百分比，从而比较各个项目百分比的增减变动，以此判断有关财务活动的变化趋势。

采用比较分析法时，用于对比的各期指标，其计算口径必须一致；同时应剔除偶然因素的影响，使分析数据能反映企业正常的经营状况。

2. 比率分析法

比率分析法是指通过计算和对比经济指标的比率，进行数量分析的一种方法。采用这一方法，首先应把要进行对比的指标变成相对数，求出比率，然后进行对比分析，从比率的差异中发现问题。一般常用的重要比率大致可归纳为四类，即变现能力比率、长期偿债比率、资产管理比率和获利能力比率。

根据分析目的和要求的不同，比率分析主要分为结构比例、效率比率和相关比率三种：

（1）结构比率。结构比率亦称构成比率，反映经济指标的局部与总体的关系，即分子是包含在分母之中的，如资产负债率、资产构成比率等。因此，结构比率可以帮助我们考察总体中某个构成项目的比例安排是否合理有效，以便进行结构调整。

（2）效率比率。效率比率用以反映经济活动中所费与所得的比例，体现投入与产出的关系，如成本费用利润率、资金利润率、资本利润率等。利用效率比率可以权衡得失，评价经营效果的好坏，为投资决策服务。

（3）相关比率。相关比率是以某个项目和虽与其相关但又不同的项目加以对比得出的比例，反映有关经济活动的相互关系。例如，将流动资产与流动负债进行对比，可以判断企业的短期偿债能力；将负债总额与资产总额相比，可以判断企业的长期偿债等。

> **提示**
>
> 比率分析，是两个相关指标进行比较。要注意对比的项目应该具有相关性，项目的计算口径应该一致。

3. 因素分析法

因素分析法是对某项综合指标的变动原因，按其内在的因素，计算和确定各个因素对这一综合指标发生变化的影响程度的分析方法，具体又分为连环替代法和差额分析法两种。

（1）连环替代法。连环替代法是将分析指标分解为各个可以计量的因素，并根据各个因素之间的依存关系，顺次用各因素的比较值替代基准值，据以测定各因素对分析指标的影响。

【情景7-1】惠达股份有限公司2021年11月某种原材料费用的实际数额是5 400元而其计划数额是4 400元。实际比计划增加1 000元。由于原材料费用是由产品产量、单位产品材料消耗量和材料单价三个因素的乘积组成，所以可以把材料

费用这一总指标分解为三个因素，然后逐个分析它们对材料费用总额的影响程度。现假设这三个因素的数值如表 7-1 所示。

表 7-1　三个因素的值

项目	单位	计划数	实际数
产品产量	件	80	90
单位产品材料消耗量	千克	11	10
材料单价	元	5	6
材料费用总额	元	4 400	5 400

根据表 7-1 中数据，材料费用总额实际较计划增加 1 000 元。运用连环替代法，可以计算各因素变动对材料费用总额的影响。

①计划指标：$80 \times 11 \times 5 = 4\,400$（元）
②第一次替代：$90 \times 11 \times 5 = 4\,950$（元）
③第二次替代：$90 \times 10 \times 5 = 4\,500$（元）
④第三次替代：$90 \times 10 \times 6 = 5\,400$（元）

实际指标：
产量增加的影响：②－① $= 4\,950 - 4\,400 = 550$（元）
材料节约的影响：③－② $= 4\,500 - 4\,950 = -450$（元）
价格提高的影响：④－③ $= 5\,400 - 4\,500 = 900$（元）
全部因素的影响：$550 + (-450) + 900 = 1\,000$（元）

（2）差额分析法。差额分析法是连环替代法的一种简化形式，是利用各个因素的比较值与基准值之间的差额，计算各因素对分析指标的影响。

【情景 7-2】沿用【情景 7-1】中的资料，可采用差额分析法计算确定各因素变动对材料费用的影响。

①由于产量增加对材料费用的影响为 $(90-80) \times 11 \times 5 = 550$（元）
②由于材料消耗节约对材料费用的影响为 $(10-11) \times 90 \times 5 = -450$（元）
③由于价格提高对材料费用的影响为 $(6-5) \times 90 \times 10 = 900$（元）

7.1.3　财务分析的内容

尽管不同的财务分析主体有不同的分析目的，但财务报表提供的信息量是确定的，只是分析者的侧重点有所不同而已。概括起来，财务报表分析的基本内容主要有以下几个方面。

1. 偿债能力分析

偿债能力分析按偿债期限长短分为长期偿债能力分析和短期偿债能力分析。这两种分析的目标及运用的技术指标虽有所不同，但也有某些共同特点，如企业资本结构的合理性、营运资金占用是否合理、企业的财务状况等。通过偿债能力分析，分析者希望能对企业债务利用程度进行评价，了解企业财务风险的现状，以便为企业进行外部投资决策和筹资决策提供信息依据。

2. 营运能力分析

营运能力分析主要包括企业资产占用结构的合理性和资产周转使用情况，其中应着重分析流动资产的周转使用情况。

3. 盈利能力分析

盈利能力分析主要包括对企业利润计划或目标的完成情况及影响因素的分析，以及对投资者获利水平的影响，通过分析和对比各年度利润指标的趋势变动情况来预测企业的盈利前景。

4. 对企业总体财务状况的评价分析

在上述专项分析的基础上，运用杜邦分析法等技术分析方法，全面、综合地对企业的财务状况和经营状况进行相互联系的分析，揭示财务管理工作中的优势和薄弱环节。

7.1.4 财务分析的步骤

1. 明确分析目标

财务分析的目标主要有资信能力评价、投资分析、经营决策分析等。资信能力评价是债权人或潜在的债权人对企业偿债能力的分析,在此分析目标下,包括短期偿债能力分析和长期偿债能力分析;投资分析是企业权益投资者或潜在投资者对投入企业资本的安全性和获利性的分析;经营决策分析是企业管理当局对企业筹资、投资及分配各环节所做的全面分析。

2. 收集并整理信息资料

财务信息是财务分析依据的主要资料,理应成为信息收集的重心。企业提供的财务信息主要包括资产负债表、利润表和利润分配表、现金流量表、所有者权益变动表。会计报表附注是对重要财务报表有关项目所做的解释,主要包括主要会计处理方法的选择及其变更情况、非经常性项目的说明、重要会计项目明细资料、其他有助于理解财务报表的说明事项。可见,报表附注为分析者提供许多至关重要的具体信息,这是财务报表本身所无法揭示的,收集资料时应予以足够的重视。此外,还可能涉及企业内部报表、财务情况说明书等资料。有条件时,分析者还可以借助独立公正的第三方提供的专业报告,如会计师事务所提供的独立审计报告、信用评估事务所提供的信用等级证明、资产评估事务所提供的资产评估价值等。

财务分析仅靠财务信息是不够的,除财务报表外,还要收集其他相关信息,以供参考对照。这些资料的采集往往是全方位的,具体要视分析需要而定,如在物价变动较大时,要调整报表,就需要收集有关物价变动情况的资料;为分析企业的竞争能力,就需要收集有关行业标准,观察其在行业中的地位及优势,调查其产品市场占有率的现状及发展趋势等。

3. 实施具体分析

实施具体分析是整个财务分析的核心。该步骤是围绕分析目标,对收集的资料进行评价,揭示经营中存在的问题以及形成原因。在实施具体分析工作时,要重视分析方法的选择及运用,视不同的分析对象,采用简化处理和系统分析相结合的方法,注意控制分析成本,确保财务分析的顺利进行。

4. 作出分析结论,撰写财务分析报告

该阶段是整个财务分析工作的终结,体现财务分析价值及成果,提供的财务分析报告也将极大地影响报告使用者的决策行为。因此,分析结论的得出要体现科学性和真实性的要求,并带有一定的前瞻性。也就是说,分析结论要在大量真实可靠的信息上,点面结合,综合评判,并结合定性和定量分析方法,以评价分析对象的现状和发展趋势。

财务分析报告是在分析结论基础上进行加工整理形成的,在撰写过程中,要做到简明扼要、层次清晰、重点突出、通俗易懂。

7.1.5 财务分析的局限性

财务分析对于了解企业的财务状况和经营成绩,评价企业的偿债能力和经营能力,帮助制定经济决策,有着显著的作用。但由于种种因素的影响,财务分析也存在着一定的局限性。在分析中,应注意这些局限性的影响,以保证分析结果的正确性。

1. 资料来源的局限性

(1)报表数据的时效性问题。财务报表中的数据,均是企业过去经济活动的结果和总结,用于预测未来发展趋势,只有参考价值,并非绝对合理。

(2)报表数据的真实性问题。在企业形成其

财务报表之前，信息提供者往往对信息使用者所关注的财务状况及其对信息的偏好进行了仔细分析与研究，并尽力满足信息使用者对企业财务状况和经营成果信息的期望。其结果极有可能使信息使用者所看到的报表信息与企业实际状况相去甚远，从而误导信息使用者的决策。

（3）报表数据的可靠性问题。财务报表虽然是按照会计准则编制的，但不一定能准确地反映企业的客观实际。例如，报表数据未按通货膨胀进行调整；某些资产以成本计价，并不代表其现在的真实价值；许多支出在记账时存在灵活性，既可以作为当期费用，也可以作为资本项目在以后的年度摊销；很多资产以估计值入账，但未必客观；偶然事件可能歪曲本期的损益，不能反映盈利的正常水平。

（4）报表数据的可比性问题。根据会计准则的规定，不同的企业或同一个企业的不同时期都可以根据情况采用不同的会计政策和会计处理方法，使得报表上的数据在企业不同时期和不同企业之间的对比在很多时候失去意义。

（5）报表数据的完整性问题。由于报表本身的原因，其提供的数据是有限的。对报表使用者来说，可能有不少需要的信息在报表或附注中根本找不到。

2. 财务分析方法的局限性

对于比较分析法来说，在实际操作时，比较的双方必须具备可比性才有意义。对于比率分析法来说，比率分析是针对单个指标进行分析的，综合程度较低，在某些情况下无法得出令人满意的结论；比率指标的计算一般都是建立在以历史数据为基础的财务报表之上的，这使比率指标提供的信息与决策之间的相关性大打折扣。对于因素分析法来说，在计算各因素对综合经济指标的影响额时，主观假定各因素的变化顺序而且规定每次只有一个因素发生变化，这些假定往往与事实不符。并且，无论采用何种分析法，结果均是对过去经济事项的反映。随着环境的变化，这些比较标准也会发生变化。在分析时，分析者往往只注重数据的比较，而忽略经营环境的变化，这样得出的分析结论也是不全面的。

3. 财务分析指标的局限性

（1）财务指标体系不严密。每一个财务指标只能反映企业的财务状况或经营状况的某一方面，每一类指标都过分强调本身所反映的方面，导致整个指标体系不严密。

（2）财务指标所反映的情况具有相对性。在判断某个具体财务指标是好还是坏，或根据一系列指标形成对企业的综合判断时，必须注意财务指标本身所反映情况的相对性。因此，在利用财务指标进行分析时，必须掌握好对财务指标的"信任度"。

（3）财务指标的评价标准不统一。比如，对流动比率，人们一般认为指标值为2比较合理，速动比率指标值为1比较合适，但许多成功企业的流动比率都低于2，不同行业的速动比率也有很大差别，如采用大量现金销售的企业，几乎没有应收账款，速动比率大大低于1是很正常的。相反，一些应收账款较多的企业，速动比率可能要大于1。因此，在不同企业之间用财务指标进行评价时没有一个统一标准，不便于不同行业间的对比。

（4）财务指标的比较基础不统一。在对财务指标进行比较分析时，需要选择比较的参照标准，包括同业数据、本企业历史数据和计划预算数据。横向比较时需要使用同业标准。同业平均数只有一般性的指导作用，不一定有代表性，也不一定是合理性的标志。选择同行业一组有代表性的企业计算平均数作为同业标准，可能比整个行业的平均数更有意义。近年来，分析人员更重视以竞争对手的数据作为分析基础。不少企业实行多种经营，没有明确的行业归属，对此类企业进行同业比较更加困难。

趋势分析应以本企业历史数据作为比较基础，而历史数据代表过去，并不代表合理性。经营环境变化后，今年比上年利润提高了，并不一定说明已经达到了应该达到的水平，甚至不一定说明管理有了改进。会计标准、会计规范的改变会使财务数据失去直接可比性，而要恢复可比性则成本很大，甚至缺乏必要的信息。

实际与计划的差异分析应以预算为比较基础。实际和预算出现差异，可能是执行中有问题，也可能是预算不合理，区分两者并非易事。

总之，对比较基础本身要准确理解，并且要在限定意义上使用分析结论，避免简单化和绝对化。

7.1.6 财务分析的基础资料

财务比率也称为财务指标，是通过财务报表数据的相对关系来揭示企业经营管理的各方面问题，是最主要的财务分析方法。基本的财务报表分析内容包括偿债能力分析、营运能力分析、盈利能力分析、发展能力分析和现金流量分析五个方面，以下分别加以介绍。

为便于说明，本节各项财务指标的计算，将主要采用惠达股份有限公司作为例子，该公司的资产负债表、利润表如表7-2、表7-3所示。

表7-2 资产负债表

编制单位：惠达股份有限公司　　　2021年12月31日　　　单位：元

资产	期末余额	年初余额	负债和所有者权益（或股东权益）	期末余额	年初余额
流动资产：			流动负债：		
货币资金	1 556 370	1 112 167	短期借款	22 430	21 900
交易性金融资产	138 670	100 000	交易性金融负债		
应收票据及应收账款	254 300	262 800	应付票据及应付账款	705 356	799 168
预付款项	58 450	65 576	预收款项	38 695	37 298
其他应收款			应付职工薪酬		
存货	1 534 650	1 380 630	应交税费		
持有待售资产			其他应付款	94 460	95 500
一年内到期的非流动资产			持有待售负债		
其他流动资产			一年内到期的非流动负债		
流动资产合计	3 542 440	2 921 173	其他流动负债		
非流动资产：			流动负债合计	860 941	953 866
债权投资			非流动负债：		
其他债权投资			长期借款	700 000	600 000
长期应收款			应付债券		
长期股权投资	45 000	62 000	长期应付款		
投资性房地产			专项应付款		
固定资产	5 534 152	5 203 142	预计负债		
在建工程			递延所得税负债		
工程物资			其他非流动负债		
固定资产清理			非流动负债合计	700 000	600 000
生产性生物资产			负债合计	1 560 941	1 553 866
油气资产			所有者权益（或股东权益）		
无形资产	658 400	578 700	实收资本（或股本）		5 000 000
开发支出			资本公积		
商誉			减：库存股		
长期待摊费用			专项储备		
递延所得税资产			盈余公积	216 583	211 149
其他非流动资产			未分配利润	8 002 468	2 000 000
非流动资产合计	6 237 552	5 843 842	所有者权益（或股东权益）合计	8 219 051	7 211 149
资产总计	9 779 992	8 765 015	负债和所有者权益（或股东权益）总计	9 779 992	8 765 015

表 7-3　利润表

编制单位：惠达股份有限公司　　　　　　2021 年 12 月 31 日　　　　　　　　　　　　　　单位：元

项目	本年累计	上年金额
一、营业收入	9 800 000	9 600 000
减：营业成本	5 000 000	5 100 000
税金及附加	619 700	1 244 000
销售费用	534 000	522 000
管理费用	520 200	534 330
研发费用	116 000	104 000
财务费用	240 000	260 000
其中：利息费用	220 000	240 000
利息收入	20 000	20 000
资产减值损失	14 600	15 000
加：公允价值变动收益（损失以"-"号填列）	45 000	47 200
投资收益（损失以"-"号填列）	50 000	45 000
其中：对联营企业和合营企业的投资收益		
资产处置收益（损失以"-"号填列）		
其他综合收益		
二、营业利润（亏损以"-"号填列）	2 850 500	1 912 870
加：营业外收入	80 000	90 000
减：营业外支出	54 000	65 870
其中：非流动资产处置损失		
三、利润总额（亏损以"-"号填列）	2 876 500	1 937 000
减：所得税费用	719 125	484 250
四、净利润（净亏损以"-"号填列）	2 157 375	1 452 750
（一）持续经营净利润（净亏损以"-"号填列）	0	0
（二）终止经营净利润（净亏损以"-"号填列）	0	0
五、每股收益：		
（一）基本每股收益		
（二）稀释每股收益		

任务 7.2 比率分析

7.2.1 变现能力分析

1. 营运资金

营运资金是指企业流动资产减去流动负债后的差额,其计算公式为:

营运资金 = 流动资产 - 流动负债

【情景 7-3】根据惠达股份有限公司资产负债中数据,计算本年末与年初的营运资金。

年末营运资金 = 3 542 440 - 860 941
= 2 681 499(元)

年初营运资金 = 2 921 173 - 953 866
= 1 967 307(元)

营运资金实际上反映的是流动资产可用于归还和抵补流动负债后的余额,营运资金越多,说明企业可用于偿还流动负债的资金越充足,企业的短期偿债能力越强,债权人收回债权的安全性越高。

应当指出,企业进行短期偿债能力分析时,不能孤立地根据某一指标分析下结论,而应该根据分析的目的和要求结合企业的实际情况和所在行业的标准,将各项指标结合起来从动态和静态两个方面综合分析,只有这样才能得出正确的分析结论。

上述短期偿债能力指标都是从财务资料中取得的。还有一些财务报表资料中没有反映出的因素,也会影响企业的短期偿债能力。

(1) 增强短期偿债能力的因素。以下几个主要因素是企业流动资产的实际变现能力,可能比财务报表项目反映的短期偿债能力要好一些。

①可动用的银行贷款指标。
②准备很快变现的长期资产。
③偿债能力的声誉。

(2) 减弱短期偿债能力的因素。减弱企业流动资产短期偿债能力的因素,未在财务报表中反映的主要有以下两种情况:

①未作记录的原有负债。
②担保责任引起的负债。

2. 流动比率

流动比率是企业流动资产与流动负债的比率。它表明企业每单位流动负债有多少单位的流动资产作为偿还保障,是衡量企业短期偿债能力的一个重要财务指标,计算公式为

$$流动比率 = \frac{流动资产}{流动负债}$$

式中,流动资产包括货币资金、交易性金融资产、应收账款、存货等;流动负债包括短期借款、应付账款、应付票据、应付税款和其他各项应付费用。

一般情况下,流动比率越高,说明企业偿还流动负债的能力越强,流动负债得到偿还的保障越大。流动比率表示流动资产与流动负债的倍数关系,企业短期内能够变现的流动资产越多,流动负债到期本息清偿的可能性也就越大。因此,较高的流动比率虽有助于提高企业的资信程度。但是从公司经营者和投资者角度而言,流动比率过高会降低企业总资产的盈利水平和使用效率。因为流动比率过高意味着将企业有限的资金过多地投资到盈利能力较低的流动资产上。另外,流动比率过高还可能预示着企业管理效率的低下,如闲置资金过多、应收账款周转过慢、存货积压等因素都会影响流动比率。

流动比率太低固然说明偿债能力低下,但有时即使流动比率很高,也不能以此断定企业具有很强的短期偿债能力。在运用该指标分析公司短

期偿债能力时，还应结合存货的规模大小、周转速度、变现能力和变现价值等指标进行综合分析。如果某公司虽然流动比率很高，但其存货规模大，周转速度慢，有可能造成存货变现能力弱，变现价值低，那么该公司实际的短期偿债能力就要比指标反映的弱。这就要求在分析流动比率时，要充分研究流动资产的构成项目的合理性。

通常，人们认为制造企业合理的流动比率为2，这多半是因为流动资产中变现能力较差的存货资金约占流动资产的一半。流动比率的大小与企业所处的行业有着密切的关联，生产经营周期短，资金周转速度快，流动比率就会小些；反之，所需维持的流动比率就会大些。在财务分析时需要把握流动比率的评价尺度，通过与同行业的先进水平和平均水平做比较，可以评价流动比率的变动趋势。

【情景7-4】根据惠达股份有限公司资产负债表中数据，计算本年末与年初的流动比率。

年末流动比率 = 3 542 440 ÷ 860 941
≈ 4.11

年初流动比率 = 2 921 173 ÷ 953 866
≈ 3.06

3. 速动比率

在流动资产中，短期有价证券、应收账款、应收票据的变现能力均比存货的变现能力强，存货需要经过销售才能转化为现金，如果存在滞销，则变现能力不容乐观。一般情况下，流动资产扣除存货后的资产称为速动资产，主要包括现金、短期投资、应收票据、应收账款。速动资产与流动负债的比率称为速动比率，计算公式为：

$$速动比率 = \frac{速动资产}{流动负债}$$

速动资产 = 货币资金 + 交易性金融资产 + 应收账款 + 应收票据 + 预付账款 + 其他应收款 = 流动资产 - 存货 - 预付账款 - 1年内到期的流动资产 - 其他流动资产

速动比率越高，说明企业短期偿债能力越强。速动比率比流动比率更能体现企业短期偿债能力，因为速动比率充分考虑了流动资产内部各项目的

变现能力差异。但需要指出的是，应收账款的变现能力强弱将对速动比率的可信性产生重大影响，因为账面的应收账款不一定都能变成现金，该部分债权的变现速度要受到应收账款的账龄结构和信用政策的制约。在运用该指标分析公司短期偿债能力时，应结合应收账款的规模、周转速度和其他应收款的规模，以及它们的变现能力进行综合分析。如果某公司速动比率虽然很高，但应收账款周转速度慢，且其他应收款的规模大，变现能力差，那么该公司较为真实的短期偿债能力要比该指标反映的差。

一般认为，制造企业的速动比率为1比较合理，因为将流动资产一半的存货扣除后，其他变现能力较强的流动资产至少要等于流动负债，企业的短期偿债能力才会有保证。与流动比率相同，速动比率也会因为行业的不同而有较大差别。

【情景7-5】根据惠达股份有限公司资产负债表中数据，计算本年末与年初的速动比率。

年末速动比率 = (3 542 440 - 1 534 650 - 58 450) ÷ 860 941 ≈ 2.26

年初速动比率 = (2 921 173 - 1 380 630 - 65 576) ÷ 953 866 ≈ 1.55

4. 现金比率

现金流动负债比率是企业一定时期的经营现金净流量同流动负债的比率，它从现金流量角度反映企业当期偿付短期负债的能力。其计算公式为

$$现金流动负债比率 = \frac{经营活动产生的现金净流量}{流动负债}$$

> **提示**
>
> 经营现金净流量取自现金流量表，反映的是某一时期的现金流量；流动负债取自资产负债表，应采用现金流量所属期间的期初、期末平均数。

现金流动负债比率是从现金流入和流出的动态角度对企业的实际偿债能力进行考察的，反映本期经营活动所产生的现金净流量足以抵付流动负债的倍数。

提示

由于利润与经营活动产生的现金净流量有可能背离，有利润的年份不一定有足够的现金（含现金等价物）来偿还债务，所以利用以收付实现制为基础计量的现金流动负债比率指标，能充分体现企业经营活动所产生的现金净流量，直观地反映出企业偿还流动负债的实际能力。

该指标一般大于1，表示企业流动负债的偿还有可靠保证。该指标越大，表明企业经营活动产生的现金净流量越多，越能保障企业按期偿还到期债务，但也并不是越大越好，该指标过大则表明企业流动资金利用不充分，盈利能力不强。

【情景7-6】根据惠达股份有限公司资产负债中数据，计算本年末与年初的现金流动负债比率。（年末与年初经营活动产生的现金净流量分别为1 695 040元和1 212 167元）

年末现金流动负债比率=1 695 040÷860 941≈1.97

年初现金流动负债比率=1 212 167÷953 866≈1.27

7.2.2 长期偿债能力分析

长期偿债能力是指企业偿还长期负债的能力。长期偿债能力分析的不确定性要远高于短期偿债能力分析，分析者应予以足够的重视。反映企业长期偿债能力的财务比率主要有资产负债率、产权比率、股东权益比率、权益乘数、负债权益比率和利息保障倍数。

1. 资产负债率

资产负债率是企业负债总额与资产总额的比率，它反映了企业的资产总额中有多少是通过举债得到的。其计算公式为

$$资产负债率 = \frac{负债总额}{资产总额} \times 100\%$$

资产负债率反映企业偿还债务综合能力的强弱，是衡量企业总资产中权益所有者与债权人所投资金比例是否合理的重要财务指标，此指标有以下两个方面的含义：

一方面，资产负债比率是长期债权人的债权依赖企业资产提供的安全边际，可用以衡量企业信用的物质保障程度。资产负债率越低，说明债权资金的安全边际越高，企业信用的物质保障程度越高；资产负债率越高，说明企业总资产中资本金占的比重越小，企业的经营风险将主要由债权人承担，债权资金的安全边际就越小。另一方面，资产负债率也是经营者赖以举债经营的支撑点，是用以衡量举债经营是否有利的重要比率。资产负债率越高，意味着举债经营程度越高，在投资收益率高于借债利息率的前提下，带给企业的财务杠杆利益越大，会使所有者报酬增大。但是，筹资风险也增大，若过度举债经营，将导致企业因资不抵债而破产。

在分析和评价企业的资产负债率时，应注意下面几个问题。

（1）不同的评价主体对资产负债率有不同的认识。从债权人角度出发，资产负债率越低越好；对于企业经营者而言，资产负债率却是评价经营者理财能力和进取心的一个重要指标。

（2）负债比率过高对于所有者、债权人和经营者都意味着风险。

（3）不同行业的平均资产负债率不完全相同，企业应根据本行业特征和需求确定适当的负债比率。

【情景7-7】根据惠达股份有限公司资产负债表中数据，计算本年末与年初的资产负债率。

年末资产负债率=1 560 941÷9 779 992×100%≈15.96%

年初资产负债率=1 553 866÷8 765 015×100%≈17.73%

2. 产权比率

产权比率又称资本负债率，是负债总额与所有者权益之比，它是企业财务结构稳健与否的重要标志。其计算公式为：

$$产权比率 = \frac{负债总额}{所有者权益} \times 100\%$$

产权比率不仅反映了由债权人提供的资本与所有者提供的资本的相对关系,即企业财务结构是否稳定,而且反映了债权人资本受股东权益保障的程度,或者是企业清算时对债权人利益的保障程度。一般来说,这一比率越低,表明企业长期偿债能力越强,债权人权益保障程度越高。同样需要结合企业的具体情况加以分析,当企业的资产收益率大于负债利息率时,负债经营有利于提高资金收益率,获得额外的利润,这时的产权比率可适当高些。产权比率高,是高风险、高报酬的财务结构;产权比率低,是低风险、低报酬的财务结构。

【情景7-8】根据惠达股份有限公司资产负债表中数据,计算本年末与年初的产权比率。

年末产权比率 = 1 560 941÷8 219 051×100% ≈ 18.99%

年初产权比率 = 1 553 866÷7 211 149×100% ≈ 21.55%

3. 利息保障倍数

利息保障倍数是指企业在一定期间(通常为一个会计年度)内所获取的息税前利润与支付的利息之间的倍数关系。该项指标反映企业的经营所得支付债务利息的能力。该指标越大,企业偿付利息的能力就越强。其计算公式为:

利息保障倍数 = 息税前利润÷利息费用 = (净利润+利润表中的利息费用+所得税)÷全部利息费用

式中,"息税前利润"为企业实现的未扣除利息和所得税前的利润额,它可以用当期利润总额和利息费用之和测算。由于我国利润表中并未将利息费用单列,企业外部报表分析者只好用"利润总额加上财务费用"来确定息税前利润。

"利息"是指企业当期全部应计利息,不仅包括利息费用,而且包括已资本化的利息。计入长期资产成本的资本化利息,虽不在利润表中反映,但仍需要定期偿还与计入。

从长远来看,企业利息保障倍数至少要大于1才能举债。在短期内,可能在该指标低于1的情况下,仍有能力支付利息,因为有些计入当期的费用并不需要支付现金,如折旧、摊销和折耗等,这些资金通过产品销售收回后由企业自行支配。因此,在进行财务分析时,把这些非现金支付的费用看作保障利息支付的资金来源,更能体现利息的安全度。

【情景7-9】根据惠达股份有限公司资产负债表中数据,计算本年的利息保障倍数。

利息保障倍数 = 3 096 500÷220 000 ≈ 14.08

7.2.3 营运能力分析

1. 应收账款周转率

应收账款周转率是指营业收入与应收账款平均余额的比率,该指标反映应收账款的流动程度,即应收账款周转的快慢程度。其计算公式为:

$$应收账款周转率 = \frac{销售净额}{平均应收账款总额}$$

$$应收账款周转天数 = \frac{360}{应收账款周转率}$$

式中,"销售净额"为利润表中销售收入扣除折扣和折让后的余值;"平均应收账款总额"为因销售商品、产品或提供劳务等应向购货单位或接受劳务单位收取的款项,及收到的商业汇票。它是资产负债表中"应收账款"和"应收票据"期初、期末金额的平均数。

应收账款周转率指标反映了每年应收账款周转的次数;应收账款周转天数指标反映了年均应收账款周转一次所需要的天数。

【情景7-10】根据惠达股份有限公司资产负债表和利润表中数据,计算2021年应收账款周转率。

应收账款周转率 = 9 800 000÷258 550 ≈ 37.9

应收账款周转天数 = 360÷37.9 ≈ 9.5

2. 存货周转率

存货周转率是指一定时期内营业成本总额与存货平均余额的比率，该指标用来衡量企业在一定时期内存货周转次数，即存货周转的快慢程度。其计算公式为：

$$存货周转率 = \frac{营业成本}{平均存货}$$

$$存货周转天数 = \frac{360}{存货周转率}$$

营业成本来自利润表中的"主营业务成本"，平均存货来自资产负债表中"期初存货"与"期末存货"的平均数。

存货周转率指标反映了每年存货周转的次数，为避免季节性波动的影响，可以计算季度指标。存货周转天数指标反映了年均的存货每周转一次所需要的天数。一般来说，存货周转率越高，存货周转天数越少，存货转化为应收账款和现金的速度就越快，企业经营状况就越好；反之，则越坏。

【情景7-11】根据惠达股份有限公司资产负债表和利润表中数据，计算2021年存货周转率。

存货周转率 = 5 000 000÷1 457 640 ≈ 3.43

存货周转天数 = 360÷3.43 ≈ 105（天）

3. 流动资产周转率

流动资产周转率指企业一定时期内主营业务收入净额同平均流动资产总额的比率，流动资产周转率是评价企业资产利用率的一个重要指标。

$$流动资产周转率 = \frac{销售收入}{流动资产平均总额}$$

$$流动资产平均总额 = \frac{期初流动资产 + 期末流动资产}{2}$$

$$流动资产周转期（天数）= \frac{360}{流动资产周转率}$$

【情景7-12】根据惠达股份有限公司资产负债表和利润表中数据，计算2021年流动资产周转率。

流动资产周转率 = 9 800 000÷3 231 806.5 ≈ 3.03

流动资产周转期 = 360÷3.03 ≈ 119（天）

4. 固定资产周转率

固定资产周转率是衡量企业固定资产利用状况和利用效果的财务指标。

企业固定资产周转状况分析是通过评价固定资产周转率指标进行的。一般使用固定资产周转次数来表示固定资产周转情况，计算公式为：

$$固定资产周转率（次数）= \frac{销售收入}{固定资产平均净值}$$

$$固定资产平均净值 = \frac{年初固定资产净值 + 年末固定资产净值}{2}$$

固定资产周转率的高低取决于企业产品销售能力和固定资产投资的合理性。这里主要分析固定资产利用效率。首先，分析企业固定资产投资规模是否能满足产品销售市场要求，投资过多会造成资产闲置、浪费，投资过少又会使企业失去扩大销售的机会，同时，固定资产投资也要考虑与流动资产投资相配套；其次，分析固定资产投资结构是否合理，合理安排生产和非生产用固定资产比例，是否存在重福利、轻生产的现象；最后，分析现有固定资产利用效率能否达到管理要求，企业能否及时处理不需要和闲置的固定资产，以挪出资金用作其他投资，增强资金的营运能力。

【情景7-13】根据惠达股份有限公司资产负债表和利润表中数据，计算2021年固定资产周转率。

固定资产周转率 = 9 800 000÷5 368 647

≈ 1.83

5. 总资产周转率

总资产周转率是销售收入净额与资产平均总额的比率。

总资产周转率 = 销售收入 ÷ 平均资产总额

【情景7-14】根据惠达股份有限公司资产负债表和利润表资料中数据，计算2021年总资产周转率。

总资产周转率 = 9 800 000÷9 272 503.5

≈ 1.06

7.2.4 盈利能力分析

企业盈利能力分析是财务分析中的一项重要内容。盈利能力是指企业获取利润的能力，企业的盈利能力越强，则其给予股东的回报越高，企业价值越大，带来的现金流量越多，企业的偿债能力得到加强。盈利能力的分析是企业财务分析的重点，其根本目的是通过分析及时发现问题，改善企业财务结构，提高企业偿债能力、经营能力，最终提高企业的盈利能力，促进企业持续稳定地发展。

1. 销售毛利率

销售毛利率是毛利占销售收入的百分比，其中毛利是销售收入（营业收入）扣除销售成本（营业成本）之后的差额。其计算公式为：

$$销售毛利率 = \frac{销售收入 - 销售成本}{销售收入} \times 100\%$$

它反映的是每1元销售收入扣除成本后，有多少钱可以用于各项期间费用和形成盈利。

【情景7-15】根据惠达股份有限公司利润表中数据，计算2021年销售毛利率。

销售毛利率 =（9 800 000 - 5 000 000）÷9 800 000×100% ≈ 48.98%

2. 销售净利率

销售净利率是指企业利润总额与企业销售收入净额（一般可用利润表中的营业收入来表现）的比率。它反映企业每1元销售收入所带来的净利润。其计算公式为：

$$销售净利率 = \frac{净利润}{销售收入净额} \times 100\%$$

该项比率越高，表明企业为社会新创价值越多，贡献越大，也反映企业在增产的同时，为企业多创造了利润，实现了增产增收。

【情景7-16】根据惠达股份有限公司利润表中数据，计算2021年销售净利率。

销售净利率 = 2 157 375÷9 800 000×100% ≈ 22.01%

3. 总资产报酬率

总资产报酬率指净利润与平均总资产的比率，反映每1元资产创造的净利润。其计算公式为

$$总资产报酬率 = \frac{净利润}{平均总资产} \times 100\%$$

总资产报酬率衡量的是企业资产的盈利能力。总资产报酬率越高，表明企业资产的利用效果越好。影响总资产报酬率的因素是营业净利率和总资产周转率。

$$总资产报酬率 = \frac{净利润}{平均总资产}$$

$$= \frac{净利润}{营业收入} \times \frac{营业收入}{平均总资产}$$

$$= 资产净利率 \times 总资产周转率$$

因此，企业可以通过提高营业净利率，加速资产周转来提高总资产净利率。

【情景7-17】根据惠达股份有限公司资产负债表和利润表资料中数据，计算2021年总资产报酬率。

总资产报酬率 = 2 157 375÷9 272 503.5×100% ≈ 23.27%

4. 权益净利率

权益净利率是企业净利润与平均净资产的比率，反映所有者权益所获报酬的水平。这个比率通常也被称为净资产收益率。

$$净资产收益率 = \frac{净利润}{股东权益}$$

【情景7-18】根据惠达股份有限公司资产负债表和利润表中数据，计算2021年权益净利率。

权益净利率 = 2 157 375÷8 219 051×100% ≈ 26.25%

7.2.5 发展能力分析

企业发展能力分析指的是对企业发展能力进行分析。企业的发展能力，也称企业的成长性，它是企业通过自身的生产经营活动，不断扩大积累形成的发展潜能。企业能否健康发展取决于多种因素，包括外部经营环境企业内在素质及资源条件等。

1. 销售收入增长率

销售收入增长率是一家公司某一段时间销售收入的变化程度。

销售收入增长率 = $\dfrac{\text{本年销售收入增长额}}{\text{上年销售收入}} \times 100\%$

【情景7-19】根据惠达股份有限公司利润表中数据，计算2021年销售收入增长率。

销售收入增长率 =（9 800 000-9 600 000）÷9 600 000×100%≈2.08%

2. 总资产增长率

总资产增长率是企业本年总资产增长额同年初资产总额的比率。其计算公式为

总资产增长率 = $\dfrac{\text{本年资产增长额}}{\text{年初资产增长额}} \times 100\%$

式中，本年资产增长额＝年末资产总额－年初资产总额

总资产增长率是从企业资产总量增长方面衡量企业的发展能力，表明企业规模增长水平对企业发展后劲的影响。该指标越高，表明企业在一定时期内资产经营规模扩张的速度越快。但在实际分析时，应考虑资产规模扩张的质和量的关系，以及企业的后续发展能力，避免企业资产盲目扩张。

【情景7-20】根据惠达股份有限公司资产负债表中数据，计算2021年总资产增长率。

总资产增长率 =（9 779 992-8 765 015）÷8 765 015×100%≈11.58%

3. 营业利润增长率

营业利润增长率是企业本年营业利润增长额与上年营业利润总额的比率，反映企业营业利润的增减变动情况。其计算公式为：

营业利润增长率 = $\dfrac{\text{本年营业利润增长额}}{\text{年年营业利润总额}} \times 100\%$

式中，

本年营业利润增长额 ＝ 本年营业利润 － 上年营业利润

【情景7-21】根据惠达股份有限公司利润表中数据，计算2021年营业利润增长率。

营业利润增长率 =（2 850 500-1 912 870）÷1 912 870×100%≈49.02%

4. 资本保值增值率

资本保值增值率是企业扣除客观因素影响后的本年末所有者权益总额与年初所有者权益总额的比率，反映企业当年资本在自身努力下的实际增减变动情况。其计算公式为：

资本保值增值率 = $\dfrac{\text{扣除客观因素影响后的期末所有者权益}}{\text{期初所有者权益}} \times 100\%$

一般认为，资本保值增值率越高，表明企业的资本保全状况越好，所有者权益增长越快，债权人的债务越有保障。该指标通常应大于100%。

【情景7-22】根据惠达股份有限公司资产负债表中数据，计算2021年资本保值增值率。

资本保值增值率 =8 219 051÷7 211 149×100%≈113.98%

5. 资本积累率

资本积累率是企业本年所有者权益增长额与年初所有者权益总额的比率，反映企业当年资本的积累能力，是评价企业发展潜力的重要指标。其计算公式为：

资本积累率 = $\dfrac{\text{本年所有者权益增长额}}{\text{年初所有者权益}} \times 100\%$

式中，

本年所有者权益增长额 ＝ 年末所有者权益 － 年初所有者权益

资本积累率是企业本年所有者权益总的增长率，反映了所有者权益在当年的变动水平，体现了企业资本的积累情况，是企业发展强盛的标志，也是企业扩大再生产的源泉，展示了企业的发展潜力。资本积累率还反映了投资者投入企业资本的保全性和增长性。该指标大于0，则指标值越高表明企业的资本积累越多，应付风险、持续发展的能力越强；该指标小于0，表明企业资本受到侵蚀，所有者权益受到损害，应予以充分重视。

【情景7-23】根据惠达股份有限公司资产负债表中数据，计算2021资本积累率。

资本积累率 =（8 219 051-7 211 149）÷7 211 149×100%≈13.98%

7.2.6 现金流量分析

现金流量分析是对项目筹资、建设、投产运行到关闭整修的周期内，现金流出和流入的全部资金活动的分析。进行现金流量分析的第一步是按照建设和生产的规划进度与资金规划，计算出整个工程寿命期内各年的净现金流量，并按年排列现金流量计算表。第二步是把各年现金流量按次累计，绘制出累计现金流通图。累计现金流通图可直观、综合地表达工程项目的可行度，累计最大净现金支出额、投资回收期、总的净现金流量和净现值，以及按项目内部收益率计算的累计净现值曲线。现金流量分析对项目经济评价具有重要意义。

1. 获取现金流量分析

获取现金的能力可通过经营活动现金流量净额与投入资源之比来反映。投入资源可以是营业收入、资产总额、营运资金、净资产或普通股股数等。

（1）销售现金比率。销售现金比率是指企业经营活动现金流量净额与企业营业收入的比值。其计算公式为

$$销售现金比率 = \frac{销售活动现金流量净额}{销售收入}$$

（2）每股营业现金净流量。每股营业现金净流量是通过企业经营活动现金流量净额与普通股股数之比来反映的。其计算公式为：

$$每股营业现金净流量 = \frac{经营活动现金流量净额}{普通股股数}$$

（3）全部资产现金回收率。全部资产现金回收率是通过企业经营活动现金流量净额与企业平均总资产之比来反映的，它说明企业全部资产产生现金的能力。其计算公式为

$$全部资产现金回收率 = \frac{经营活动现金流量净额}{平均总资产} \times 100\%$$

2. 收益质量分析

收益质量是指会计收益与公司业绩之间的相关性。如果会计收益能如实反映公司业绩，则其收益质量高；反之，则收益质量不高。收益质量分析，主要包括净收益营运指数分析与现金营运指数分析。

（1）净收益营运指数。净收益营运指数是指经营净收益与净利润之比，其计算公式为

$$净收益营运指数 = \frac{经营净收益}{净利润经营净收益}$$

$$= 净利润 - 非经营净收益$$

（2）现金营运指数。现金营运指数反映企业经营活动现金流量净额与企业经营所得现金的比值，其计算公式为：

$$现金营运指数 = \frac{经营活动现金流量净额}{经营所得现金}$$

式中，经营所得现金是经营净收益与非付现费用之和。

7.2.7 上市公司财务分析

1. 每股收益

每股收益也称每股利润或每股盈余，是反映企业普通股股东持有每股股份所能享有企业利润或承担企业亏损的业绩评价指标。每股收益的计算包括基本每股收益和稀释每股收益。每股收益的计算公式为：

$$每股收益 = \frac{归属于公司普通股股东的净利润}{发行在外的普通股加权平均数}$$

【情景7-24】惠达股份有限公司2021年归属于普通股股东的净利润为2 157 375元，发行在外的普通股加权平均数为70 000元，计算其每股收益（计算结果保留两位小数）。

每股收益 = 2 157 375 ÷ 70 000 ≈ 30.82（元）

2. 每股股利

每股股利是上市公司本年发放的普通股现金股利总额与年末普通股总数的比值，反映上市公

司当期利润的积累和分配情况。其计算公式为

$$每股股利 = \frac{现金股利总额 - 优先股股利}{发行在外的普通股股数}$$

【情景 7-25】惠达股份有限公司 2021 年发放普通股股利为 2 500 000 元，年末发行在外的普通股股数为 900 000 股，每股股利计算如下（计算结果保留两位小数）：

每股股利 =2 500 000÷900 000 ≈ 2.78（元）

3. 市盈率

市盈率是上市公司普通股每股市价相对于每股收益的倍数，反映投资者对上市公司每股净利润愿意支付的价格，可以用来估计股票的投资报酬和风险。其计算公式为

$$市盈率 = \frac{每股市价}{每股收益}$$

【情景 7-26】沿用【情景 7-24】中的资料，同时假定上市公司 2021 年年末每股市价为 18.7 元，则该公司 2021 年年末市盈率计算如下（计算结果保留两位小数）：

市盈率 =18.7÷30.82 ≈ 0.61（倍）

4. 每股净资产

每股净资产是上市公司年末净资产（即股东权益）与年末普通股总数的比值。其计算公式为

$$每股净资产 = \frac{期末净资产总额}{期末普通股股数}$$

【情景 7-27】惠达股份有限公司 2021 年年末股东权益为 8 219 051 元，假如全部为普通股，年末发行在外的普通股股数为 1 500 000 股，则每股净资产计算如下（计算结果保留两位小数）：

每股净资产 =8 219 051÷1 500 000 ≈ 5.48（元）

5. 市净率

市净率是股票每股市场价与每股收益的比率，反映普通股股东为获取 1 元净利润所愿意支付的股票价格。其计算公式如下：

$$市净率 = \frac{每股市价}{每股净资产}$$

【情景 7-28】沿用【情景 7-27】中的资料，同时假定该上市公司 2021 年年末每股市价为 3.18 元，则该公司 2021 年年末市净率计算如下（计算结果保留两位小数）：

市净率 =3.18÷5.48 ≈ 0.58（倍）

任务 7.3　综合分析

7.3.1　杜邦分析法

杜邦分析法又称杜邦财务分析体系，简称杜邦体系，是利用各主要财务比率指标间的内在联系，对企业财务状况及经济效益进行综合系统分析评价的方法。该体系以净资产收益率为起点，以总资产净利率和权益乘数为基础，重点揭示企业盈利能力及权益乘数对净资产收益率的影响，以及各相关指标间的相互影响和作用关系。因其最初由美国杜邦企业成功应用，故得名。

杜邦分析法将净资产收益率（权益净利率）分解如图 7-1 所示。

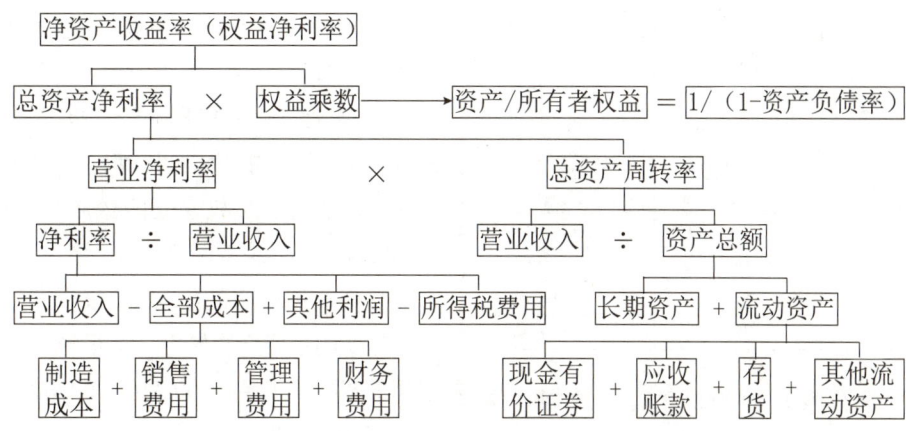

图 7-1 杜邦分析图

其分析关系式为：

$$\text{净资产收益率} = \text{营业净利率} \times \text{总资产周转率} \times \text{权益乘数}$$

运用杜邦分析法需要抓住以下几点内容：

(1) 净资产收益率是一个综合性最强的财务分析指标，是杜邦分析体系的起点。财务管理的目标之一是使股东财富最大化，净资产收益率反映了企业所有者投入资本的盈利能力，说明了企业筹资、投资、资产营运等各项财务及其管理活动的效率，而不断提高净资产收益率是使所有者权益最大化的基本保证。所以，这一财务分析指标是企业所有者、经营者都十分关心的。净资产收益率高低的决定因素主要有三个，即营业净利率、总资产周转率和权益乘数。这样，在进行分解之后，就可以将净资产收益率这一综合性指标发生升降变化的原因具体化，因此它比只用一项综合性指标更能说明问题。

(2) 营业净利率反映了企业净利润与营业收入的关系，它的高低取决于营业收入与成本总额的高低。要想提高营业净利率，一要扩大营业收入，二要降低成本费用。扩大营业收入既有利于提高营业净利率，又有利于提高总资产周转率。降低成本费用是提高营业净利率的一个重要因素，从杜邦分析图可以看出成本费用的基本结构是否合理，从而找出降低成本费用的途径和加强成本费用控制的办法。如果企业财务费用支出过高，就要进一步分析其负债比率是否过高；如果管理费用过高，就要进一步分析其资产周转情况等。从图 7-1 中还可以看出，提高营业净利率的另一途径是提高其他利润。为了详细地了解企业成本费用的发生情况，在具体列示成本总额时，还可根据重要性原则，将那些影响较大的费用单独列示，以便为寻求降低成本的途径提供依据。

(3) 影响总资产周转率的一个重要因素是资产总额。资产总额由流动资产与长期资产组成，它们的结构合理与否将直接影响资产的周转速度。一般来说，流动资产直接体现企业的偿债能力和变现能力，而长期资产则体现了企业的经营规模、发展潜力。两者之间应该有一个合理的比例关系。如果发现某项资产比重过大，影响资金周转，就应深入分析其原因。例如，如果企业持有的货币资金超过业务需要，就会影响企业的盈利能力；如果企业占有过多的存货和应收账款，则既会影响盈利能力，又会影响偿债能力。因此，还应进一步分析各项资产的占用数额和周转速度。

(4) 权益乘数主要受资产负债率指标的影响。资产负债率越高，权益乘数就越高，说明企业的负债程度比较高，给企业带来了较多的杠杆利益，同时也带来了较大的风险。

【情景 7-29】惠达股份有限公司有关数据如表 7-4、表 7-5 所示，分析其销售净利率、总资产周转率以及权益乘数的影响（计算结果保留两位小数）。

表 7-4 杜邦分析法基础财务指标

项目	年初	年末
所有者权益	7 211 149	8 219 051
净利润	1 452 750	2 157 375
营业收入	9 600 000	9 800 000
资产总额	8 765 015	9 779 992
销售净利率	15.13%	22.01%
总资产周转率	109.53%	100.20%
资产净利率	16.57%	22.05%
权益乘数	1.2155	1.1899
权益净利率	20.14%	26.25%

以惠达股份有限公司 2020 年有关数据为基期，2021 年为报告期。

表 7-5 杜邦分析法关键财务指标

项目	年初	年末
销售净利率	15.13%	22.01%
总资产周转率	109.53%	100.20%
权益乘数	1.2155	1.1899

各项数据的分析如下：

年末权益净利率 - 年初权益净利率 = 20.14% - 26.25% = -6.1%

销售净利率的影响 =（报告期的销售净利率 - 基期的销售净利率）× 基期总资产周转率 × 基期的权益乘数 =（22.01% - 15.13%）× 109.53% × 1.2155 ≈ 9.16%

总资产周转率的影响 =（报告期的总资产周转率 - 基期的总资产周转率）× 报告期销售净利率 × 基期的权益乘数 =（100.20% - 109.53%）× 22.01% × 1.2155 ≈ -2.5%

权益乘数的影响 = 报告期的销售净利率 × 报告期的总资产周转率 ×（报告期的权益乘数 - 基期的权益乘数）= 22.01% × 100.20% ×（1.1899 - 1.2155）≈ -0.56%

7.3.2 沃尔评分法

1928 年，亚历山大·沃尔出版的《信用晴雨表研究》和《财务报表比率分析》等著作中提出了信用能力指数的概念，将流动比率、产权比率、固定资产比率、存货周转率、应收账款周转率、固定资产周转率、自有资产周转率等 7 个财务比率用线性关系结合起来，并分别给出各自在总评价中的比重（比重总和为 100）及确定标准比率，然后通过与标准比率进行比较，确定各项指标的得分及总体指标的累计分数，从而对企业信用水平做出评价。

沃尔比重评分法的基本步骤包括：

①选择评价指标并分配指标权重。

②确定各项指标的标准值，即各项指标在企业现时条件下的最优值。

③计算企业在一定时期各项指标的实际值。

④形成评价结果。

【情景 7-30】某上市公司 2021 年财务状况评分结果如表 7-6 所示。

表 7-6 沃尔综合评分表

财务比率	比重①	标准比率②	实际比率③	相对比率④=③÷②	综合指数⑤=①×④
流动比率	30	3	2.70	0.9	27
净负债/资产	20	2	2.90	1.45	29
资产/固定资产	15	2.50	2.30	0.92	13.80
营业成本/存货	10	9	9.50	1.06	10.60
营业收入/应收账款	10	5	8	1.6	16
营业收入/固定资产	10	3	1	0.33	3.30
营业收入/净资产	5	2	0.50	0.25	1.25
合计	100				100.95

从表 7-6 可知，该企业的综合指数为 100.95，总体财务状况是不错的，综合评分达到标准的要求。但由于该方法存在技术上的缺陷，夸大了达到标准的程度。尽管沃尔评分法在理论上还有待证明，在技术上也不完善，但它还是在实际中被广泛地加以应用。

7.3.3 财务评价与考核

为进一步加强企业监督管理，规范企业经营绩效评价行为，完善企业绩效评价方法，确保企业绩效评价结果的科学、客观和公正，我国财政部等相关部门颁布了《企业效绩评价操作细则（修订）》，制定了适合中国国情的企业绩效评价体系。该细则包括"评价工作步骤""评价指标""指标权数""评价标准""评价计分方法""评价基础数据""评价结果""适用范围"等 8 个部分。这里介绍和财务分析有关的"评价指标""指标权数""评价标准""评价计分方法""评价结果"等部分。

1. 评价指标和指标权数

企业绩效评价指标由反映企业财务效益状况、资产营运状况、偿债能力状况和发展能力状况 4 个方面内容的基本指标、修正指标和评议指标 3 个层次共 28 项指标构成。企业绩效评价指标体系与指标权数表如表 7-7 所示。

表 7-7 企业绩效评价指标体系与指标权数表

评价指标		基本指标		修正指标		评议指标	
评价内容	权数 100	指标	权数 100	指标	权数 100	指标	权数 100
1. 财务效益状况	38	净资产收益率 总资产报酬率	25 13	资本保值增值率 主营业务利润率 盈余现金保障倍数 成本费用利润率	12 8 8 10	经营者基本素质 产品市场占有能力（服务满意度） 基础管理水平	18 16 12
2. 资产营运状况	18	总资产周转率 流动资产周转率	9 9	存货周转率 应收账款周转率 不良资产比率	5 5 8	发展创新能力 经营发展战略 在岗员工素质	14 12 10
3. 偿债能力状况	20	资产负债率 已获利息倍数	12 8	现金流动负债比率 速动比率	10 10	技术装备更新水平（服务硬环境） 综合社会贡献	10 8
4. 发展能力状况	24	销售（营业）增长率 资本积累率	12 12	3 年资本平均增长率 3 年销售平均增长率 技术投入比率	9 8 7		
				80%		20%	

2. 评价标准

评价标准是实施企业绩效评价的参照系。评价标准包括计量指标评价标准和评议指标（非计量指标）参考标准两类。

（1）计量指标评价标准。计量指标评价标准是基本指标和修正指标评价的依据，由标准值和标准系数构成。

①计量指标全国评价标准值由国家财政主管部门根据全国企业会计报表数据资料及有关统计信息，在剔除有关企业不合理数据的基础上，结合国民经济近期发展水平，运用移动加权平均等数理统计方法统一制定。

②根据《国民经济行业分类与代码》和《企业规模划分标准》等国家标准，按照行业重要程度和样本数量，企业绩效评价计量指标评价标准值划分为 4 个层次约 150 个行业，在各行业全行业标准值下又划分为大型、中型、小型 3 种规模。

③为了提高评价计分的准确性，每个计量指标评价标准值被划分为 5 个水平档次，分别为优（A）、良（B）、中（C）、低（D）、差（E）。

④标准系数是评价标准值所对应的水平系数,反映了评价指标实际值对应评价标准值所达到的水平档次。与优(A)、良(B)、中(C)、低(D)、差(E)5档评价标准值相对应的标准系数分别为1.0、0.8、0.6、0.4、0.2,差(E)以下为0。

(2)评议指标参考标准。评议指标参考标准以国家有关经济政策、法律法规、制度等为基础,结合我国国情和企业管理经验,按照重要性原则具体制定。每个评议指标参考标准分为优(A)、良(B)、中(C)、低(D)、差(E)5个等级。每个等级对应的等级参数分别为1.0、0.8、0.6、0.4、0.2。

(3)评价标准的选用。正确选用评价标准是公正评价企业经营效绩的前提。评价标准的选用按以下要求执行。

①计量指标评价标准的选用。

● 除评价组织机构根据评价目的作出特别规定外,一般企业计量指标评价标准值的选用程序是:先根据企业经营领域对照企业绩效评价行业基本分类,自下而上逐层遴选被评价企业适用的行业标准值;然后根据被评价企业的规模,在已确定的行业中选择不同规模的评价标准值。

● 集团型企业计量指标评价标准值的选用分两种情况:一是主业突出的集团型企业,原则上采用其主业所在行业的标准值。二是多业经营、主业不突出的集团型企业,可对照企业绩效评价行业基本分类,采用基本可以覆盖其多种经营业务的上一层次的评价标准值;或者根据其下属企业所属行业,分别选取相关行业标准值进行评价,然后按照各下属企业销售收入占被评价企业全部销售收入的比重,加权形成集团评价得分。

● 如果被评价企业所在行业因样本原因没有统一的评价标准,或按以上方法仍无法确定被评价企业评价标准值,则在征得评价组织机构同意后,直接选用国民经济十大门类标准或全国标准。

②评议指标评价参考标准的选用。评议指标参考标准具有行业普遍性和一般性,除区分工业和商业(服务业)外,没有更细的行业划分。在进行评议时,要根据不同行业的经营特点,灵活把握个别评议指标的参考标准。对于评议标准虽没有列示,但对被评价企业经营绩效产生重要影响的因素,在评议时也应予以充分考虑。

3. 评价计分方法

企业绩效评价的主要计分方法是功效系数法,用于计量指标的评价计分;辅助计分方法是综合分析判断法,用于评议指标的评价计分。根据评价指标体系的3个层次结构,企业绩效评价的计分方法分为基本指标计分方法、修正指标计分方法、评议指标计分方法和定量与定性结合计分方法。

(1)基本指标计分方法。基本指标计分方法是指运用企业绩效评价基本指标,将指标实际值对照相应评价标准值,计算各项指标实际得分,计算公式为

　　基本指标总得分 = ∑单项基本指标得分

式中,

　　单项基本指标得分 = 本档基础分 + 调整分
　　本档基础分 = 指标权数 × 本档标准系数
　　调整分 = [(实际值 - 本档标准值) ÷ (上档标准值 - 本档标准值)] × (上档基础分 - 本档基础分)

　　上档基础分 = 指标权数 × 上档标准系数

对有关指标的分母为0或负数时,作如下具体处理规定:对于净资产收益率、资本积累率指标,当分母为0或小于0时,该指标得0分。对于已获利息倍数指标,当分母为0时,则按以下两种情况处理:

①如果利润总额大于0,则指标得满分。
②如果利润总额小于或等于0,则指标得0分。

在每一部分指标评价分数计算出来后,要计算该部分指标的分析系数。分析系数是指企业财务效益、资产营运、偿债能力、发展能力4个部分评价内容各自的评价分数与该部分权数的比率。基本指标分析系数的计算公式为:

$$某部分基本指标分析系数 = \frac{该部分指标得分}{该部分权数}$$

(2)修正指标计分方法。修正指标计分方法是在基本指标计分结果的基础上,运用修正指标对企业绩效基本指标计分结果作进一步调整。修

正指标的计分方法仍运用功效系数法原理，以各部分基本指标的评价得分为基础，计算各部分的综合修正系数，再据此计算出修正指标分数。其计算公式为：

修正后总得分 = Σ各部分修正后得分

各部分修正后得分 = 该部分基本指标分数 × 该部分综合修正系数

综合修正系数 = Σ该部分各指标加权修正系数

某指标加权修正系数 = $\frac{修正指标权数}{该部分权数}$ × 该指标单项修正系数

某指标单项修正系数 =1.0+（本档标准系数+功效系数×0.2-该部分基本指标分析系数）

功效系数 = $\frac{指标实际值-本档标准值}{上档标准值-本档标准值}$

该部分基本指标分析系数 = $\frac{该部分基本指标得分}{该部分权数}$

在计算修正指标的修正系数时，对有关指标的单项修正系数作如下特殊规定：

①当盈余现金保障倍数的分母为0或负数时，如果分子为正，则其单项修正系数确定为1.0；如果分子也为负，则其单项修正系数确定为0.9。

②如果资本保值增值率和3年资本平均增长率指标的分子、分母出现负数或分母为0时，则按如下方法确定其单项修正系数。

如果分母为负，分子为正，则单项修正系数确定为1.1。

如果分母及分子都为负，但分子的绝对值小于分母的绝对值，则单项修正系数确定为1.0；反之，分子的绝对值大于分母的绝对值，则单项修正系数确定为0.8。

如果分母为正，分子为负，则单项修正系数确定为0.9。

当分母为0时，如果分子为正，则其单项修正系数确定为1.0；如果分子为负，则其单项修正系数确定为0.9。

③如果不良资产比率指标实际值低于或等于行业平均值，则单项修正系数确定为1.0；如果高于行业平均值，则用以上计算公式计算。

④如果技术投入比率指标没有行业标准，则该指标单项修正系数确定为1.0。在每一部分修正后的评价分数计算出来后，要计算该部分修正后的分析系数，用于分析每部分的得分情况。其计算公式为

某部分修正后分析系数 = $\frac{该部分修正后分数}{该部分权数}$

（3）评议指标计分方法。评议指标计分方法是根据评价工作需要，运用评议指标对影响企业经营效绩的相关非计量因素进行深入分析，作出企业经营状况的定性分析判断。具体根据评议指标所考核的内容，由不少于5名的评议人员依据评价参考标准判定指标达到的等级，然后计算评议指标得分。其计算公式为：

评议指标总分 = Σ单项指标分数

单项指标分数 = Σ（单项指标权数×每位评议人员选定的等级参数）÷评议人员总数

如果被评价企业会计信息发生严重失真、丢失或因客观原因无法提供真实、合法的会计数据资料等异常情况，以及受国家政策、市场环境等因素的重大影响，利用企业提供的会计数据已无法形成客观、公正的评价结论时，经相关的评价组织机构批准，可单独运用评议指标进行定性评价，得出评价结论。

（4）定量与定性结合计分方法。定量与定性结合计分方法是将定量指标评价分数和定性指标评议分数按照规定的权重拟合形成综合评价结果，即根据评议指标得分对定量评价结论进行校正，计算出综合评价得分。其计算公式为：

定量与定性结合评价得分 = 定量指标分数×80%+ 定性指标分数×20%

4. 评价结果

企业绩效评价结果以评价得分和评价类型加评价级别表示，并据此编制评价报告。评价类型是评价分数体现出的企业经营绩效水平，用文字和字母表示，分为优（A）、良（B）、中（C）、低（D）、差（E）5种类型；评价级别是指对每种类型再划分级次，以体现同一类型中的不同差异，采用在字母后标注"+、-"号的方式表示。

（1）类型判定。评价类型以评价得分为依据，按85、70、50、40四个分数线作为类型判定的资格界限。

优（A）：评价得分达到85分以上（含85分）；良（B）：评价得分达到70～85分（含70分）；中（C）：评价得分达到50～70分（含50分）；低（D）：评价得分在40～50分（含40分）；差（E）：评价得分在40分以下。

（2）级别标注。以上5种评价类型再划分为10个级别，分别是：

优：A++　A+　A
良：B+　B　B-
中：C　C-
低：D
差：E

当评价得分属于"优""良"类型时，以本类分数段最低限为基准，每高出5分（含5分，小数点四舍五入），提高一个级别；当评价得分属"中"类型时，60分以下用"C-"表示，60分以上（含60分）用"C"表示；当评价得分属于"低""差"类型时，不分级别，一律用"D""E"表示。

企业效绩评价结果以汉字、英文和"+、-"符号共同标示，如优（A+）、低（D）。

项目小结

本项目介绍了财务分析的概述、财务分析的方法、财务分析的内容、财务分析的步骤、财务分析的局限性、财务分析的基础资料、变现能力分析、长期偿债能力分析、营运能力分析、盈利能力分析、发展能力分析、现金流量分析、上市公司财务分析、杜邦分析法、沃尔评分法和财务评价与考核。

思考与练习

一、单项选择题

1. 下列财务比率反映企业短期偿债能力的有（　）。
   A. 现金流量比率　　B. 资产负债比率
   C. 偿债保障比率　　D. 利息保障倍数

2. 下列经济业务会使企业的速动比率提高的是（　）。
   A. 销售产成品
   B. 收回应收货款
   C. 购买短期债券
   D. 用固定资产对外进行长期投资

3. 下列各项业务不会影响流动比率的是（　）。
   A. 赊购原材料

B. 用现金购买短期债券
C. 用存货对外进行长期投资
D. 向银行借款

4. 下列各项业务会影响到企业资产负债率的是（　　）。
A. 以固定资产的账面价值对外进行长期投资
B. 收回应收账款
C. 接受所有者以固定资产进行的长期投资
D. 用现金购买股票

5. 下列财务比率中，（　　）可以反映企业的偿债能力。
A. 平均收款期
B. 销售利润率
C. 权益总资产比率
D. 已获利息倍数

二、多项选择题

1. 采用比较分析法时，应当注意（　　）。
A. 所对比指标的计算口径必须一致
B. 应剔除偶发性项目的影响
C. 应运用例外原则对某项显著变动的制表做重点分析
D. 对比项目的相关性

2. 运用因素分析法进行分析时，应注意的问题有（　　）。
A. 因素分解的关联性
B. 因素替代的顺序性
C. 顺序替代的连环性
D. 计算结果的准确性

3. 对企业进行财务分析的目的有（　　）。
A. 评价企业的偿债能力
B. 评价企业的资产管理水平
C. 评价企业的获利能力
D. 评价企业的发展趋势

4. 财务分析按其分析的方法不同，可以分为（　　）。
A. 比率分析法
B. 比较分析法
C. 内部分析法
D. 外部分析法

5. 运用因素分析法进行分析时，应注意的问题有（　　）。
A. 因素分解的关联性
B. 因素替代的顺序性
C. 顺序替代的连环性
D. 计算结果的准确性

三、判断题

1. 相关比率是某项财务活动中所费与所得的比率，反映投入与产出的关系。（　　）

2. 经营决策者为了实现财务管理目标，在财务分析中主要关注企业的盈利能力和相关风险。（　　）

3. 政府对企业财务分析的关注点因所其身份不同而异。（　　）

4. 在财务分析中，企业经营者应对企业财务状况进行全面的综合分析，并关注企业财务风险和经营风险。（　　）

四、简答题

1. 简述财务分析的概念。
2. 财务分析的步骤是什么？
3. 财务分析的方法有哪些？

附录　常见系数表

附表1　复利终值系数表

期数	1%	2%	3%	4%	5%	6%	7%	8%	9%	10%	11%	12%	13%	14%	15%	16%	17%	18%	19%	20%	21%	22%	23%	24%	25%	26%	27%	28%	29%	30%
1	1.0100	1.0200	1.0300	1.0400	1.0500	1.0600	1.0700	1.0800	1.0900	1.1000	1.1100	1.1200	1.1300	1.1400	1.1500	1.1600	1.1700	1.1800	1.1900	1.2000	1.2100	1.2200	1.2300	1.2400	1.2500	1.2600	1.2700	1.2800	1.2900	1.3000
2	1.0201	1.0404	1.0609	1.0816	1.1025	1.1236	1.1449	1.1664	1.1881	1.2100	1.2321	1.2544	1.2769	1.2996	1.3225	1.3456	1.3689	1.3924	1.4161	1.4400	1.4641	1.4884	1.5129	1.5376	1.5625	1.5876	1.6129	1.6384	1.6641	1.6900
3	1.0303	1.0612	1.0927	1.1249	1.1576	1.1910	1.2250	1.2597	1.2950	1.3310	1.3676	1.4049	1.4429	1.4815	1.5209	1.5609	1.6016	1.6430	1.6852	1.7280	1.7716	1.8158	1.8609	1.9066	1.9531	2.0004	2.0484	2.0972	2.1467	2.1970
4	1.0406	1.0824	1.1255	1.1699	1.2155	1.2625	1.3108	1.3605	1.4116	1.4641	1.5181	1.5735	1.6305	1.6890	1.7490	1.8106	1.8739	1.9388	2.0053	2.0736	2.1436	2.2153	2.2889	2.3642	2.4414	2.5205	2.6014	2.6844	2.7692	2.8561
5	1.0510	1.1041	1.1593	1.2167	1.2763	1.3382	1.4026	1.4693	1.5386	1.6105	1.6851	1.7623	1.8424	1.9254	2.0114	2.1003	2.1924	2.2878	2.3864	2.4883	2.5937	2.7027	2.8153	2.9316	3.0518	3.1758	3.3038	3.4360	3.5723	3.7129
6	1.0615	1.1262	1.1941	1.2653	1.3401	1.4185	1.5007	1.5869	1.6771	1.7716	1.8704	1.9738	2.0820	2.1950	2.3131	2.4364	2.5652	2.6996	2.8398	2.9860	3.1384	3.2973	3.4628	3.6352	3.8147	4.0015	4.1959	4.3980	4.6083	4.8268
7	1.0721	1.1487	1.2299	1.3159	1.4071	1.5036	1.6058	1.7138	1.8280	1.9487	2.0762	2.2107	2.3526	2.5023	2.6600	2.8262	3.0012	3.1855	3.3793	3.5832	3.7975	4.0227	4.2593	4.5077	4.7684	5.0419	5.3288	5.6295	5.9447	6.2749
8	1.0829	1.1717	1.2668	1.3686	1.4775	1.5938	1.7182	1.8509	1.9926	2.1436	2.3045	2.4760	2.6584	2.8526	3.0590	3.2784	3.5115	3.7589	4.0214	4.2998	4.5950	4.9077	5.2389	5.5895	5.9605	6.3528	6.7675	7.2058	7.6686	8.1573
9	1.0937	1.1951	1.3048	1.4233	1.5513	1.6895	1.8385	1.9990	2.1719	2.3579	2.5580	2.7731	3.0040	3.2519	3.5179	3.8030	4.1084	4.4355	4.7854	5.1598	5.5599	5.9874	6.4439	6.9310	7.4506	8.0045	8.5948	9.2234	9.8925	10.6045
10	1.1046	1.2190	1.3439	1.4802	1.6289	1.7908	1.9672	2.1589	2.3674	2.5937	2.8394	3.1058	3.3946	3.7072	4.0456	4.4114	4.8068	5.2338	5.6947	6.1917	6.7275	7.3046	7.9259	8.5944	9.3132	10.0857	10.9153	11.8059	12.7614	13.7858
11	1.1157	1.2434	1.3842	1.5395	1.7103	1.8983	2.1049	2.3316	2.5804	2.8531	3.1518	3.4785	3.8359	4.2262	4.6524	5.1173	5.6240	6.1759	6.7767	7.4301	8.1403	8.9117	9.7489	10.6571	11.6415	12.7080	13.8625	15.1116	16.4622	17.9216
12	1.1268	1.2682	1.4258	1.6010	1.7959	2.0122	2.2522	2.5182	2.8127	3.1384	3.4985	3.8960	4.3345	4.8179	5.3503	5.9360	6.5801	7.2876	8.0642	8.9161	9.8497	10.8722	11.9912	13.2148	14.5519	16.0120	17.6053	19.3428	21.2362	23.2981
13	1.1381	1.2936	1.4685	1.6651	1.8856	2.1329	2.4098	2.7196	3.0658	3.4523	3.8833	4.3635	4.8980	5.4924	6.1528	6.8858	7.6987	8.5994	9.5964	10.6993	11.9182	13.2641	14.7491	16.3863	18.1899	20.1752	22.3588	24.7588	27.3947	30.2875
14	1.1495	1.3195	1.5126	1.7317	1.9799	2.2609	2.5785	2.9372	3.3417	3.7975	4.3104	4.8871	5.5348	6.2613	7.0757	7.9875	9.0075	10.1472	11.4198	12.8392	14.4210	16.1822	18.1414	20.3191	22.7374	25.4207	28.3957	31.6913	35.3391	39.3738
15	1.1610	1.3459	1.5580	1.8009	2.0789	2.3966	2.7590	3.1722	3.6425	4.1772	4.7846	5.4736	6.2543	7.1379	8.1371	9.2655	10.5387	11.9737	13.5895	15.4070	17.4494	19.7423	22.3140	25.1956	28.4217	32.0301	36.0625	40.5648	45.5875	51.1859
16	1.1726	1.3728	1.6047	1.8730	2.1829	2.5404	2.9522	3.4259	3.9703	4.5950	5.3109	6.1304	7.0673	8.1372	9.3576	10.7480	12.3303	14.1290	16.1715	18.4884	21.1138	24.0856	27.4462	31.2426	35.5271	40.3579	45.7994	51.9230	58.8079	66.5417
17	1.1843	1.4002	1.6528	1.9479	2.2920	2.6928	3.1588	3.7000	4.3276	5.0545	5.8951	6.8660	7.9861	9.2765	10.7613	12.4677	14.4265	16.6722	19.2441	22.1861	25.5477	29.3844	33.7588	38.7408	44.4089	50.8510	58.1652	66.4614	75.8621	86.5042
18	1.1961	1.4282	1.7024	2.0258	2.4066	2.8543	3.3799	4.0000	4.7171	5.5599	6.5436	7.6900	9.0243	10.5752	12.3755	14.4625	16.8790	19.6733	22.9005	26.6233	30.9127	35.8490	41.5233	48.0386	55.5112	64.0722	73.8698	85.0706	97.8622	112.4554
19	1.2081	1.4568	1.7535	2.1068	2.5270	3.0256	3.6165	4.3157	5.1417	6.1159	7.2633	8.6128	10.1974	12.0557	14.2318	16.7765	19.7484	23.2144	27.2516	31.9480	37.4043	43.7358	51.0737	59.5679	69.3889	80.7310	93.8147	108.8904	126.2422	146.1920
20	1.2202	1.4859	1.8061	2.1911	2.6533	3.2071	3.8697	4.6610	5.6044	6.7275	8.0623	9.6463	11.5231	13.7435	16.3665	19.4608	23.1056	27.3930	32.4294	38.3376	45.2593	53.3576	62.8206	73.8641	86.7362	101.7211	119.1446	139.3797	162.8524	190.0496
21	1.2324	1.5157	1.8603	2.2788	2.7860	3.3996	4.1406	5.0338	6.1088	7.4002	8.9492	10.8038	13.0211	15.6676	18.8215	22.5745	27.0336	32.3238	38.5910	46.0051	54.7637	65.0963	77.2694	91.5915	108.4202	128.1685	151.3137	178.4060	210.0796	247.0645
22	1.2447	1.5460	1.9161	2.3699	2.9253	3.6035	4.4304	5.4365	6.6586	8.1403	9.9336	12.1003	14.7138	17.8610	21.6447	26.1864	31.6293	38.1421	45.9233	55.2061	66.2641	79.4175	95.0413	113.5735	135.5253	161.4924	192.1683	228.3596	271.0027	321.1839
23	1.2572	1.5769	1.9736	2.4647	3.0715	3.8197	4.7405	5.8715	7.2579	8.9543	11.0263	13.5523	16.6266	20.3616	24.8915	30.3762	37.0062	45.0076	54.6487	66.2474	80.1795	96.8894	116.9008	140.8312	174.6306	203.4804	244.0538	292.3003	349.5935	417.5391
24	1.2697	1.6084	2.0328	2.5633	3.2251	4.0489	5.0724	6.3412	7.9111	9.8497	12.2392	15.1786	18.7881	23.2122	28.6252	35.2364	43.2973	53.1090	65.0320	79.4968	97.0172	118.2050	143.7880	174.6306	211.7582	255.3853	309.9483	374.1444	450.9756	542.8008
25	1.2824	1.6406	2.0938	2.6658	3.3864	4.2919	5.4274	6.8485	8.6231	10.8347	13.5855	17.0001	21.2305	26.4619	32.9190	40.8742	50.6578	62.6686	77.3881	95.3962	117.3909	144.2101	176.8593	216.5420	264.6978	323.0454	393.6344	478.9049	581.7585	705.6410
26	1.2953	1.6734	2.1566	2.7725	3.5557	4.5494	5.8074	7.3964	9.3992	11.9182	15.0799	19.0401	23.9905	30.1666	37.8568	47.4141	59.2697	73.9490	92.0918	114.4755	142.0429	175.9364	217.5369	268.5121	330.8722	407.0373	499.9157	612.9982	750.4685	917.3333
27	1.3082	1.7069	2.2213	2.8834	3.7335	4.8223	6.2139	7.9881	10.2451	13.1100	16.7386	21.3249	27.1093	34.3899	43.5353	55.0004	69.3455	87.2598	109.5893	137.3706	171.8719	214.6424	267.5704	332.9550	413.5903	512.8670	634.4929	784.6377	968.1044	1192.5333
28	1.3213	1.7410	2.2879	2.9987	3.9201	5.1117	6.6488	8.6271	11.1671	14.4210	18.5799	23.8839	30.6335	39.2045	50.0656	63.8004	81.1342	102.9666	130.4112	164.8447	207.9651	261.8637	329.1115	412.8642	516.9879	646.2124	806.3140	1004.3363	1248.8546	1550.2933
29	1.3345	1.7758	2.3566	3.1187	4.1161	5.4184	7.1143	9.3173	12.1722	15.8631	20.6237	26.7499	34.6158	44.6931	57.5755	74.0085	94.9271	121.5005	155.1893	197.8136	251.6377	319.4737	404.8072	511.9516	646.2349	814.2276	1024.0187	1285.5504	1611.0225	2015.3813
30	1.3478	1.8114	2.4273	3.2434	4.3219	5.7435	7.6123	10.0627	13.2677	17.4494	22.8923	29.9599	39.1159	50.9502	66.2118	85.8499	111.0647	143.3706	184.6753	237.3763	304.4816	389.7579	497.9129	634.8199	807.7936	1025.9267	1300.5038	1645.5046	2078.2190	2619.9956
31	1.3613	1.8476	2.5001	3.3731	4.5380	6.0881	8.1451	10.8677	14.4618	19.1943	25.4104	33.5551	44.2010	58.0832	76.1435	99.5859	129.9456	169.1774	219.7636	284.8516	368.4228	475.5046	612.4328	787.1767	1009.7420	1292.6077	1651.6398	2106.2458	2680.9025	3405.9943
32	1.3749	1.8845	2.5751	3.5081	4.7649	6.4534	8.7153	11.7371	15.7633	21.1138	28.2056	37.5817	49.9471	66.2148	87.5651	115.5196	152.0364	199.6293	261.5187	341.8219	445.7916	580.1156	753.2924	1210.3629	1262.1774	1628.7613	2097.5826	2695.9947	3458.3642	4427.7926
33	1.3887	1.9222	2.6523	3.6484	5.0032	6.8406	9.3253	12.6760	17.1820	23.2252	31.3082	42.0915	56.4402	75.4849	100.6998	134.0027	177.8826	235.5625	311.2073	410.1863	539.4078	707.7411	926.5496	1500.8500	1577.7218	2052.2392	2663.9299	3450.8732	4461.2898	5756.1304
34	1.4026	1.9607	2.7319	3.7943	5.2533	7.2510	9.9781	13.6901	18.7284	25.5477	34.7521	47.1425	63.7774	86.0528	115.8048	155.4432	208.1226	277.9638	370.3366	492.2235	652.6834	863.4441	1139.6560	1861.0540	1972.1523	2585.8215	3383.1910	4417.1177	5755.0639	7482.9696
35	1.4166	1.9999	2.8139	3.9461	5.5160	7.6861	10.6766	14.7853	20.4140	28.1024	38.5749	52.7996	72.0685	98.1002	133.1755	180.3141	243.5035	327.9973	440.7006	590.6682	789.7470	1053.4018	1401.7769	2307.7070	2465.1903	3258.1350	4296.6525	5653.9106	7424.0324	9727.8604
36	1.4308	2.0399	2.8983	4.1039	5.7918	8.1473	11.4239	15.9682	22.2512	30.9127	42.8181	59.1356	81.4374	111.8342	153.1519	209.1643	281.4515	387.0368	524.4337	708.8019	955.5938	1285.1502	1724.1856	2848.5643	3081.4879	4105.2501	5456.7487	7237.0056	9577.0018	12646.2186
37	1.4451	2.0807	2.9852	4.2681	6.0814	8.6361	12.2236	17.2456	24.2538	34.0039	47.5281	66.2318	92.0243	127.4910	176.1246	242.6306	325.1819	456.7034	624.0761	850.5622	1156.2685	1567.8833	2120.7483	2861.5567	3851.8599	5172.6152	6930.0709	9263.3671	12354.3324	16440.0841
38	1.4595	2.1223	3.0748	4.4388	6.3855	9.1543	13.0793	18.6253	26.4367	37.4043	52.7562	74.1797	103.9874	145.3397	202.5433	281.4515	389.9983	538.9100	742.6506	1020.6747	1399.0849	1912.8176	2608.5204	3548.3303	4814.8249	6317.4951	8801.1900	11857.1099	15937.0888	21372.1094
39	1.4741	2.1647	3.1670	4.6164	6.7048	9.7035	13.9948	20.1153	28.8160	41.1448	58.5593	83.0812	117.5058	165.6873	232.9248	326.4838	456.2980	635.9139	883.7542	1224.8096	1692.8927	2333.6375	3208.4801	4399.9295	6018.5311	8212.0438	11177.5113	15177.1007	20558.8445	27783.7422
40	1.4889	2.2080	3.2620	4.8010	7.0400	10.2857	14.9745	21.7245	31.4094	45.2593	65.0009	93.0510	132.7816	188.8835	267.8635	378.7212	533.8687	750.3783	1051.6675	1469.7716	2048.4002	2847.0378	3946.4305	5455.9126	7523.1638	10347.1752	14195.4393	18028.2080	19426.6889	26520.9094	36118.8648
41	1.5038	2.2522	3.3599	4.9931	7.3920	10.9029	16.0227	23.4625	34.2363	49.7852	72.1510	104.2171	150.0432	215.3272	308.0431	439.3165	624.6264	885.4464	1251.4843	1763.7259	2478.5643	3473.3861	4854.1095	6765.3317	9403.9548	13037.4408	18028.2080	24866.1618	34211.9731	46932.1445
42	1.5188	2.2972	3.4607	5.1928	7.7616	11.5570	17.1443	25.3395	37.3175	54.7637	80.0876	116.7231	169.5488	245.4730	354.2495	509.6072	730.8129	1044.8268	1489.2664	2116.4711	2999.0628	4213.5310	5970.5547	8389.0113	11754.9435	16427.1754	22895.8241	31828.6871	44133.4453	61040.8815
43	1.5340	2.3432	3.5645	5.4005	8.1497	12.2505	18.3444	27.3666	40.6761	60.2401	88.8972	130.7299	191.5901	279.8392	407.3870	591.1443	855.0511	1232.8956	1772.2270	2539.7653	3628.8659	5169.7878	7343.7823	10402.3740	14693.6794	20698.2410	29077.6966	40740.7195	56932.1445	79353.1460
44	1.5493	2.3901	3.6715	5.6165	8.5572	12.9855	19.6285	29.5560	44.3370	66.2641	98.6759	146.4175	216.4968	319.0167	468.4950	685.7274	1000.4098	1454.8168	2108.9501	3047.7183	4390.9278	6307.1411	9032.8522	12898.9437	18367.0992	26079.7837	36928.6747	52148.1210	73442.4664	103159.0898
45	1.5648	2.4379	3.7816	5.8412	8.9850	13.7646	21.0025	31.9204	48.3273	72.8905	109.5302	163.9876	244.6414	363.6791	538.7693	795.4438	1170.4794	1716.6839	2509.6506	3657.2620	5313.0226	7694.7122	11110.4082	15994.6902	22958.8740	32860.3275	46899.4169	66749.4169	94740.7816	134106.8167

附表 2　复利现值系数表

期数	1%	2%	3%	4%	5%	6%	7%	8%	9%	10%	11%	12%	13%	14%	15%	16%	17%	18%	19%	20%	21%	22%	23%	24%	25%	26%	27%	28%	29%	30%
1	0.9901	0.9804	0.9709	0.9615	0.9524	0.9434	0.9346	0.9259	0.9174	0.9091	0.9009	0.8929	0.8850	0.8772	0.8696	0.8621	0.8547	0.8475	0.8403	0.8333	0.8264	0.8197	0.8130	0.8065	0.8000	0.7937	0.7874	0.7813	0.7752	0.7692
2	0.9803	0.9612	0.9426	0.9246	0.9070	0.8900	0.8734	0.8573	0.8417	0.8264	0.8116	0.7972	0.7831	0.7695	0.7561	0.7432	0.7305	0.7182	0.7062	0.6944	0.6830	0.6719	0.6610	0.6504	0.6400	0.6299	0.6200	0.6104	0.6009	0.5917
3	0.9706	0.9423	0.9151	0.8890	0.8638	0.8396	0.8163	0.7938	0.7722	0.7513	0.7312	0.7118	0.6931	0.6750	0.6575	0.6407	0.6244	0.6086	0.5934	0.5787	0.5645	0.5507	0.5374	0.5245	0.5120	0.4999	0.4882	0.4768	0.4658	0.4552
4	0.9610	0.9238	0.8885	0.8548	0.8227	0.7921	0.7629	0.7350	0.7084	0.6830	0.6587	0.6355	0.6133	0.5921	0.5718	0.5523	0.5337	0.5158	0.4987	0.4823	0.4665	0.4514	0.4369	0.4230	0.4096	0.3968	0.3844	0.3725	0.3611	0.3501
5	0.9515	0.9057	0.8626	0.8219	0.7835	0.7473	0.7130	0.6806	0.6499	0.6209	0.5935	0.5674	0.5428	0.5194	0.4972	0.4761	0.4561	0.4371	0.4190	0.4019	0.3855	0.3700	0.3552	0.3411	0.3277	0.3149	0.3027	0.2910	0.2799	0.2693
6	0.9420	0.8880	0.8375	0.7903	0.7462	0.7050	0.6663	0.6302	0.5963	0.5645	0.5346	0.5066	0.4803	0.4556	0.4323	0.4104	0.3898	0.3704	0.3521	0.3349	0.3186	0.3033	0.2888	0.2751	0.2621	0.2499	0.2383	0.2274	0.2170	0.2072
7	0.9327	0.8706	0.8131	0.7599	0.7107	0.6651	0.6227	0.5835	0.5470	0.5132	0.4817	0.4523	0.4251	0.3996	0.3759	0.3538	0.3332	0.3139	0.2959	0.2791	0.2633	0.2486	0.2348	0.2218	0.2097	0.1983	0.1877	0.1776	0.1682	0.1594
8	0.9235	0.8535	0.7894	0.7307	0.6768	0.6274	0.5820	0.5403	0.5019	0.4665	0.4339	0.4039	0.3762	0.3506	0.3269	0.3050	0.2848	0.2660	0.2487	0.2326	0.2176	0.2038	0.1909	0.1789	0.1678	0.1574	0.1478	0.1388	0.1304	0.1226
9	0.9143	0.8368	0.7664	0.7026	0.6446	0.5919	0.5439	0.5002	0.4604	0.4241	0.3909	0.3606	0.3329	0.3075	0.2843	0.2630	0.2434	0.2255	0.2090	0.1938	0.1799	0.1670	0.1552	0.1443	0.1342	0.1249	0.1164	0.1084	0.1011	0.0943
10	0.9053	0.8203	0.7441	0.6756	0.6139	0.5584	0.5083	0.4632	0.4224	0.3855	0.3522	0.3220	0.2946	0.2697	0.2472	0.2267	0.2080	0.1911	0.1756	0.1615	0.1486	0.1369	0.1262	0.1164	0.1074	0.0992	0.0916	0.0847	0.0784	0.0725
11	0.8963	0.8043	0.7224	0.6496	0.5847	0.5268	0.4751	0.4289	0.3875	0.3505	0.3173	0.2875	0.2607	0.2366	0.2149	0.1954	0.1778	0.1619	0.1476	0.1346	0.1228	0.1122	0.1026	0.0938	0.0859	0.0787	0.0721	0.0662	0.0607	0.0558
12	0.8874	0.7885	0.7014	0.6246	0.5568	0.4970	0.4440	0.3971	0.3555	0.3186	0.2858	0.2567	0.2307	0.2076	0.1869	0.1685	0.1520	0.1372	0.1240	0.1122	0.1015	0.0920	0.0834	0.0757	0.0687	0.0625	0.0568	0.0517	0.0471	0.0429
13	0.8787	0.7730	0.6810	0.6006	0.5303	0.4688	0.4150	0.3677	0.3262	0.2897	0.2575	0.2292	0.2042	0.1821	0.1625	0.1452	0.1299	0.1163	0.1042	0.0935	0.0839	0.0754	0.0678	0.0610	0.0550	0.0496	0.0447	0.0404	0.0365	0.0330
14	0.8700	0.7579	0.6611	0.5775	0.5051	0.4423	0.3878	0.3405	0.2992	0.2633	0.2320	0.2046	0.1807	0.1597	0.1413	0.1252	0.1110	0.0985	0.0876	0.0779	0.0693	0.0618	0.0551	0.0492	0.0440	0.0393	0.0352	0.0316	0.0283	0.0254
15	0.8613	0.7430	0.6419	0.5553	0.4810	0.4173	0.3624	0.3152	0.2745	0.2394	0.2090	0.1827	0.1599	0.1401	0.1229	0.1079	0.0949	0.0835	0.0736	0.0649	0.0573	0.0507	0.0448	0.0397	0.0352	0.0312	0.0277	0.0247	0.0219	0.0195
16	0.8528	0.7284	0.6232	0.5339	0.4581	0.3936	0.3387	0.2919	0.2519	0.2176	0.1883	0.1631	0.1415	0.1229	0.1069	0.0930	0.0811	0.0708	0.0618	0.0541	0.0474	0.0415	0.0364	0.0320	0.0281	0.0248	0.0218	0.0193	0.0170	0.0150
17	0.8444	0.7142	0.6050	0.5134	0.4363	0.3714	0.3166	0.2703	0.2311	0.1978	0.1696	0.1456	0.1252	0.1078	0.0929	0.0802	0.0693	0.0600	0.0520	0.0451	0.0391	0.0340	0.0296	0.0258	0.0225	0.0197	0.0172	0.0150	0.0132	0.0116
18	0.8360	0.7002	0.5874	0.4936	0.4155	0.3503	0.2959	0.2502	0.2120	0.1799	0.1528	0.1300	0.1108	0.0946	0.0808	0.0691	0.0592	0.0508	0.0437	0.0376	0.0323	0.0279	0.0241	0.0208	0.0180	0.0156	0.0135	0.0118	0.0102	0.0089
19	0.8277	0.6864	0.5703	0.4746	0.3957	0.3305	0.2765	0.2317	0.1945	0.1635	0.1377	0.1161	0.0981	0.0829	0.0703	0.0596	0.0506	0.0431	0.0367	0.0313	0.0267	0.0229	0.0196	0.0168	0.0144	0.0124	0.0107	0.0092	0.0079	0.0068
20	0.8195	0.6730	0.5537	0.4564	0.3769	0.3118	0.2584	0.2145	0.1784	0.1486	0.1240	0.1037	0.0868	0.0728	0.0611	0.0514	0.0433	0.0365	0.0308	0.0261	0.0221	0.0187	0.0159	0.0135	0.0115	0.0098	0.0084	0.0072	0.0061	0.0053
21	0.8114	0.6598	0.5375	0.4388	0.3589	0.2942	0.2415	0.1987	0.1637	0.1351	0.1117	0.0926	0.0768	0.0638	0.0531	0.0443	0.0370	0.0309	0.0259	0.0217	0.0183	0.0154	0.0129	0.0109	0.0092	0.0078	0.0066	0.0056	0.0048	0.0040
22	0.8034	0.6468	0.5219	0.4220	0.3418	0.2775	0.2257	0.1839	0.1502	0.1228	0.1007	0.0826	0.0680	0.0560	0.0462	0.0382	0.0316	0.0262	0.0218	0.0181	0.0151	0.0126	0.0105	0.0088	0.0074	0.0062	0.0052	0.0044	0.0037	0.0031
23	0.7954	0.6342	0.5067	0.4057	0.3256	0.2618	0.2109	0.1703	0.1378	0.1117	0.0907	0.0738	0.0601	0.0491	0.0402	0.0329	0.0270	0.0222	0.0183	0.0151	0.0125	0.0103	0.0086	0.0071	0.0059	0.0049	0.0041	0.0034	0.0029	0.0024
24	0.7876	0.6217	0.4919	0.3901	0.3101	0.2470	0.1971	0.1577	0.1264	0.1015	0.0817	0.0659	0.0532	0.0431	0.0349	0.0284	0.0231	0.0188	0.0154	0.0126	0.0103	0.0085	0.0070	0.0057	0.0047	0.0039	0.0032	0.0027	0.0022	0.0018
25	0.7798	0.6095	0.4776	0.3751	0.2953	0.2330	0.1842	0.1460	0.1160	0.0923	0.0736	0.0588	0.0471	0.0378	0.0304	0.0245	0.0197	0.0160	0.0129	0.0105	0.0085	0.0069	0.0057	0.0046	0.0038	0.0031	0.0025	0.0021	0.0017	0.0014
26	0.7720	0.5976	0.4637	0.3607	0.2812	0.2198	0.1722	0.1352	0.1064	0.0839	0.0663	0.0525	0.0417	0.0331	0.0264	0.0211	0.0169	0.0135	0.0109	0.0087	0.0070	0.0057	0.0046	0.0037	0.0030	0.0025	0.0020	0.0016	0.0013	0.0011
27	0.7644	0.5859	0.4502	0.3468	0.2678	0.2074	0.1609	0.1252	0.0976	0.0763	0.0597	0.0469	0.0369	0.0291	0.0230	0.0182	0.0144	0.0115	0.0091	0.0073	0.0058	0.0047	0.0037	0.0030	0.0024	0.0019	0.0016	0.0013	0.0010	0.0008
28	0.7568	0.5744	0.4371	0.3335	0.2551	0.1956	0.1504	0.1159	0.0895	0.0693	0.0538	0.0419	0.0326	0.0255	0.0200	0.0157	0.0123	0.0097	0.0077	0.0061	0.0048	0.0038	0.0030	0.0024	0.0019	0.0015	0.0012	0.0010	0.0008	0.0006
29	0.7493	0.5631	0.4243	0.3207	0.2429	0.1846	0.1406	0.1073	0.0822	0.0630	0.0485	0.0374	0.0289	0.0224	0.0174	0.0135	0.0105	0.0082	0.0064	0.0051	0.0040	0.0031	0.0025	0.0020	0.0015	0.0012	0.0010	0.0008	0.0006	0.0005
30	0.7419	0.5521	0.4120	0.3083	0.2314	0.1741	0.1314	0.0994	0.0754	0.0573	0.0437	0.0334	0.0256	0.0196	0.0151	0.0116	0.0090	0.0070	0.0054	0.0042	0.0033	0.0026	0.0020	0.0016	0.0012	0.0010	0.0008	0.0006	0.0005	0.0004
31	0.7346	0.5412	0.4000	0.2965	0.2204	0.1643	0.1228	0.0920	0.0691	0.0521	0.0394	0.0298	0.0226	0.0172	0.0131	0.0100	0.0077	0.0059	0.0046	0.0035	0.0027	0.0021	0.0016	0.0013	0.0010	0.0008	0.0006	0.0005	0.0004	0.0003
32	0.7273	0.5306	0.3883	0.2851	0.2099	0.1550	0.1147	0.0852	0.0634	0.0474	0.0355	0.0266	0.0200	0.0151	0.0114	0.0087	0.0066	0.0050	0.0038	0.0029	0.0022	0.0017	0.0013	0.0010	0.0008	0.0006	0.0005	0.0004	0.0003	0.0002
33	0.7201	0.5202	0.3770	0.2741	0.1999	0.1462	0.1072	0.0789	0.0582	0.0431	0.0319	0.0238	0.0177	0.0132	0.0099	0.0075	0.0056	0.0042	0.0032	0.0024	0.0019	0.0014	0.0011	0.0008	0.0006	0.0005	0.0004	0.0003	0.0002	0.0002
34	0.7130	0.5100	0.3660	0.2636	0.1904	0.1379	0.1002	0.0730	0.0534	0.0391	0.0288	0.0212	0.0157	0.0116	0.0086	0.0064	0.0048	0.0036	0.0027	0.0020	0.0015	0.0012	0.0009	0.0007	0.0005	0.0004	0.0003	0.0002	0.0002	0.0001
35	0.7059	0.5000	0.3554	0.2534	0.1813	0.1301	0.0937	0.0676	0.0490	0.0356	0.0259	0.0189	0.0139	0.0102	0.0075	0.0055	0.0041	0.0030	0.0023	0.0017	0.0013	0.0009	0.0007	0.0005	0.0004	0.0003	0.0002	0.0002	0.0001	0.0001
36	0.6989	0.4902	0.3450	0.2437	0.1727	0.1227	0.0875	0.0626	0.0449	0.0323	0.0234	0.0169	0.0123	0.0089	0.0065	0.0048	0.0035	0.0026	0.0019	0.0014	0.0010	0.0008	0.0006	0.0004	0.0003	0.0002	0.0002	0.0001	0.0001	0.0001
37	0.6920	0.4806	0.3350	0.2343	0.1644	0.1158	0.0818	0.0580	0.0412	0.0294	0.0210	0.0151	0.0109	0.0078	0.0057	0.0041	0.0030	0.0022	0.0016	0.0012	0.0009	0.0006	0.0005	0.0003	0.0002	0.0002	0.0001	0.0001	0.0001	0.0001
38	0.6852	0.4712	0.3252	0.2253	0.1566	0.1092	0.0765	0.0537	0.0378	0.0267	0.0190	0.0135	0.0096	0.0069	0.0049	0.0036	0.0026	0.0019	0.0013	0.0010	0.0007	0.0005	0.0004	0.0003	0.0002	0.0001	0.0001	0.0001	0.0001	0.0000
39	0.6784	0.4619	0.3158	0.2166	0.1491	0.1031	0.0715	0.0497	0.0347	0.0243	0.0171	0.0120	0.0085	0.0060	0.0043	0.0031	0.0022	0.0016	0.0011	0.0008	0.0006	0.0004	0.0003	0.0002	0.0002	0.0001	0.0001	0.0001	0.0000	0.0000
40	0.6717	0.4529	0.3066	0.2083	0.1420	0.0972	0.0668	0.0460	0.0318	0.0221	0.0154	0.0107	0.0075	0.0053	0.0037	0.0026	0.0019	0.0013	0.0010	0.0007	0.0005	0.0004	0.0003	0.0002	0.0001	0.0001	0.0001	0.0001	0.0000	0.0000
41	0.6650	0.4440	0.2976	0.2003	0.1353	0.0917	0.0624	0.0426	0.0292	0.0201	0.0139	0.0096	0.0067	0.0046	0.0032	0.0023	0.0016	0.0011	0.0008	0.0006	0.0004	0.0003	0.0002	0.0002	0.0001	0.0001	0.0001	0.0000	0.0000	0.0000
42	0.6584	0.4353	0.2890	0.1926	0.1288	0.0865	0.0583	0.0395	0.0268	0.0183	0.0125	0.0086	0.0059	0.0041	0.0028	0.0020	0.0014	0.0010	0.0007	0.0005	0.0003	0.0002	0.0002	0.0001	0.0001	0.0001	0.0000	0.0000	0.0000	0.0000
43	0.6519	0.4268	0.2805	0.1852	0.1227	0.0816	0.0545	0.0365	0.0246	0.0166	0.0112	0.0076	0.0052	0.0036	0.0025	0.0017	0.0012	0.0008	0.0006	0.0004	0.0003	0.0002	0.0001	0.0001	0.0001	0.0000	0.0000	0.0000	0.0000	0.0000
44	0.6454	0.4184	0.2724	0.1780	0.1169	0.0770	0.0509	0.0338	0.0226	0.0151	0.0101	0.0068	0.0046	0.0031	0.0021	0.0015	0.0010	0.0007	0.0005	0.0003	0.0002	0.0002	0.0001	0.0001	0.0001	0.0000	0.0000	0.0000	0.0000	0.0000
45	0.6391	0.4102	0.2644	0.1712	0.1113	0.0727	0.0476	0.0313	0.0207	0.0137	0.0091	0.0061	0.0041	0.0027	0.0019	0.0013	0.0009	0.0006	0.0004	0.0003	0.0002	0.0001	0.0001	0.0001	0.0000	0.0000	0.0000	0.0000	0.0000	0.0000

附表 3 年金终值系数表

附表	1%	2%	3%	4%	5%	6%	7%	8%	9%	10%	11%	12%	13%	14%	15%	16%	17%	18%	19%	20%	21%	22%	23%	24%	25%	26%	27%	28%	29%	30%
1	1.0000	1.0000	1.0000	1.0000	1.0000	1.0000	1.0000	1.0000	1.0000	1.0000	1.0000	1.0000	1.0000	1.0000	1.0000	1.0000	1.0000	1.0000	1.0000	1.0000	1.0000	1.0000	1.0000	1.0000	1.0000	1.0000	1.0000	1.0000	1.0000	1.0000
2	2.0100	2.0200	2.0300	2.0400	2.0500	2.0600	2.0700	2.0800	2.0900	2.1000	2.1100	2.1200	2.1300	2.1400	2.1500	2.1600	2.1700	2.1800	2.1900	2.2000	2.2100	2.2200	2.2300	2.2400	2.2500	2.2600	2.2700	2.2800	2.2900	2.3000
3	3.0301	3.0604	3.0909	3.1216	3.1525	3.1836	3.2149	3.2464	3.2781	3.3100	3.3421	3.3744	3.4069	3.4396	3.4725	3.5056	3.5389	3.5724	3.6061	3.6400	3.6741	3.7084	3.7429	3.7776	3.8125	3.8476	3.8829	3.9184	3.9541	3.9900
4	4.0604	4.1216	4.1836	4.2465	4.3101	4.3746	4.4399	4.5061	4.5731	4.6410	4.7097	4.7793	4.8498	4.9211	4.9934	5.0665	5.1405	5.2154	5.2913	5.3680	5.4457	5.5242	5.6038	5.6842	5.7656	5.8480	5.9313	6.0156	6.1008	6.1870
5	5.1010	5.2040	5.3091	5.4163	5.5256	5.6371	5.7507	5.8666	5.9847	6.1051	6.2278	6.3528	6.4803	6.6101	6.7424	6.8771	7.0144	7.1542	7.2966	7.4416	7.5892	7.7396	7.8926	8.0484	8.2070	8.3684	8.5327	8.6999	8.8700	9.0431
6	6.1520	6.3081	6.4684	6.6330	6.8019	6.9753	7.1533	7.3359	7.5233	7.7156	7.9129	8.1152	8.3227	8.5355	8.7537	8.9775	9.2068	9.4420	9.6830	9.9299	10.1830	10.4423	10.7079	10.9801	11.2588	11.5442	11.8366	12.1359	12.4423	12.7560
7	7.2135	7.4343	7.6625	7.8983	8.1420	8.3938	8.6540	8.9228	9.2004	9.4872	9.7833	10.0890	10.4047	10.7305	11.0668	11.4139	11.7720	12.1415	12.5227	12.9159	13.3214	13.7396	14.1708	14.6153	15.0735	15.5458	16.0324	16.5339	17.0506	17.5828
8	8.2857	8.5830	8.8923	9.2142	9.5491	9.8975	10.2598	10.6366	11.0285	11.4359	11.8594	12.2997	12.7573	13.2328	13.7268	14.2401	14.7733	15.3270	15.9020	16.4991	17.1189	17.7623	18.4300	19.1229	19.8419	20.5876	21.3612	22.1634	22.9953	23.8577
9	9.3685	9.7546	10.1591	10.5828	11.0266	11.4913	11.9780	12.4876	13.0210	13.5795	14.1640	14.7757	15.4157	16.0853	16.7858	17.5185	18.2847	18.0859	19.9234	20.7989	21.7139	22.6700	23.6690	24.7125	25.8023	26.9404	28.1287	29.3692	30.6639	32.0150
10	10.4622	10.9497	11.4639	12.0061	12.5779	13.1808	13.8164	14.4866	15.1929	15.9374	16.7220	17.5487	18.4197	19.3373	20.3037	21.3215	22.3931	23.5213	24.7089	25.9587	27.2738	28.6574	30.1128	31.6434	33.2529	34.9449	36.7235	38.5926	40.5564	42.6195
11	11.5668	12.1687	12.8078	13.4864	14.2068	14.9716	15.7836	16.6455	17.5603	18.5312	19.5614	20.6546	21.8143	23.0445	24.3493	25.7329	27.1999	28.7551	30.4035	32.1504	34.0013	35.9620	38.0388	40.2379	42.5661	45.0306	47.6388	50.3985	53.3178	56.4053
12	12.6825	13.4121	14.1920	15.0258	15.9171	16.8699	17.8885	18.9771	20.1407	21.3843	22.7132	24.1331	25.6502	27.2707	29.0017	30.8502	32.8239	34.9311	37.1802	39.5805	42.1416	44.8737	47.7877	50.8950	54.2077	57.7386	61.5013	65.5100	69.7800	74.3270
13	13.8093	14.6803	15.6178	16.6268	17.7130	18.8821	20.1406	21.4953	22.9534	24.5227	26.2116	28.0291	29.9847	32.0887	34.3519	36.7862	39.4040	42.2187	45.2445	48.4966	51.9913	55.7459	59.7788	64.1097	68.7596	73.7506	79.1066	84.8529	91.0161	97.6250
14	14.9474	15.9739	17.0863	18.2919	19.5986	21.0151	22.5505	24.2149	26.0192	27.9750	30.0949	32.3926	34.8827	37.5811	40.5047	43.6720	47.1027	50.8180	54.8409	59.1959	63.9095	69.0100	74.5280	80.4961	86.9495	93.9258	101.4654	109.6117	118.4108	127.9125
15	16.0969	17.2934	18.5989	20.0236	21.5786	23.2760	25.1290	27.1521	29.3609	31.7725	34.4054	37.2797	40.4175	43.8424	47.5804	51.6595	56.1101	60.9653	66.2607	72.0351	78.3305	85.1922	92.6694	100.8151	109.6868	119.3465	129.8611	141.3029	153.7500	167.2863
16	17.2579	18.6393	20.1569	21.8245	23.6575	25.6725	27.8881	30.3243	33.0034	35.9497	39.1899	42.7533	46.6717	50.9804	55.7175	60.9250	66.6488	72.9390	79.8502	87.4421	95.7799	104.9345	114.9834	126.0108	138.1085	151.3766	165.9236	181.8677	199.3374	218.4722
17	18.4304	20.0121	21.7616	23.6975	25.8404	28.2129	30.8402	33.7502	36.9737	40.5447	44.5008	48.8837	53.7391	59.1176	65.0751	71.6730	78.9792	87.0680	96.0218	105.9306	116.8937	129.0201	142.4295	157.2534	173.6357	191.7345	211.7230	233.7907	258.1453	285.0139
18	19.6147	21.4123	23.4144	25.6454	28.1324	30.9057	33.9990	37.4502	41.3013	45.5992	50.3959	55.7497	61.7251	68.3941	75.8364	84.1407	93.4056	103.7403	115.2659	128.1167	142.4413	158.4045	176.1883	195.9942	218.0446	242.5855	269.8882	300.2521	334.0074	371.5180
19	20.8109	23.8406	25.1169	27.6712	30.5390	33.7600	37.3790	41.4463	46.0185	51.1591	56.9395	63.4397	70.7494	78.9692	88.2118	98.6032	110.2846	123.4135	138.1664	154.7400	173.3540	194.2535	217.7116	244.0328	273.5558	306.6577	343.7580	385.3227	431.8696	483.9734
20	22.0190	24.2974	26.8704	29.7781	33.0660	36.7856	40.9955	45.7620	51.1601	57.2750	64.2028	72.0524	80.9468	91.0249	102.4436	115.3797	130.0329	146.6280	165.4180	186.6880	210.7584	237.9893	268.7853	303.6006	342.9447	387.3887	437.5726	494.2131	558.1118	630.1655
21	23.2392	25.7833	28.6765	31.9692	35.7193	39.9927	44.8652	50.4229	56.7645	64.0025	72.2651	81.6987	92.4699	104.7684	118.8101	134.8405	153.1385	174.0210	197.8474	225.0256	256.0176	291.3469	331.6059	377.4648	429.6809	489.1098	556.7173	633.5927	720.9642	820.2151
22	24.4716	27.2990	30.5368	34.2480	38.5052	43.3923	49.0057	55.4568	62.8733	71.4027	81.2143	92.5026	105.4910	120.4360	137.6316	157.4150	180.1721	206.3448	236.4385	271.0307	310.7813	356.4432	408.8753	469.0563	538.1011	617.2783	708.0309	811.9987	931.0438	1067.2796
23	25.7163	28.8450	32.4529	36.6179	41.4305	46.9958	53.4361	60.8933	69.5319	79.5430	91.1479	104.6029	120.2048	138.2970	159.2764	183.6014	211.8013	244.4868	282.3618	326.2369	377.0454	435.8607	503.9166	582.6298	673.6264	778.7707	900.1993	1040.3583	1202.0465	1388.4635
24	26.9735	30.4219	34.4265	39.0826	44.5020	50.8156	58.1767	66.7648	76.7898	88.4973	102.1742	118.1552	136.8315	158.6586	184.1678	213.9776	248.8076	289.4945	337.0105	392.4842	457.2249	532.7501	620.8174	723.4610	843.0329	982.2511	1144.2531	1332.6586	1551.6400	1806.0026
25	28.2432	32.0303	36.4593	41.6459	47.7271	54.8645	63.2490	73.1059	84.7009	98.3471	114.4133	133.3339	155.6196	181.8708	212.7930	249.2140	292.1049	342.6035	402.0425	471.9811	554.2422	650.9551	764.6054	898.0916	1054.7912	1238.6363	1454.2014	1706.8031	2002.6156	2348.8033
26	29.5256	33.6709	38.5530	44.3117	51.1135	59.1564	68.6765	79.9544	93.3240	109.1818	127.9988	150.3339	176.8501	208.3327	245.7120	290.0883	342.7627	405.2721	479.4306	567.3773	671.6330	795.1653	941.4647	1114.6336	1319.4890	1561.6818	1847.8358	2185.7079	2584.3741	3054.4443
27	30.8209	35.3443	40.7096	47.0842	54.6691	63.7058	74.4838	87.3508	102.7231	121.0999	143.0786	169.3740	200.8406	238.4993	283.5688	337.5024	402.0323	479.2211	571.5224	681.8528	813.6759	971.1016	1159.0016	1383.1457	1650.3612	1968.7191	2347.7515	2798.7061	3334.8426	3971.7776
28	32.1291	37.0512	42.9309	49.9676	58.4026	68.5281	80.6977	95.3388	112.9682	134.2099	159.8173	190.6989	227.9499	272.8892	327.1041	392.5028	471.3778	566.4809	681.1116	819.2233	985.5479	1185.7440	1426.5719	1716.1007	2063.9515	2481.5860	2982.6443	3583.3438	4302.9470	5164.3109
29	33.4504	38.7922	45.2189	52.9663	62.3227	73.6398	87.3465	103.9659	124.1354	148.6309	178.3972	214.5828	258.5834	312.0937	377.1697	456.3032	552.5121	669.4475	811.5229	984.0680	1193.5129	1447.6077	1755.6835	2128.9648	2580.9394	3127.7984	3788.9583	4587.6801	5551.8016	6714.6042
30	34.7849	40.5681	47.5754	56.0849	66.4388	79.0582	94.4608	113.2832	136.3075	164.4940	199.0209	241.3327	293.1992	356.7868	434.7451	530.3117	647.4391	790.9480	966.7122	1181.8816	1445.1507	1767.0813	2160.4907	2640.9164	3227.1743	3942.0260	4812.9771	5873.2306	7162.8241	8729.9855
31	36.1327	42.3794	50.0027	59.3283	70.7608	84.8017	102.0730	123.3459	149.5752	181.9434	221.9132	271.2926	332.3151	407.7370	500.9569	577.1005	718.5038	878.9480	1077.6013	1371.1511	1749.6323	2156.8392	2658.4036	3275.7363	4034.9678	4967.9527	6113.4809	7518.7351	9241.0431	11349.9811
32	37.4941	44.2270	52.5028	62.7015	75.2988	90.8898	110.2182	134.2135	164.0370	201.1378	247.3236	304.8477	376.5161	465.8202	577.1005	669.4470	795.0398	1014.3457	1261.0932	1599.7363	2034.2735	2585.1352	3270.8364	4062.9130	5044.7098	6306.8872	7889.3817	9824.9810	12320.9756	15581.1841
33	38.8690	46.1116	55.0778	66.2095	80.0638	97.3432	118.9334	145.9506	179.8003	222.2515	275.5292	342.4294	426.4632	532.0350	664.6655	765.3654	941.4961	1167.5000	1419.2579	1704.1095	2045.9314	2456.1176	3103.2345	3858.5199	4806.1250	8063.7505	10872.5214	14116.9469	14754.3113	20039.0431

附表 4 年金现值系数表

期数	1%	2%	3%	4%	5%	6%	7%	8%	9%	10%	11%	12%	13%	14%	15%	16%	17%	18%	19%	20%	21%	22%	23%	24%	25%	26%	27%	28%	29%	30%
1	0.9901	0.9804	0.9709	0.9615	0.9524	0.9434	0.9346	0.9259	0.9174	0.9091	0.9009	0.8929	0.8850	0.8772	0.8696	0.8621	0.8547	0.8475	0.8403	0.8333	0.8264	0.8197	0.8130	0.8065	0.8000	0.7937	0.7874	0.7813	0.7752	0.7692
2	1.9704	1.9416	1.9135	1.8861	1.8594	1.8334	1.8080	1.7833	1.7591	1.7355	1.7125	1.6901	1.6681	1.6467	1.6257	1.6052	1.5852	1.5656	1.5465	1.5278	1.5095	1.4915	1.4740	1.4568	1.4400	1.4235	1.4074	1.3916	1.3761	1.3609
3	2.9410	2.8839	2.8286	2.7751	2.7232	2.6730	2.6243	2.5771	2.5313	2.4869	2.4437	2.4018	2.3612	2.3216	2.2832	2.2459	2.2096	2.1743	2.1399	2.1065	2.0739	2.0422	2.0114	1.9813	1.9520	1.9234	1.8956	1.8684	1.8420	1.8161
4	3.9020	3.8077	3.7171	3.6299	3.5460	3.4651	3.3872	3.3121	3.2397	3.1699	3.1024	3.0373	2.9745	2.9137	2.8550	2.7982	2.7432	2.6901	2.6386	2.5887	2.5404	2.4936	2.4483	2.4043	2.3616	2.3202	2.2800	2.2410	2.2031	2.1662
5	4.8534	4.7135	4.5797	4.4518	4.3295	4.2124	4.1002	3.9927	3.8897	3.7908	3.6959	3.6048	3.5172	3.4331	3.3522	3.2743	3.1993	3.1272	3.0576	2.9906	2.9260	2.8636	2.8035	2.7454	2.6893	2.6351	2.5827	2.5320	2.4830	2.4356
6	5.7955	5.6014	5.4172	5.2421	5.0757	4.9173	4.7665	4.6229	4.4859	4.3553	4.2305	4.1114	3.9975	3.8887	3.7845	3.6847	3.5892	3.4976	3.4098	3.3255	3.2446	3.1669	3.0923	3.0205	2.9514	2.8850	2.8210	2.7594	2.7000	2.6427
7	6.7282	6.4720	6.2303	6.0021	5.7864	5.5824	5.3893	5.2064	5.0330	4.8684	4.7122	4.5638	4.4226	4.2883	4.1604	4.0386	3.9224	3.8115	3.7057	3.6046	3.5079	3.4155	3.3270	3.2423	3.1611	3.0833	3.0087	2.9370	2.8682	2.8021
8	7.6517	7.3255	7.0197	6.7327	6.4632	6.2098	5.9713	5.7466	5.5348	5.3349	5.1461	4.9676	4.7988	4.6389	4.4873	4.3436	4.2072	4.0776	3.9544	3.8372	3.7256	3.6193	3.5179	3.4212	3.3289	3.2407	3.1564	3.0758	2.9986	2.9247
9	8.5660	8.1622	7.7861	7.4353	7.1078	6.8017	6.5152	6.2469	5.9952	5.7590	5.5370	5.3282	5.1317	4.9464	4.7716	4.6065	4.4506	4.3030	4.1633	4.0310	3.9054	3.7863	3.6731	3.5655	3.4631	3.3657	3.2728	3.1842	3.0997	3.0190
10	9.4713	8.9826	8.5302	8.1109	7.7217	7.3601	7.0236	6.7101	6.4177	6.1446	5.8892	5.6502	5.4262	5.2161	5.0188	4.8332	4.6586	4.4941	4.3389	4.1925	4.0541	3.9232	3.7993	3.6819	3.5705	3.4648	3.3644	3.2689	3.1781	3.0915
11	10.3676	9.7868	9.2526	8.7605	8.3064	7.8869	7.4987	7.1390	6.8052	6.4951	6.2065	5.9377	5.6869	5.4527	5.2337	5.0286	4.8364	4.6560	4.4865	4.3271	4.1769	4.0354	3.9018	3.7757	3.6564	3.5435	3.4365	3.3351	3.2388	3.1473
12	11.2551	10.5753	9.9540	9.3851	8.8633	8.3838	7.9427	7.5361	7.1607	6.8137	6.4924	6.1944	5.9176	5.6603	5.4206	5.1971	4.9884	4.7932	4.6105	4.4392	4.2784	4.1274	3.9852	3.8514	3.7251	3.6059	3.4933	3.3868	3.2859	3.1903
13	12.1337	11.3484	10.6350	9.9856	9.3936	8.8527	8.3577	7.9038	7.4869	7.1034	6.7499	6.4235	6.1218	5.8424	5.5831	5.3423	5.1183	4.9095	4.7147	4.5327	4.3624	4.2028	4.0530	3.9124	3.7801	3.6555	3.5381	3.4272	3.3224	3.2233
14	13.0037	12.1062	11.2961	10.5631	9.8986	9.2950	8.7455	8.2442	7.7862	7.3667	6.9819	6.6282	6.3025	6.0021	5.7245	5.4675	5.2293	5.0081	4.8023	4.6106	4.4317	4.2646	4.1082	3.9616	3.8241	3.6949	3.5733	3.4587	3.3507	3.2487
15	13.8651	12.8493	11.9379	11.1184	10.3797	9.7122	9.1079	8.5595	8.0607	7.6061	7.1909	6.8109	6.4624	6.1422	5.8474	5.5755	5.3242	5.0916	4.8759	4.6755	4.4890	4.3152	4.1530	4.0013	3.8593	3.7261	3.6010	3.4834	3.3726	3.2682
16	14.7179	13.5777	12.5611	11.6523	10.8378	10.1059	9.4466	8.8514	8.3126	7.8237	7.3792	6.9740	6.6039	6.2651	5.9542	5.6685	5.4053	5.1624	4.9377	4.7296	4.5364	4.3567	4.1894	4.0333	3.8874	3.7509	3.6228	3.5026	3.3896	3.2832
17	15.5623	14.2919	13.1661	12.1657	11.2741	10.4773	9.7632	9.1216	8.5436	8.0216	7.5488	7.1196	6.7291	6.3729	6.0472	5.7487	5.4746	5.2223	4.9897	4.7746	4.5755	4.3908	4.2190	4.0591	3.9099	3.7705	3.6400	3.5177	3.4028	3.2948
18	16.3983	14.9920	13.7535	12.6593	11.6896	10.8276	10.0591	9.3719	8.7556	8.2014	7.7016	7.2497	6.8399	6.4674	6.1280	5.8178	5.5339	5.2732	5.0333	4.8122	4.6079	4.4187	4.2431	4.0799	3.9279	3.7861	3.6536	3.5294	3.4130	3.3037
19	17.2260	15.6785	14.3238	13.1339	12.0853	11.1581	10.3356	9.6036	8.9501	8.3649	7.8393	7.3658	6.9380	6.5504	6.1982	5.8775	5.5845	5.3162	5.0700	4.8435	4.6346	4.4415	4.2627	4.0967	3.9424	3.7985	3.6642	3.5386	3.4210	3.3105
20	18.0456	16.3514	14.8775	13.5903	12.4622	11.4699	10.5940	9.8181	9.1285	8.5136	7.9633	7.4694	7.0248	6.6231	6.2593	5.9288	5.6278	5.3527	5.1009	4.8696	4.6567	4.4603	4.2786	4.1103	3.9539	3.8083	3.6726	3.5458	3.4271	3.3158
21	18.8570	17.0112	15.4150	14.0292	12.8212	11.7641	10.8355	10.0168	9.2922	8.6487	8.0751	7.5620	7.1016	6.6870	6.3125	5.9731	5.6648	5.3837	5.1268	4.8913	4.6750	4.4756	4.2916	4.1212	3.9631	3.8161	3.6792	3.5514	3.4319	3.3198
22	19.6604	17.6580	15.9369	14.4511	13.1630	12.0416	11.0612	10.2007	9.4424	8.7715	8.1757	7.6446	7.1695	6.7429	6.3587	6.0113	5.6964	5.4099	5.1486	4.9094	4.6900	4.4882	4.3021	4.1300	3.9705	3.8223	3.6844	3.5558	3.4356	3.3230
23	20.4558	18.2922	16.4436	14.8568	13.4886	12.3034	11.2722	10.3711	9.5802	8.8832	8.2664	7.7184	7.2297	6.7921	6.3988	6.0442	5.7234	5.4321	5.1668	4.9245	4.7025	4.4985	4.3106	4.1371	3.9764	3.8273	3.6885	3.5592	3.4384	3.3254
24	21.2434	18.9139	16.9355	15.2470	13.7986	12.5504	11.4693	10.5288	9.7066	8.9847	8.3481	7.7843	7.2829	6.8351	6.4338	6.0726	5.7465	5.4509	5.1822	4.9371	4.7128	4.5070	4.3176	4.1428	3.9811	3.8312	3.6918	3.5619	3.4406	3.3272
25	22.0232	19.5235	17.4131	15.6221	14.0939	12.7834	11.6536	10.6748	9.8226	9.0770	8.4217	7.8431	7.3300	6.8729	6.4641	6.0971	5.7662	5.4669	5.1951	4.9476	4.7213	4.5139	4.3232	4.1474	3.9849	3.8342	3.6943	3.5640	3.4423	3.3286
26	22.7952	20.1210	17.8768	15.9828	14.3752	13.0032	11.8258	10.8100	9.9290	9.1609	8.4881	7.8957	7.3717	6.9061	6.4906	6.1182	5.7831	5.4804	5.2060	4.9563	4.7284	4.5196	4.3278	4.1511	3.9879	3.8367	3.6963	3.5656	3.4437	3.3297
27	23.5596	20.7069	18.3270	16.3296	14.6430	13.2105	11.9867	10.9352	10.0266	9.2372	8.5478	7.9426	7.4086	6.9352	6.5135	6.1364	5.7975	5.4919	5.2151	4.9636	4.7342	4.5243	4.3316	4.1542	3.9903	3.8387	3.6979	3.5669	3.4447	3.3305
28	24.3164	21.2813	18.7641	16.6631	14.8981	13.4062	12.1371	11.0511	10.1161	9.3066	8.6016	7.9844	7.4412	6.9607	6.5335	6.1520	5.8099	5.5016	5.2228	4.9697	4.7390	4.5281	4.3346	4.1566	3.9923	3.8402	3.6991	3.5679	3.4455	3.3312
29	25.0658	21.8444	19.1885	16.9837	15.1411	13.5907	12.2777	11.1584	10.1983	9.3696	8.6501	8.0218	7.4701	6.9830	6.5509	6.1656	5.8204	5.5098	5.2292	4.9747	4.7430	4.5312	4.3371	4.1585	3.9938	3.8414	3.7001	3.5687	3.4461	3.3317
30	25.8077	22.3965	19.6004	17.2920	15.3725	13.7648	12.4090	11.2578	10.2737	9.4269	8.6938	8.0552	7.4957	7.0027	6.5660	6.1772	5.8294	5.5168	5.2347	4.9789	4.7463	4.5338	4.3391	4.1601	3.9950	3.8424	3.7009	3.5693	3.4466	3.3321
31	26.5423	22.9377	20.0004	17.5885	15.5928	13.9291	12.5318	11.3498	10.3428	9.4790	8.7331	8.0850	7.5183	7.0199	6.5791	6.1872	5.8371	5.5227	5.2392	4.9824	4.7490	4.5359	4.3407	4.1614	3.9960	3.8432	3.7015	3.5697	3.4470	3.3324
32	27.2696	23.4683	20.3888	17.8736	15.8027	14.0840	12.6466	11.4350	10.4062	9.5264	8.7686	8.1116	7.5383	7.0350	6.5905	6.1959	5.8437	5.5277	5.2430	4.9854	4.7512	4.5376	4.3421	4.1624	3.9968	3.8438	3.7019	3.5701	3.4473	3.3326
33	27.9897	23.9886	20.7658	18.1476	16.0025	14.2302	12.7538	11.5139	10.4644	9.5694	8.8005	8.1354	7.5560	7.0482	6.6005	6.2034	5.8493	5.5320	5.2462	4.9878	4.7531	4.5390	4.3431	4.1632	3.9975	3.8443	3.7023	3.5704	3.4475	3.3328
34	28.7027	24.4986	21.1318	18.4112	16.1929	14.3681	12.8540	11.5869	10.5178	9.6086	8.8293	8.1566	7.5717	7.0599	6.6091	6.2098	5.8541	5.5356	5.2489	4.9898	4.7546	4.5402	4.3440	4.1639	3.9980	3.8447	3.7026	3.5706	3.4477	3.3329
35	29.4086	24.9986	21.4872	18.6646	16.3742	14.4982	12.9477	11.6546	10.5668	9.6442	8.8552	8.1755	7.5856	7.0700	6.6166	6.2153	5.8582	5.5386	5.2512	4.9915	4.7559	4.5411	4.3447	4.1644	3.9984	3.8450	3.7028	3.5708	3.4478	3.3330
36	30.1075	25.4888	21.8323	18.9083	16.5469	14.6210	13.0352	11.7172	10.6118	9.6765	8.8786	8.1924	7.5979	7.0790	6.6231	6.2201	5.8617	5.5412	5.2531	4.9929	4.7569	4.5419	4.3453	4.1649	3.9987	3.8452	3.7030	3.5709	3.4479	3.3331
37	30.7995	25.9695	22.1672	19.1426	16.7113	14.7368	13.1170	11.7752	10.6530	9.7059	8.8996	8.2075	7.6087	6.0868	6.6288	6.2242	5.8647	5.5434	5.2547	4.9941	4.7578	4.5426	4.3458	4.1652	3.9990	3.8454	3.7032	3.5710	3.4480	3.3331
38	31.4847	26.4406	22.4925	19.3679	16.8679	14.8460	13.1935	11.8289	10.6908	9.7327	8.9186	8.2210	7.6183	7.0937	6.6338	6.2278	5.8673	5.5452	5.2561	4.9951	4.7585	4.5431	4.3462	4.1655	3.9992	3.8456	3.7033	3.5711	3.4481	3.3332
39	32.1630	26.9026	22.8082	19.5845	17.0170	14.9491	13.2649	11.8786	10.7255	9.7570	8.9357	8.2330	7.6268	7.0997	6.6380	6.2309	5.8695	5.5468	5.2572	4.9959	4.7591	4.5435	4.3465	4.1657	3.9993	3.8457	3.7034	3.5712	3.4481	3.3332
40	32.8347	27.3555	23.1148	19.7928	17.1591	15.0463	13.3317	11.9246	10.7574	9.7791	8.9511	8.2438	7.6344	7.1050	6.6418	6.2335	5.8713	5.5482	5.2582	4.9966	4.7596	4.5439	4.3467	4.1659	3.9995	3.8458	3.7034	3.5712	3.4481	3.3332
41	33.4997	27.7995	23.4124	19.9931	17.2944	15.1380	13.3941	11.9672	10.7866	9.7991	8.9649	8.2534	7.6410	7.1097	6.6450	6.2358	5.8729	5.5493	5.2590	4.9972	4.7600	4.5441	4.3469	4.1661	3.9996	3.8459	3.7035	3.5713	3.4482	3.3333
42	34.1581	28.2348	23.7014	20.1856	17.4232	15.2245	13.4524	12.0067	10.8134	9.8174	8.9774	8.2619	7.6469	7.1138	6.6478	6.2377	5.8743	5.5502	5.2596	4.9976	4.7603	4.5444	4.3471	4.1662	3.9997	3.8459	3.7035	3.5713	3.4482	3.3333
43	34.8100	28.6616	23.9819	20.3708	17.5459	15.3062	13.5070	12.0432	10.8380	9.8340	8.9886	8.2696	7.6522	7.1173	6.6503	6.2394	5.8755	5.5510	5.2602	4.9980	4.7606	4.5446	4.3472	4.1663	3.9997	3.8460	3.7036	3.5713	3.4482	3.3333
44	35.4555	29.0800	24.2543	20.5488	17.6628	15.3832	13.5579	12.0771	10.8605	9.8491	8.9988	8.2764	7.6568	7.1205	6.6524	6.2409	5.8765	5.5517	5.2607	4.9984	4.7608	4.5447	4.3473	4.1663	3.9998	3.8460	3.7036	3.5714	3.4482	3.3333
45	36.0945	29.4902	24.5187	20.7200	17.7741	15.4558	13.6055	12.1084	10.8812	9.8628	9.0079	8.2825	7.6609	7.1232	6.6543	6.2421	5.8773	5.5523	5.2611	4.9986	4.7610	4.5449	4.3474	4.1664	3.9998	3.8460	3.7036	3.5714	3.4482	3.3333

REFERENCES 参考文献

[1] 荆新，王化成，刘俊彦. 财务管理学 [M]. 8 版. 北京：中国人民大学出版社，2018.

[2] 温彩风. 财务管理实操大全集 [M]. 北京：中国铁道出版社，2018.

[3] 斯坦利·布洛克，杰弗里·赫特，巴特利·丹尼尔森. 财务管理基础 [M]. 16 版. 王静，译. 北京：中国人民大学出版社，2019.